IDEAL LIBRARY

Ham Sokhon Society Research Series

Thinking and Practice 2
Ham Sokhon's Thought in the Light of Comparative Thought

by Yi, Mahn-Yol   Choi Jae-Mok   Lee Jeongbae   Kim Youngho

Kim, Dei-Seek   Lee, Jae-Bong   Hwangbo Yun Sik   Park Youngil   Paik Sungjong

생각과 실천[2]

함석헌의 비교사상적 조명

함석헌학회 기획

이만열 최재목 이정배 김영호 김대식 이재봉 황보윤식 박영일 백승종

이상의 도서관 45

한길사

생각과 실천 2

함석헌의 비교사상적 조명

지은이 · 이만열 최재목 이정배 김영호 김대식 이재봉 황보윤식 박영일 백승종
기 획 · 함석헌학회
펴낸이 · 김언호
펴낸곳 · (주)도서출판 한길사

등록 · 1976년 12월 24일 제74호
주소 · 413-756 경기도 파주시 문발동 파주북시티 520-11
　　　www.hangilsa.co.kr
　　　E-mail: hangilsa@hangilsa.co.kr
전화 · 031-955-2000~3　　팩스 · 031-955-2005

상무이사 · 박관순
총괄이사 · 곽명호 | 영업이사 · 이경호 | 경영기획이사 · 김관영
기획편집 · 배경진 서상미 김지희 홍성광 이지은
전산 · 김현정 | 마케팅 · 박유진
관리 · 이중환 장비연 문주상 김선희

CTP 출력 및 인쇄 제본 · (주)네오프린텍

제1판 제1쇄 2012년 11월 9일

값 19,000원
ISBN 978-89-356-6539-6 04100
ISBN 978-89-356-6200-5 (세트)

◆ 잘못 만들어진 책은 구입하신 서점에서 바꿔드립니다.

이 도서의 국립중앙도서관 출판시도서목록(CIP)은
e-CIP홈페이지(http://www.nl.go.kr/ecip)에서 이용하실 수 있습니다.
(CIP제어번호 : CIP2012005029)

"안과 밖은 서로 반대가 되는 법이라 사실
대학은 감옥이요, 감옥은 대학이다.
이 세상 대학에서는 지식은 점점 늘어가나
사람의 참 속 바탈(性)은 갈수록 줄고
병신이 되고 없어지는 곳이요,
감옥에서는 집을 빼앗기고 살이 빠지고
징역살이를 하나 속은 점점 깊어가고
넓어가고 높아가는 곳이다.
다만, 생각이 있는 자에게는 말이다."

• 함석헌

차례

다시 실천을 생각한다 – 『생각과 실천 2』를 펴내며

• 서문

개인의 열정보다는 사회적 열정이 필요해

함석헌학회가 순항하고 있다. 그 증거로 중간실적을 여기에 묶었다. 학회는 무슨 목적으로 만들었는가, 성찰해보자. 함석헌정신을 함께 배우고 실천하자는 목적으로 출발했다. 그 정신은 무엇인가. '생각하는 백성'이 되고 '같이 사는' 공동체를 만드는 씨올이 되는 것이다, 생각만 하는 철학적인 국민이 되자는 것이 아니다. 철학자가 많은 독일은 그러다가 나치스, 히틀러에게 완전히 넘어갔다. 사회참여와 행동하는 지성이 많았던 프랑스에는 저항운동이 있었다. 최근에는 레지스탕스 출신 노인이 젊은이들에게 '저항하라'는 메시지를 써서 사회에 경각심을 일으키기도 했다. (그 여파였는지 지난 대선에서 정권이 보수에서 진보적인 사회당으로 교체되었다.)

함석헌정신은 함께 '생각'하고 그 생각을 사회적으로 실천하는 것으로 요약할 수 있다. 더 이상 혼자 생각하고 혼자 행동하기는 어렵다. 함석헌이 잘 짚어냈듯이, 이제 천재나 영웅이 판치는 개인주의 시대에서 전체의 시대로 진입하는 역사발전의 단계에 와 있기 때문이다. (그 기준으로 보면, 한 사람이 거의 모든 결정권과 권력을 행사하는 대통령제는 극복해야 할 낡은 제도에 속한다.) 지금은 '집단지성'의 시대다. 함석헌이 깊은 영향을 받은 샤르댕(Pierre Teilhard de Chardin)은 열정이 인류진화를 촉진하는 요인이라고 했다. 개인의 정열보다는 사회적 열정이 필요한 시대다.

지식인은 생각만 하고 활동가는 행동만 하는 분업론은 개인의 전일성을 무시한 관점이다. 공자가 제시한 선비의 상은 생각과 배움을 함께 갖는 것이다. "배우기만 하고 사고하지 않는 것은 도로(徒勞)와 허사가 되고, 사고만 하고 배우지 않으면 위태롭다."(學而不思則罔 思而不學則殆) 이것(學而思)은 학문하는 방법론을 제시한 말이다.

하지만 아직 행동이 빠진 선비놀음에 머물러 있다. 그래서 후대에 왕양명의 지행합일(知行合一)설이 나오게 되었을 터다. 앎(知)과 실천(行)은 유기적으로 불가분하게 맞물려 있다. 종교적 개념으로서 신행(信行)도 신앙과 행동의 일치를 강조하는 복합어다. 이 경전(『논어』)을 주석한 정자(程子)는 "박학(博學), 심문(審問), 신사(愼思), 명변(明辯), 독행(篤行), 이 가운데 하나라도 폐하면 배움이 아니다(非學)"라고 기술했다. 성실한 '실천'(독행)이야말로 배움의 조건인 것이다.

함석헌의 씨올사상의 열쇳말 '씨올'의 모태 '민'(民)의 출처인 유교 경전 『대학』에서 말한 '큰배움'(大學)의 길은 인간에게 본유한 도덕성(明德)을 밝히는 것(明明德), 씨올(民)을 친애(親愛)하는 일(친민親民 또는 신민新民), 궁극적인 선(至善)을 체화하는 일(至於至善) 등 세 가지 강령으로 규정된다. 도덕·사회·종교 차원의 실천수행을 망라하고 있다.

여기서 친애(사랑, 인, 자비)의 대상인 '민'(民)이 백성(민중)의 뜻이지만 씨올로 번역되어 함석헌의 사전에서는 인간의 신성(불성)에 상당하는 본질의 의미로 확대된다. (주자가 선호했다는 '신민'은 내면성의 탐구로 해석된다.) 밖으로는 민중을 친애하고 안으로는 씨올을 육성하는 양날의 실천적 의미를 갖는다. 대승불교에서 지향하는 상구보리하화중생(上求菩提下化衆生)과 상통하는 정신이다. 그런데 우리 스스로 반성해보면 아직도 우리는 씨올의 의미를 따지는 단계에만 머물러 있는 격이 아닐까. '친민'을 실천하는 프로그램을 제시하지 못하고 있다.

오늘의 지식인들은 정보, 지식의 전달자로만 기능하고 있다. 유교에서 말했지만 인간의 보편적인 기본 덕목으로 볼 수 있는 인의예지(仁義禮智)[또는 신信을 더해서 오상五常]를 가늠자로 삼아 하나하나 반성해볼 때 우리는 각자 어떤 상태에 있을까. 하나에라도 충실한 삶인가. 너무 막연하고 추상적이라면, 맹자가 그 단초라 한 (사회적 관계에서) 측은(惻隱), 수오(羞惡), 사양(辭讓), 시비(是非)를 느끼는 마음과 미덕이 이 (함석헌도 교육론에서 강조한) 인정이 메말라가는 사회에서 조금이라도 남아 있는가. 맹자는 그런 마음이 없다면 인간이 아니라(非人)고 했다. 그것은 다만 지난 시대의 윤리일 뿐인가.

만약 그렇다면 다른 기준이 무엇인가. 상식이든 양심이든 나라의 헌법처럼 어떤 기준은 있어야 인간이라고 할 수 있지 않을까. 지금 우리가 살고 있는 이 사회는 상식이 통하는 곳이며 양심이 발휘되고 있는가. 인면수심의 사회(동물을 모독하는 말일지도 모른다.)가 되어가고 있다.

그런 것은 상관없고 오로지 물욕, 명리욕만 발동되는 오늘의 세태 속에서 삶의 기준은 아직도 개인주의나 이기주의일 뿐인가. 여기에 함석헌이 보여준 통합적 인문학의 길을 회복해야 할 필요가 있다.

실천의 중요성에 대하여 함석헌을 닮은 이 시대의 걸출한 통합사상가 윌버가 준 경고를 잘 음미해볼 필요가 있다.

"내가 강조하고 싶은 것은, 어떤 통합적인 이론도 바로 단순한 한 개 이론이라는 것이다. 한 저자가, 예를 들면, 무용의 역사를 쓰기 때문에 저자가 사람들더러 춤추기를 멈추고 대신에 단지 그에 관한 책을 읽으라고 주장하는 것은 아니지 않는가. 나는 영성에 관한 학술적인 논문들을 써왔지만, 내가 권장한 것은 언제나 사람들이 단지 그에 관해서 읽기보다는 실제로 영적인 실천수행을 착수하라는 것이다. 춤추기에 대한 통합적인 접근법은, '춤추기 자체를 착수하라, 그리고 물론 그에 관한 책도 읽으라. 두 가지를 다 하라. 하지만 어떻게 하더라도 단지 책만 읽지는 마라.' 그것은 마치 버뮤다로 휴가를 떠나는 것을 집에 앉아서 지도책이나 훑어보고 있는 것과 같다. 내 책은 지도책이다. 그러나 제발, 버뮤다에 직접 가보라."

함석헌의 글도 영성에 이르기 위한 안내서나 지도다. 지적인 분석의 대상으로만 삼을 것이 아니다. 함석헌은 단지 영적인 수행보다는 사회적인 자각과 실천을 강조한다. 역사와 사회적 현실이 진리인식의 자료다. 소승적인 수행이 아니고 대승적인 실천이다. 반짝 깨달음에 머물지 않고 전체가 함께 가는 전체구원, 사회구원이다.

함석헌의 사상과 정신, 특히 그의 평화사상을 실천하기 위한 기획의 일환으로 우리가 추진하고 있는 계획 가운데 하나는 '함석헌평화동산/세계평화센터'를 설립하는 것이다. 휴전선으로 가로막힌 세계유일의 분단국가에 적합하고 필요한 기구다. 현재 휴전선에 가까운 지자체와 함께 추진하고 있다. 그 추진동력으로 이에 대한 사회적 합의가 필요하다. 장소가 마련될 경우 필요한 인프라와 시설을 위한 범사회적 캠페인이 요청된다. 함께 지혜를 모아야 할 사회적 실천이다. 함석헌의 가르침을 실천하는 구체적인 도구가 될 수 있다.

신채호, 마르크스, 양명학, 동학으로 풀어본 함석헌의 생각

여기 모아놓은 논문들은 제1집 이후에 발표된 것이다. 이제는 사상에 대한 단순한 이해와 분석을 넘어서 현실을 개선·향상하기 위한 길을 제시해야 할 단계다. 적어도 병행해야 한다. 함석헌의 글도 대부분 그가 처한 현실을 타개하기 위한 노력에서 나온 것들이다. 그 현실이 크게 달라지지 않았기 때문에 현실 분석과 실천방법론을 말하는 것이 마땅한 일이다. 또한 함석헌의 사상과 직접 연관시키지 않아도 그가 보여준 비판정신의 연장선상에서 현실을 개선하고 개혁하는 길을 제시하는 글이 나와야 할 때다.

이번 책에는 11편의 글이 실려 있다. 주로 '함석헌사상의 비교사상적 조명'을 주제로 한 정기 학술회의(2012년 봄)와 월례모임 등에서 발표된 글들이다. 어떤 사상은 다른 사상들과의 대조를 통해서 더 선명하게 드러날 수 있다고 보고, 함석헌이 발표한 생각들이 얼마나 상대(비교)

적으로 독창적이며 보편적인가를 밝혀보려고 기획한 것이다.

제1부는 '생각'이라는 주제로 7편의 글이 실려 있다. 「**신채호와 함석헌**」(이만열)은 함석헌의 한 주제의 두 판본,『성서적 입장에서 본 조선역사』와 그 수정판『뜻으로 본 한국역사』에 나타난 역사해석과 사관에서 신채호의 사관과 비교하고 그의 영향을 주로 상고사를 중심으로 분석한다.

단군에서 고구려, 부여로 이어지는 민족사의 전개, 그 연장선상에서 묘청의 실패한 북벌정책의 긍정적인 측면, 민중주체 등에서는 두 사가가 상통하며 일치한다. 한편 한사군의 존속에 대해서는 두 사가 사이에 차이가 있다. 지역과 시기에서 신채호는 축소하는 쪽인 반면, 함석헌은 특히 낙랑의 장기적인 존속을 주장한다. 신채호와 공유하는 신라 중심의 삼국통일에 대한 함석헌의 비판적인 해석은 지역성(서북지방)이 반영된 주관적인 입장으로 비쳐졌다. 잘 알려진 그의 민중 주체 역사관이 실제 역사기술에서는 충분히 방영되지 않는 점이 의아스러운데 그것은 자료의 부족 때문으로 추정된다. 민중사상은 '조선사' 저술 이후에 점차적으로 형성되었다고 본다면 더 이해가 될 만하다.

민중을 높이 현양한 함석헌이 왜 민중혁명인 동학혁명을 한국사에서 거론, 평가하지 않았는가에 대한 의문이 제기된다. (비폭력주의자인 함석헌은, 홍경래의 난과 비슷하게, 동학혁명이 폭력적인 성격에다가 높은 가치관과 목표의식이 없었다는 것을 지적했는데, 여기에 그 대답이 일부 들어 있을지도 모른다.)

「**함석헌과 양명학**」(최재목)은 함석헌의 '옛글풀이'에 속하는 글 「한사람: 王陽明, 大學問」을 집중분석한다. "함석헌에 대한 이해의 폭을 넓히는 데 일조"할 뿐만 아니라 함석헌을 통해서, 과거에 억압된 왕양명에 대한 새로운 평가도 이루어진 이 연구는 (텍스트와 콘텍스트가 함께 고려된) 종합적인 비교연구의 방법론을 잘 보여주고 있다. 동양 삼국의 양명학 전통이 함께 탐색된다. 함석헌의 왕양명 이해가 일본 양명학-무교회주의 흐름과도 닿고 있다는 견해가 그 한 예다.

또한 그의 이해는 "최남선-박은식-정인보로 이어지는 한국의 양명학 이해의 맥락"에 서 있기도 하다. 함석헌의 양명학 이해의 특징은 (1) 왕양명 만물일체론의 '대인'='큰 사람=한 사람'론: '한'사상과 양명학의 결합, (2) 만물일체론의 '신비주의'적 이해, (3) '인'(仁)의 '씨올' 사상적 이해로 요약된다. 한사상의 적용에서 보듯이, 함석헌의 고전, 경전 이해와 해석은 우리의 전통과 현실에서 근거를 찾는 방식으로 외래사상의 토착화가 이루어진 모습을 보여준다.

「대안적 세계화의 시각에서 본 민족/탈민족 논쟁─동학의 '시천주'와 함석헌의 '씨올'을 중심으로」(이정배)는 현재 서구 자본주의(제국)가 주축이 되어 진행되고 있는 세계화에 대한 '대안적 방편'으로 문화적 민족주의를 제시하고 그 도구로 동학과 함석헌의 사상, 특히 두 개념(시천주侍天主, 씨올)을 든다. '시천주'는 전통적(유불선) 신관과 기독교의 인격신관을 융합한 것이다. 함석헌은 '탈민족적 민족주의'와 '탈기독교적 기독교'의 입장에 서 있다고 본다. 씨올사상은 문화적 민족주의의 산물이며 도구다. 이것은 함석헌이 민족주의를 넘어 세계주의를 지향하면서 스스로는 민족주의자라기보다는 세계주의자라고 한 사실과 다소 어긋날 수 있는 분석이다.

그러나 그의 지향점과 (과거를 포함한) 현실 사이에는 간극이 있다는 점에서 꼭 어긋난다고 볼 수 없을지도 모른다. 우리가 대개 그렇듯이, 함석헌의 정체성은 복합적·다중적이다.

「**함석헌의 변혁(탈바꿈)론**」(김영호)은 비판, 개혁, 혁명, '뒤집어엎기' '기질변화'(transformation) 등 개념에서 함석헌사상의 핵심적인 방법론을 발견한다. 변혁을 '틀바꿈'으로 표현한다면 그것은 다시 '탈바꿈' 과 '틀바꿈'의 양면성을 갖는다. '탈바꿈'은 근원적인 의식변화와 깨달음을 통해서 성취되고, '틀바꿈'은 의식과 사고의 기본 틀(패러다임)의 변환(paradigm shift)을 가리킨다.

함석헌이 그의 사상의 원숙기에 무엇보다 중시한 틀바꿈의 핵심적인 내용은 전체주의다. 인류문명을 위기에 빠뜨린 개인주의 세계관을 넘어서 모두가 함께 생존하고 구원되는 길이다. 이것은 샤르댕의 영향으로 정립된 사상이지만 함석헌 자신의 체험과 신념에서 구축된·철학적·신학적으로 획기적인 이론이다. 이것은 예수의 제자 가롯 유다에 대한 새로운 해석을 통해서 확인·논증되었다.

「**마르크스와 함석헌의 의식 변혁과 행동철학**」(김대식)은 지식과 행동, 이론과 실천의 문제를 다룬다. 두 인물은 지역(동서), 분야, 가치관, 방법론의 측면에서 출발점이 다르지만, 개인의 의식변화와 사회 변혁을 추구한 점과 실천을 강조하고 있다는 점에서 공통성을 지닌다. 마르크스는 개인의 행복은 사회적 행복을 통해서 성취될 수 있다고 보았다. 지금 이 시대는 이론이 부족한 시대가 아니라 실천과 행동이 결핍된 시대다. "지식과 정보는 숱하게 생산되지만 정작 그것이 사회 변혁의 힘으로 작용하고 있는가" 묻는다. 그와 비슷하게 함석헌은 씨올에게 철학적 사유와 철학적 행동이 배태할 수 있도록 길을 터놓았다.

16

그러나 씨올의 사유와 행동은 개인의 지평 안에서만 머무르지 않는다. 나아가 씨올의 혁명은 사회적 혁명이어야 한다. 둘의 차이는 분명하다. 그 시대의 의식, 체제, 제도에 대해서 혁명의 주체를 마르크스는 노동자로, 함석헌은 씨올로 보았다. 함석헌은 마르크스의 계급투쟁에 대한 논리와 그의 유물론적 변증법의 역사관을 강력하게 비판했다. 그가 채택한 비폭력철학은 관념을 넘어선 행동철학이다. 여기서 마르크스와 함석헌은 행동 철학과 실천방식에서 확연하게 갈라선다.

「함석헌을 유혹한 인문학적 사회—그 이상(理想)의 트라우마」(김대식)는 함석헌의 시각에서 이상과 현실의 문제를 다룬다. 인간의 탐욕과 미개한 의식으로 뒤틀린 현실을 날카롭게 비판적으로 통찰한 함석헌은 이상향(유토피아)을 꿈꾸는 이상주의자다. 그렇다고 현실을 떠나서 '없는-곳'(u-topia)을 환상하는 몽상가는 아니다. 유토피아는 "지금 여기에 나타나야 하는 것"이다. 함석헌의 이상은 "병리적 도피가 아니라 현재적 삶에 있다." 우리는 끝없는 부정과 저항을 통해서 없는-곳을 있는-곳으로 전환시킬 수 있다.

함석헌은 동서를 아우르는 인문학적 소양을 갖고 인문학적 기초가 탄탄한 사회를 지향한다. 함석헌이 무엇보다 높이 받드는 종교는 역기능이 순기능을 앞지르는 현실이다. 이 현실에서 지식인은 "인간의 참 이상을 희석시키는 환상과 거짓을 퇴치하기 위해서 자신의 학문적인 방법론을 동원하는 자"다. "씨올은 망각의 트라우마를 극복하고 이성과 정신을 이상화하기 위해서 꿈틀거려야 한다!"

함석헌사상을 오늘날의 평화, 경제, 교육문제에 적용하자

제2부 '실천'으로 분류된 글은 모두 4편으로, 남북화해, 남북평화, 남북교역, 대학재정 등 현실과 실천의 문제를 다룬다. 그 가운데 3편이 민족이 당면해온 남북의 평화와 통일의 문제를 분석하고 정치와 경제 분야에서 가장 현실적인 대안을 제시한다.

「함석헌의 비폭력사상과 한반도의 비폭력통일」(이재봉)은 함석헌의 비폭력주의사상을 톨스토이(무저항주의)-간디(비폭력주의)-유영모-함석헌으로 이어지는 맥락에서 살펴보고 그 가운데 (함석헌에게 압도적인 영향을 준) 간디(Mahatma Gandhi, 1869~1948)의 입장이 민족통일을 위한 타당한 전략으로 제시된다. 그것은 상대방을 괴롭히는 전략인 무저항주의와 달리 상대방을 인정, 존중, 이해하고 자기희생을 감수하는 방법이다. 그 비폭력주의도 유일한 절대적 대안이라기보다는 비교적 최선의 방법이다.

역대 정권의 통일 정책을 살펴보면 과거 마지막 두 정권을 제외하고 다 일방적이다. 현 정권도 취하고 있듯이, 북한의 붕괴나 흡수통일은 일방적이고 폭력적인 전략이고 남북이 이미 합의한 연방제 방식으로 추진되어야 한다. 앞으로 전개될 미국과 중국의 양강체제 국제질서 속에서 (함석헌이 인도를 보고 와서 제안한) 중립화 통일이 바람직하다. 저자는 결국 "비폭력은 단순하게 무기를 쓰지 않는 것을 넘어 자신과 상대의 대립을 초월하는 것이라고 정의하며 경쟁을 피하고 전쟁을 반드시 없애야 한다고 주장했던 함석헌의 비폭력사상을 바탕으로 한반도의 비폭력통일을 통한 평화"의 길이 타당한 길임을 제시한다.

「함석헌의 세계평화운동에 대한 역사인식론적 검토—『함석헌저작집 12『평화운동을 일으키자』를 중심으로」(황보윤식)는 평화에 관한 함석헌의 글들을 묶어서 분석한다. 내용 요약, 해설, 비판적 쟁점 검토 등이 혼합되어 있다. 독자로서 자기-계몽적인 독해 과정을 그대로 복기한 형태를 보여준다. 하나의 가이드가 될 수 있다. 역사학자로서 필자는 함석헌의 주장 속에서 역사인식의 문제를 날카롭게 짚어낸다. 예를 들면 언젠가부터 민족이 갇혀온 당파성을 함석헌이 지적한 것을 두고 역사학계에서는 이미 수정된 관점임을 밝힌다. 그것은 일제 식민사관에서 나온 '어용학자들의 논리'라는 것이다. 아울러 함석헌의 오해로 지적된 주장은, 역사가 비약적으로 발전한다는 것이다.

그러나 역사에는 비약이 없다는 비판적 논증이 개진된다. 역사는 점진적으로 진행·발전된다는 입장이다. 이 쟁점과 관련하여 고려해야 할 것은 함석헌의 진화론적인 창조론의 입장이다. 그는 생물의 진화과정에서 돌연변이, '돌변화'가 때때로 발생하여 지금의 생물, 오늘의 인간이 나오게 되었다고 본다. 다른 생물처럼, 인류와 인류사회는 이성적·물리적으로 측량할 수 없는 요인에 의해서 변화되는 측면이 있다.

「왜 남북경제협력이 필요한가」(박영일)는 "우리가 '지금 여기'서 우리 민족의 평화와 안정을 지켜내고 궁극적으로는 평화통일과 번영을 위해 무엇을 해야 하는가를 경제를 잣대로 고민하고, 북한에 대한 남한의 적극적인 경제협력이 유일한 길임을 주장"한다.

저자는 먼저 "현재의 남북한 정권은 우리 민족의 평화와 안정을 지켜내고 통일과 번영을 이룩하기에는 너무나 무능하고 무모하다. 상호 불신만이 팽배하다"고 진단한다. "북한의 무력도발을 진정으로 막으려면 결국 평화체제를 구축하는 수밖에 없다. 형제애와 민족적 선의에 입각하여 인내심을 가지고 대화와 협력을 통해 꾸준하게 신뢰를 구축해가야" 하는데, "그 길이 바로 북한이 간절하게 필요로 하는 경제협력"이다. 대북제재·압박정책은 바람직하지도 현실적이지도 않다. 통일 전경제협력이 통일 후 발생할 천문학적인 통일비용을 줄일 수 있는 방법이기도 하다.

저자는 "궁지에 처해 있는 북한을 노골적으로 고립시키고 제재와 봉쇄정책으로 일관한다면" 전쟁위험을 배제할 수 없고, "동시에 북한경제의 중국 의존을 심화시키고 궁극적으로는 북한을 중국에 떠밀어내서 민족에 천추의 한을 남기는 죄를 짓게 될 것"임을 경고한다.

「한국 대학의 기업화, 학문의 시장화」(박영일)는 위기에 처한 한국 대학의 현실을 구조적으로 진단하고 문제와 대안을 논한다. 한국사회에서 혁명적인 변화가 가장 다급한 분야가 대학이다. 문제의 핵심은 사유화, 기업화다. 사립대학의 비율(75%)은 세계 최고다. (신자유주의 시장경제의 진원지 미국도 32%다.)

따라서 학문의 시장화가 가속화하고 있다. 공공재가 사유재로 전환되었다. 재벌대기업이 대학을 야금야금 점령한다. 학문의 전당이 ('가장 비싼') 취업학원으로 전락하고, 교수는 소유주와 기업에 예속되어 "논문을 양산하는 기계"가 된다. 재원은 수입자 부담원칙이 적용되어 거의 학생의 등록금만으로 운영된다. 거의 대부분의 다른 선진국들처럼 공공재로 환원되어야 하고 민주화, 자치권이 주어져야 한다. 즉 기술교육보다는 교양교육이 강화되어야 한다.

제3부는 '자료'로서 「대중매체 속의 함석헌—일제시기 **1910~45를 중심으로**」(백승종)가 실려 있다. 함석헌의 생애 중반기(20~40대 초반)에 해당하는 1923~43년까지의 함석헌과 직간접으로 관련된 『동아일보』 기사를 엮어서 해설한 흥미로운 자료다. 이 기간은 함석헌이 오산학교를 졸업(1923)한 직후의 동경 유학(1923~28) 시절, 귀국 후 오산 교사(1928~38) 교사를, 사직한 뒤 휴식기(~1943)까지 함석헌이 어떻게 사회의 공인으로서 역할하고 비쳐졌는가를 보여준다.

2012년 11월

함석헌학회 부회장/학술위원장 김영호

생각
함석헌의 비교사상적 조명

"함석헌이 왕양명의 만물일체론에 주목하고
더욱이 이것을 신비주의로 해석하고, '한'사상으로
연결시킨 것은 탁견이다. 더욱이 조선시대에
이단시되었던 양명학사상에서 '만물일체'론을
끄집어내고, 그것을 신비주의적 측면에서
부각시킨 점은 그간 학계에서 간과해왔던
양명학의 진수를 들춰낸 셈이다.
이것은 함석헌이 '지금같이 살림이 곧 정치,
정치가 곧 전쟁이 돼버려 죽음의 문명이 돼버린 때'라고
진단했던 1980년대 이전 군부독재시절이나
자본과 문명의 황폐화, 에너지의 고갈 등에 맞부닥친
지금의 현실에서나 여전히 시사점을 던져준다."
– 최재목

신채호와 함석헌

이만열 숙명여대 명예교수, 함석헌학회 회장

신채호와 함석헌의 역사관은 어떻게 다른가

함석헌(咸錫憲)의 역사인식이 신채호(申采浩)의 역사인식과 어느 정도 관련이 있다는 지적은 이미 이기백이 언급한 바가 있다.[1] 그러나 매우 소략하다. 필자가 함석헌의 역사인식이 신채호와 비교할 만한 점이 있다고 생각하게 된 것은 우선 다음의 두 가지 이유를 들 수 있다.

첫째는, 함석헌의 『성서적 입장에서 본 조선역사』(이하 『조선역사』)[2]에 신채호가 거명되고 있다. 그의 『조선역사』에는 이미 한국역사에 등장했던 인물들이 가끔 거론되지만, 역사가는 거의 거론되지 않는

---

1) 이기백, 「學問的 苦鬪의 연속: 연구생활 회고」, 『韓國史 시민강좌』, 일조각, 1989, 160쪽; 「깊은 외로움」, 『다시 그리워지는 함석헌 선생님』, 함석헌기념사업회 편, 한길사, 2001, 198쪽.
2) 이 글에서 사용되는 텍스트로 『성서적 입장에서 본 조선역사』(이하 『조선역사』)는 1950년 星光文化史 판으로, 『뜻으로 본 한국역사』(이하 『한국역사』)는 2009년 한길사 판으로 하겠다.

다. 그래도 김부식같이 오래전에 존재했던 역사가는 거론했다. 그러나 함석헌 자신과 동시대에 살았던 역사가는 거의 거명하지 않았다. 당대의 인물로 이광수(李光洙)의 이름이 거론되고 있지만,[3] 역사가로서는 신채호와 최남선(崔南善)의 이름이 거론되고 있다. 이 점이 우선 이 글을 쓰게 되는 첫째 이유다.

둘째는 신채호의 이름은 고려 중기 '묘청(妙淸)의 난'을 설명하면서 거론되고 있다. 함석헌은 신채호가 '묘청의 난'을 '조선역사 1천 년 이래의 제일 큰 사건'이라고 했다면서, 신채호가 '묘청의 난'을 "유파(儒派) 대 불파(佛派), 한학파(漢學派) 대 국풍파(國風派)의 싸움으로 보는 것은 꿰뚫어본 관찰"이라고 평가했다. 이어서 이 싸움에서 묘청이 패하고 김부식이 이긴 것을 두고 "한국역사가 보수적·속박적 사상에 정복된 원인"이라고 한 신채호의 평가에 대해 "옳은 말"이라고 언급했다.[4] 함석헌이 이와 같이 신채호를 평가한 점도 필자가 이 글을 쓰게 되는 이유 가운데 하나다.

필자는 함석헌의 역사서술에 나타난 인식에서 몇 가지 구체적인 사례를 신채호의 역사서술과 비교함으로써 그 관련성을 모색해볼까 한다. 함석헌과 신채호의 역사인식상의 관련성을 살피기 전에 두 사람이 살았던 시대와 정황을 먼저 살펴보고자 한다. 이것은 두 사람의 관계를 이해하는 데에 도움이 될 것이다.

---

3) 함석헌, 『조선역사』, 67쪽.
4) 함석헌, 『조선역사』, 127쪽.

신채호와 함석헌 ─ 겹치는 시대와 삶

단재(丹齋) 신채호(1880~1936)와 함석헌(1901~89)이 겹치는 시기는 물리적 시간이 35년 정도 되는 데 비해서 역사연구라는 매개를 통해 공유한 시간은 얼마 되지 않는다. 함석헌이 태어나던 해인 1901년에 22세가 된 신채호는 신규식과 함께 향리에 문동학원(文東學院)을 세워 애국계몽운동에 나섰다. 그 뒤 신채호는 1910년 망명하기까지 『황성신문』과 『대한매일신보』 등의 언론기관과 『대한협회회보』 『기호흥학회보』 『가정잡지』 등 언론매체를 통해 애국계몽활동을 하는 한편, 「이태리건국삼걸전」(伊太利建國三傑傳), 「을지문덕」(乙支文德), 「수군제일위인 이순신」(水軍第一偉人李舜臣), 「동국거걸최도통」(東國巨傑崔都統) 등을 연재하고 그걸 간단한 책자로 간행하여 기울어져가는 국권을 수호하고 계몽운동에도 나섰다.

이때 역사와 관련된 그의 글을 보면 초기에는 영웅이 역사를 이끈다고 보고 영웅출현을 대망하여 영웅대망론(英雄待望論)을 주장하는 듯했다. 그러나 그 사상은 차차 변하여 자각한 신(국)민이 나라를 구할 수 있다고 사상적인 변화를 모색하고 있었다.

1910년 4월 국치(國恥)를 예감하고 안창호(安昌浩) 일행과 함께 망명하는 도중 신채호는 정주 오산학교(五山學校)에 들르게 되었다. 그때 오산학교에서는 그의 명성에 걸맞게 직원학생이 환영회를 열었다. 교사로 있던 시당(時堂) 여준(呂準) 선생이 단재의 약력을 소개하고 춘원(春園) 이광수가 환영하는 인사를 했으며, 학생들이 환영노래에 단재의 덕과 공을 찬양하는 환영사를 했다. 단재는 답사를 요청받았지만 스르르 의자에서 일어나 눈으로 회중을 돌아본 후에 한마디도 하지 않았다. 춘원이 묘사한 단재의 이때 모습은 뒷날 함석헌과 대조가 되겠기에 여기에 옮겨본다. 당시 오산학교의 교사로 있던 춘원이 쓴 「회상기」다.

"하얀 얼굴에 코밑에 까만 수염이 약간 난 극히 초라한 샌님이었다. 머리는 빡빡 깎고 또 그 머리가 끝이 뾰족하다하게 생겨서 풍채가 그리 좋은 편은 아니었다. 동정에 때묻은 검은 무명 두루막을 고름도 아모렇게만 매고 섬은 꾸기고 때 묻은 조선보선에 메투리를 신고 오직 비범한 것은 그의 눈이었다. 아모의 말도 아니 듣고 아모것도 두려워하지 아니한다는 그러한 이상한 빛을 가진 눈이었다."[5]

오산에 거하는 동안 단재는 여준의 방에 동숙했는데 두 사람 모두 담배를 피워 '방 안에는 담뱃내가 차서 고담준론을 하고 있는 두 분의 얼굴이 다 보이지 않을 지경'이었다. 이때 단재에게는 세수하는 것이 큰 구경거리로 여겨졌다고 한다. 단재는 세수할 때에 고개를 숙이지 않고 빳빳이 든 채로 두 손으로 물을 찍어다가 바르는 버릇이 있었다. 그래서 마룻바닥과 자기 저고리 소매와 바짓가랑이를 왼통 물투성이로 만들었다고 한다. 옆에서 "그게 무슨 세수하는 법이람, 고개를 좀 숙이면 방바닥과 옷을 안 질르지" 하고 혀를 쯧쯧 차도 단재는 여전히 고개를 빳빳이 하고 두 손으로 물을 찍어다가 낯에 발라 두 소매 속으로 물이 질질

5) 이광수, 「탈출도중의 단재인상」, 『단재 신채호전집』, 독립기념관, 2008, 77~79쪽, 304~306쪽.

흘러들어갔다. "그러면 어때요?" 하고 오산 있는 동안에는 그 세수하는 법을 고치지 않았다.

춘원의 이 「인상기」에서도 잠시 단재의 성품이 나타나지만, 단재는 주의주장이 분명하여, 자기의 생각이 남과 달라도 결코 동조하지 않았다. 이는 춘원이 "단재는 결코 뉘 말을 들어서 제 소신을 고치는 인물은 아니었다. 남의 사정(私情)을 꺼려서 저 하고 싶은 일을 아니 하는 인물은 아니었다. 그러면서도 웃고 이야기할 때에는 픽으나 다정스러웠다" 고 묘사한 「인상기」에서도 잘 나타나고 있다. 그가 이승만 문제로 대한민국 임시정부와 메별(袂別)하는 지경까지 간 것도 그의 강직한 성품의 일단을 잘 보여주는 것이다.

단재는 오산학교를 방문한 뒤 중국의 안동현을 거쳐 산동반도의 청도(靑島)로 갔다. 그곳에서 안창호 등 신민회 간부들과 독립군 기지 창설문제를 협의하고 9월에는 독립군 기지와 무관학교 설립을 위해 길림성 밀산부로 옮겨 갔다. 그러나 자금문제로 그 설립이 여의치 않게 되자 러시아의 블라디보스토크로 가서 그곳에서 언론·교육·결사운동을 통해 독립운동에 나서게 되었다.

단재는 1913년 블라디보스토크를 떠나 상해로 옮겨 김규식과 이광수에게 영어를 배워 기번의 『로마제국 흥망사』와 칼라일의 『영웅숭배론』을 원서로 읽을 정도가 되었다 한다. 그는 윤세용·윤세복 형제의 초청으로 북만주로 옮겨 한국고대사 관련 유적지를 집중적으로 답사하면서 『한국사』를 집필했다. 역사연구는 그 뒤 북경 등지에서도 계속되었다.

1919년 3·1운동 후 4월에 상해에서 대한민국을 건국하고 임시정부도 세웠는데, 그는 임시정부 의정원 전원위원장에 선임되기도 했으나 위임통치론을 주장한 이승만이 임시정부 대통령으로 선임되자 임시정부와 인연을 끊고 반(反)임정활동에 나섰다. 신채호는 『신대한』이라는 잡지를 간행, 반임정활동과 무장투쟁론을 선전하게 되었고, 그 이듬해에는 연해주로 옮겨 가 박용만·문창범·유동열 등 무장투쟁파와 독립운동을 논의했다.

단재는 그 뒤 의열단장 김원봉(金元鳳)의 부탁으로 의열단의 이념과 행동강령을 담은 「조선혁명선언」(朝鮮革命宣言)을 집필했다. 1924년 생활고를 해결하고 집필활동을 위해 북경 관음사에 들어가 승려생활을 하면서 조선사 연구에 몰두했던 그는 곧 환속한 후 1925년 대만사람 임병문(林炳文)의 소개로 무정부주의 동방연맹에 가입하게 되었고, 1928년 북경과 천진에서 개최된 무정부주의동방연맹 대회에 참가했으며, 자금조달을 위해 외국 위체(爲替)를 입수·환전하려다가 1928년 5월 8일 대만의 기륭(基隆)우체국에서 체포되어 대련으로 압송되었다.

대련지방법원에서 1930년, 10년형에 처해지자 여순감옥으로 옮겨졌던 그는 1936년 2월 18일 뇌일혈로 쓰러지고 사흘 뒤 21일 여순감옥에서 순국했다. 수형기간 동안 극도로 건강이 악화된 그에게 형무소 측에서 연대보증이 있으면 출감시키겠다고 했지만, 보증인 가운데 친일부호가 있음을 알고 친일파의 도움을 받지 않겠다고 하면서 차디찬 감방에서 옥사했다. 단재의 비타협적인 성품은 여기서도 엿볼 수 있다.

신채호에 비해 20여 년이나 늦게 태어난 함석헌은, 그의 「연보」에 따르면, 1919년 3·1운동에 참여하여 평양고등보통학교에서 학업을 중단하고, 2년 후인 1921년에 오산학교에 편입학하여 1923년에 졸업하고 그 이듬해 4월에 동경고등사범학교에 입학하게 되었다. 그는 1923년 동경에 건너가 진학준비를 하면서 관동대진재를 만나게 되었는데 이로 말미암아 하나님의 섭리를 체험하게 된다. 그가 섭리사관을 주장하게 되는 데는 이런 체험과 분리해서 생각할 수 없다. 동경고등사범학교에 재학하는 동안 김교신(金敎臣, 1901~45)의 도움으로 우치무라 간조(內村鑑三, 1861~1930)가 이끄는 무교회주의 성서연구 집회에 참석하게 되었다. 졸업에 즈음해서는 한국인들이 『성서조선』(聖書朝鮮, 1927.7~)지를 간행하게 되었다.

함석헌은 1928년 동경고등사범학교를 졸업하고 모교인 오산학교에 교편을 잡게 되었다. 1934~35년에는 『성서조선』지에 「성서적 입장에서 본 조선역사」를 게재했고, 1936~38년에서는 「성서적 입장에서 본 세계역사」를 연재하게 되었다. 1937년 중일전쟁을 일으킨 일제는 황민화정책을 강제하여 민족말살책과 식민지교육을 강화했다. 함석헌은 이런 상황에서 "창씨개명 및 일본어 수업을 거부하여" 오산을 떠나게 되었다.

여기서 신채호와 함석헌이 겹치는 시기는 약 35년간(1901~36)이지만, 함석헌이 3·1독립운동에 참가한 때에서 기산하면 그 절반 정도라고 해야 할 것이다. 함석헌이 3·1운동에 참여하여 학교를 쉬고 있다가 오산학교에 와서 졸업하게 되는 4년간은 신채호가 임정에 관여하다가 곧 반임정으로 돌아서서 국민대표회의를 준비하고 김원봉의 의열단과 접촉, 「조선혁명선언」을 초(草)했던 시기다.

함석헌이 오산을 졸업하고 도일, 1924년 동경고등사범학교에 입학, 졸업하고 오산에 교편을 잡아 돌아오는 기간은 북경에 거주하던 신채호가 생활고에 못 이겨 관음사에 들어가 승려로 행세하면서 조선사 연구에 매진하다가 무정부주의동방연맹에 가입(1925), 국제위체사건(國際爲替事件)으로 일경에게 피체되어 대련으로 호송되어 왔던 시기다. 그리고 함석헌이 오산에서 교편을 잡고 성서조선운동과 「성서적 입장에서 본 조선역사」와 「성서적 입장에서 본 세계역사」를 연재하던 시기에 신채호는 여순감옥에서 옥고를 치르다가 사망에 이르는 기간이면서 그의 저술의 일부가 국내의 『동아일보』『조선일보』에 연재되는 시기이기도 했다.[6]

이렇게 신채호와 함석헌은 30여 년 이상 동시대를 살았으나 서로 마주할 기회는 없었다. 다만 전해준 사람이 있었다면 함석헌이 오산에 학생으로 또 교사로 재직하고 있을 때, 신채호가 망명길에 오산에 들러 교사와 학생들의 환영을 받았으며 그의 '세수하는' 괴벽(怪癖) 같은 일화가 전해졌을는지도 모른다. 함석헌이 1928년 오산으로 오고 난 뒤 당시 간행되던 국내 신문(『동아일보』『조선일보』『중외일보』)을 관심 있게 읽었다면 그는 신채호에 관한 기사도 읽게 되었을 것이다.

앞에서 언급한 바와 같이 신채호는 1928년 5월 8일 대만의 기륭우체국에서 체포되어 대련으로 압송되었고 대련지방법원에서 1930년, 10년형에 처해졌다. 대만에서 피체된 사실부터 재판에 회부되어 언도가

---

6) 이 시기에 신채호의 저술이 신문에 게재된 것은 다음과 같다. 『朝鮮史研究草』에 실린 네 논문이 『동아일보』(1924.10.20~1925.2.16)에, 「高句麗와 新羅 建國年代에 대하야」라는 글이 『시대일보』(1926.5.20, 5.22, 5.25)에, 『조선사』(해방 후 『조선상고사』로 간행됨)가 『조선일보』(1931.6.10~10.14, 총 103회)에, 이어서 『조선상고문화사』도 『조선일보』(1931.10.15~12.3, 1932.5.27~5.31, 총 40회)에 각각 연재되었다.

나기까지 그에 대한 기사는 간헐적으로 국내신문에 보도되고 있었다.[7] 오산으로 부임하던 그해에 신채호에게 일어난 일련의 사건은 역사 선생인 함석헌에게 인지되었을 것이다.

함석헌이 만약 중국에서 독립운동과 역사연구를 겸하고 있던 당대의 역사가 신채호의 성명(盛名)을 익히 알았다면, 그의 재판 관련 소식은 물론 그 무렵에 국내 언론에 소개되고 있던 신채호의 글이나 신채호 관련 기사도 접할 수 있었을 것이다. 신채호의 『조선사연구초』(1929)에 수록된 6개 논문 중 4편이 먼저 『동아일보』에 연재(1924.10.20~1925.3.16)된 것은 함석헌이 동경에서 공부하고 있을 때였다. 이 논문들이 발표되자 1924년부터 그 논문과 논문저자에 대한 글이 일간지와 잡지에 소개되었다.[8] 또 신채호가 여순감옥에 수감되고 난 뒤에 「옥중면회기」가 『조선일보』에 발표되었는가 하면[9], 『동아일보』는 이틀에 걸쳐 국내에 들어와서 고생하고 있는 신채호의 부인을 탐방한 소식을 전했다.[10]

---

7) 단재 신채호의 피체 및 재판 관련 기사는 『단재 신채호 전집 8 「독립운동」』(독립기념관, 2008)에 다음과 같은 날짜에 게재되어 있다. 『동아일보』, 1928.5.13; 『동아일보』, 1928.7.20; 『동아일보』, 1929.2.12; 『동아일보』, 1929.2.18; 『동아일보』, 1929.9.28; 『동아일보』, 1929.10.7; 『조선일보』, 1928.12.28; 『중외일보』, 1929.4.8; 『중외일보』, 1929.7.8; 『중외일보』, 1929.10.8; 『중외일보』, 1930.3.17; 『중외일보』, 1930.4.14.

8) 沈鴻武, 「問題 업는 論文을 읽고」(『동아일보』, 1924.10.20); 卞榮魯, 「國粹主義의 恒星인 丹齋 申采浩」(『開闢』, 1925.8), 安自山, 「申采浩씨의 吏讀解釋 一, 二, 三」(『중외일보』, 1928.3.6~3.8).

9) 李灌鎔, 「大連監獄에서 申丹齋와 面會」(『조선일보』, 1928.11.8).

10) 「冷埃에 飢腸쥐고 母膝에 兩兒 啼泣—申采浩 夫人 訪問記(一)」(『동아일보』,

1929년 6월 한성도서주식회사에서 『조선사연구초』가 간행되자, 당시 문필로도 명성이 자자했던 문일평(文一平)이 『조선일보』에 두 차례에 걸쳐 「'조선사연구초'를 보고」라는 서평을 올리기도 했다.[11] 1930년 대련법정에서 10년형으로 판결되자 신채호는 대련감옥에서 여순 감옥으로 이감되었는데 이감된 후 『조선일보』는 1931년에만 몇 차례에 걸쳐 그의 옥중 소식을 전하기도 하고 「옥중면회기」를 전하기도 했는데[12] 이는 신채호의 학문을 높이 평가한 안재홍(安在鴻)이 조선일보 사장으로 재직하고 있었던 것과도 관련이 있다.

신채호에 대한 학문적인 평가는 그가 생존해 있는 동안에는 거의 이뤄지지 않았다. 함석헌이 『조선역사』를 연재하고 있는 동안에 홍기문(洪起文)은 『조선일보』에 「신단재(申丹齋)의 어원고증(語源考證)을 검토함」(1935.2.5)이라는 논평을 써서 신채호의 어원고증의 일부에 대해서 비판적인 입장을 밝혔다. 1936년 2월 21일 새벽에 신채호가 돌아가자 각계에서 단재의 인간됨과 학문에 대해 추모하는 글이 신문과 잡지에 발표되었다.[13] 1936년이라면 함석헌이 『조선역사』의 연재(1934.2~

1928.12.12); 「萬里異域에서 結婚 風雨에 날리는 愛巢─申采浩 夫人 訪問記(二)」(『동아일보』, 1928.12.12).

11) 文一平, 「讀史閑評(九, 十)─朝鮮史硏究草를 보고」(『조선일보』, 1929.10.15~10.16).

12) 「刻苦慘憺의 著述 果然萬目의 焦點─鐵窓中의 申采浩消息」(『조선일보』, 1931.6.10); 薊篁生, 「申丹齋의 輪廓」(『조선일보』, 1931.6.12); 申榮雨, 「朝鮮의 歷史大家 丹齋 獄中會見記(一~七)」(『조선일보』, 1931.12.19~12.30).

13) 이 점에 대해서는 신채호, 『단재 신채호전집 9 「단재론연보」』(독립기념관, 2008)를 참조.

1935.12)를 끝낸 시기다. 그전에 간행된 신채호의 연구를 『조선역사』를 서술하는 데 직접 반영하는 것은 가능했겠지만, 아주 제한적이었다.

그러나 단재에 대한 평론은 『조선역사』 연재 후에도 함석헌의 역사 인식과 사상에 영향을 주었을 것이라 생각된다. 그리고 함석헌이 1928년 오산학교에 부임한 후, 뒤에서 언급할 바와 같이, 1929년에 출간된 『조선사연구초』를 접하고 그중의 한 논문(「조선역사상 일천년래 제일 대사건」)을 읽었다는 데에 유의한다면, 그 전후에 발표된 신채호 관련 기사나 저서는 함석헌에게 접촉·활용되었을 것으로 추측된다.

『조선역사』의 자료—신채호와의 연결고리

함석헌은 『조선역사』를 쓸 당시의 자료와 관련하여 이렇게 말한 적이 있다.

"지도교수가 있는 대학도 아니지, 도서관도 참고서도 없는 시골인 오산이지, 자료라고는 중등학교 교과서와 보통 돌아다니는 몇 권의 참고서를 가지고 나는 내 머리와 가슴과 씨름을 하지 않으면 안 되었다. 파리한 염소 모양으로 나는 씹는 것이 일이었다. 지푸라기 같은, 다 뜯어먹고 남은 생선 뼈다귀 같은, 일본 사람이 쓴 꼬부려낸 모욕적인, 또 우리나라 사람이 쓴, 과장된 사실의 나열을 나는 씹고 또 씹어 거기서 새끼를 먹일 수 있는 젖을 내보자니 쉬운 일이 아니었다."[14]

---

14) 함석헌, 「넷째 판에 부치는 말」, 『함석헌저작집 30 「뜻으로 본 한국역사」』, 한길

그는 도서관도 참고서도 없는 벽지 오산에서 '자료라고는 중등학교 교과서와 보통 돌아다니는 몇 권의 참고서를 가지고' 『조선역사』를 썼다고 했다. 그런 중에서도 그는 일본 사람이 쓴 '모욕적인' 자료와 한국인이 쓴 '과장된' 자료를 접할 수 있었다. 그런 자료들은 자신의 머리와 가슴으로 그 빈약한 자료들을 '씹고 또 씹어서' 새끼를 먹일 수 있는 젖을 내보자고 노력했다는 것이다.

『조선역사』에는 서술에 인용되었거나 연구에 활용되었던 자료들이 더러 보인다. 우선 『산해경』(山海經)을 포함해 『삼국지 위지 동이전』 등 중국 측 자료를 들 수 있다. 한국 측 자료에도 『삼국사기』『삼국유사』 등의 이름이 보인다. 고려의 역사나 조선의 역사를 서술할 때에도 주변에 있는 원전 자료를 보았을 것으로 보인다. 그러나 이런 원전 자료를 두고 "다 뜯어먹고 남은 생선 뼈다귀 같은, 일본 사람이 쓴 꼬부려낸 모욕적인" 것들이라고 했다거나 "또 우리나라 사람이 쓴, 과장된 사실의 나열"한 것들이라고 말하지는 않았을 것이다.

그러면 함석헌이 언급한, "다 뜯어먹고 남은 생선 뼈다귀 같은, 일본 사람이 쓴 꼬부려낸 모욕적인" 것들에는 어떤 것이 있었을까? 아마도 일제 총독부나 일제 어용 식민주의사관론자들이 만든 조선사 관련 책들이 아니었을까, 라고 생각된다.

그 한 예로 일제 총독부가 1925년 조선사편수회를 만들고 이해 10월부터 『조선사』(朝鮮史)를 간행하기 시작하여 1938년 35책(2만 4천여 쪽)을 완간했던 것을 들 수 있을 것이다. 편년체로 만든 이 책은 일제가

<hr>

사, 2009, 19쪽.

자기들이 원하는 방향으로 편찬하여 식민주의사관을 구축하는 데에 크게 이바지했다. 조선사편수회는 또『조선사료집진』(3책)과『조선사료총간』(21종)도 간행했다. 조선사편수회에 관여한 일제 관학자들은 조선사학회를 조직하고 조선사강좌를 열고 거기서 발표된 내용을 1927년에는『조선사대계』(5권)로 펴내기도 했다.

함석헌이 이용한 자료에는, 그가 지적한 대로라면, 또 '우리나라 사람이 쓴, 과장된 사실의 나열'한 것도 있었다. 여기에 해당하는 것들이 구체적으로 어떤 것인지는 알 수 없다. 추측건대, 동경고등사범학교에서 근대역사학 이론을 공부한 그에게는 당시 근대적인 역사학에 정통하지 않은 한국인이 저술한, 민족의식이 과도하게 노출된 저술들을 여기에 포함시키지는 않았을까 추측해본다.

함석헌이 접했을 것으로 생각되는 한국인 저술의 역사책은, 한말의 것을 제외하고 일제 강점기의 것만 꼽더라도, 박은식(朴殷植)의『한국통사』(韓國痛史, 1915)와『한국독립운동지혈사』(韓國獨立運動之血史, 1920)를 비롯하여 신채호의『조선사연구초』가『동아일보』에 연재된 후에 단행본으로 간행되었고(1929), 신채호의『조선사』(뒷날『조선상고사』朝鮮上古史로 간행됨)와『조선상고문화사』가 1931~32년에『조선일보』학예란에 연재되었다.

그밖에도 이능화(李能和)의 몇 권의 저술이 있었고, 안확(安廓)의『조선문학사』(1922),『조선문명사』(1923)가 간행되었으며, 최남선의『조선역사강화』(1930)와『조선역사』(1931), 권덕규(權悳奎)의『조선유기략』(朝鮮留記略, 1929)이 간행되었으며, 그밖에 황의돈(黃義敦), 장도빈(張道斌), 남궁억(南宮檍) 등도 역사책을 남겼다.

함석헌은, 그가 궁벽한 오산에 있었다 하나 독서에 부지런했던 것으로 보아, 위에 거론한 일본인과 한국인의 저술들을 읽었을 것으로 생각된다. 그런 자료들을 "씹고 또 씹어 거기서 새끼를 먹일 수 있는 젖을 내보자"고 노력했던 것이다. 함석헌은 위에 거론한 인물이나 책 중에서 역사가인 신채호와 최남선의 저술을 그의 『조선역사』에서 활용했다. 그가 신채호의 것을 활용했다는 것은 뒤에서 다시 언급하겠다. 최남선의 『조선역사』(1930)는 함석헌이 실학을 설명하면서 활용하고 있다.[15] 적어도 함석헌이 『조선역사』를 저술할 때에 당대에 활동하던 두 사람의 역사가의 이름은 그의 저술에 이름을 올려놓았다.

　　함석헌이 『조선역사』를 서술하면서 역사책이 아닌 저술도 필요하면 활용했다. 『조선역사』 서술에 필요하다면 역사가의 것이 아닌 책도 활용했다는 뜻이다. 더구나 그의 『조선역사』가 실증을 통해 사실을 밝히는 데에만 주력한 저술이 아니고, 오히려 역사에서 의미를 찾으려 했기 때문에 실증을 위주로 한 역사책 이외의 저술도 활용할 필요성이 있었을 것이다.

　　그렇게 활용한 저술로는, 먼저 구스다 오노사부로(楠田斧三郞)의 『조선천주교소사』를 거론했다.[16] 함석헌은 이 책을 두고, 한국 천주교의 초기 상황을 언급하면서, 하등의 직접적인 전도(傳道) 없이 조선 교회가 창시된 것이 신(神)의 현묘한 섭리에 따른 것이라고 설파했다고 했다. 함석헌은 또 한국인의 민족적 개성을 논하면서 동시대에 활동하

15) 함석헌, 『조선역사』, 222~223쪽; 함석헌, 『한국역사』, 344~345쪽.
16) 함석헌, 『조선역사』, 232쪽; 함석헌, 『한국역사』, 356쪽.

고 있던 이광수가 『개벽』(開闢)지 1922년 5월호에 발표한 「민족개조론」을 인용했다.[17] 또 거의 동시대에 활동했던 일본의 작가 도쿠토미 로카(德富蘆花)의 경구도 인용하고 있다.[18]

이밖에도 함석헌과 교분을 나누었을 두 사람, 우치무라 간조[19]와 다이하라 유키오(矢內原忠雄)[20]가 『한국역사』에 등장하고 있으나 그들의 이름은 『조선역사』 간행 때에는 보이지 않았다.

이렇게 『조선역사』를 서술하면서 함석헌은 당대의 역사가가 쓴 저술을 활용했다고 직접 밝힌 것은 거의 보이지 않는다. 그런 상황에서 함석헌은 신채호와 최남선을 거론했다. 특히 당시 조선사학계에 널리 알려진 신채호를 거론하면서 그가 쓴 '묘청난' 관련 논문의 내용을 다음과 같이 간단히 소개하고 있다.

"묘청의 난을 신채호 씨는 조선역사 일천년래(來) 제일대사건이라고 한다. 제일 대사건이겠는지 아니겠는지는 쉬히 결(決)하기 어려운 문제나 이 난으로써 보통반란이 아니요, 유파(儒派) 대 불파(佛派), 한학파(漢學派) 대 국풍파(國風派)의 싸움으로 보는 것이 투철한 관찰이요, 이 싸움에 묘청이 패하고 김부식(金富軾)의 이긴 것이 조선역사가 사대적 보수적 속박적 사상에 정복된 원인이라고 하는 것도 옳은 말이다. 묘청 등의 거사는 시기를 이미 놓친 일이라 할 수

17) 함석헌, 『조선역사』, 67쪽; 함석헌, 『한국역사』, 117쪽.
18) 함석헌, 『조선역사』, 267쪽; 『한국역사』, 463쪽.
19) 함석헌, 「넷째판에 부치는 말」, 『한국역사』, 20쪽.
20) 함석헌, 『한국역사』, 403쪽.

있다. 그때는 벌써 금(金)이 요(遼)를 멸한 지 20년이 넘었다. 고로 묘청파가 승리하여 천도칭제(遷都稱帝)를 했더라도 북벌(北伐)에 성공을 했을 수 있었겠는지는 문제다. 북벌의 시기는 벌서 그전에 놓친 것이다. 그러나 설혹 기시(其時) 당장 북벌은 못 한다 하더라도 만일 묘청파가 승리를 했더라면 적어도 사상적 노예생활을 면했을 것이다. 그러나 김부식이 이기고 유파가 이겼다. 허위(虛僞)가 또 이기고 자아를 또 못 찾았다.[21)]

함석헌이 신채호의 이 글을 인용하고 있다는 것은 두 사람을 학문적으로 연결시키는 중요한 고리가 된다. 이 연결고리는 함석헌이 신채호의 연구논문을 탐독했다는 것을 보여주는 것으로, 이 인용을 계기로 우리는 함석헌이 신채호의 다른 저술들도 접하지 않았을까 하고 생각하게 된다. 더 나아가 『조선역사』의 역사인식에는 함석헌이 신채호의 역사인식으로부터 다소간에 영향을 받았거나 서로 관련되는 부분이 있지 않을까 하는 생각도 갖게 된다.

함석헌과 신채호—역사인식의 관련성 문제

함석헌과 신채호의 역사관과 역사인식에는 여러 가지로 대조되는 부분이 보인다. 거기에는 서로 연관시킬 수 없는 부분이 있는가 하면 또한 겹쳐지는 부분도 많이 나타나고 있다. 먼저 두 사람의 역사관이다.

21) 함석헌, 『조선역사』, 127~128쪽; 함석헌, 『한국역사』, 208쪽.

신채호는 근대적 역사관을 수용하려고 노력했는데 그러한 흔적이 그점은 그의 저작에서 간간이 보인다. 특히 역사학 방법론에서는 치밀함을 보이기도 한다. 함석헌 역시 '사관'이야기를 하면서 '성서적 사관'을 비롯해서 '조선사의 기조' '지리적으로 결정된 조선사의 성질' 등에 대해 나름대로 역사관을 제시하고 있다. 그러나 두 사람의 사관에서 공유되는 부분과 상치되는 부분을 가리기 위해서는 더 많은 시간을 필요로 한다.

다만 우선 눈에 띄는 것은 신채호가 그의 『조선(상고)사』 총론 서두에서 제시한, '아(我)와 비아(非我)의 투쟁'으로서의 역사관이다.[22] 이 같은 역사관이 함석헌에게서 직접적으로 노출되고 있다고는 할 수 없을 것이다. 그러나 함석헌의 고난사관에서, 조선이 고난을 자취한 측면보다는 타자와의 관계에서 재재된 것을 부정할 수 없다면, 거기에는 '아와 비아의 투쟁'으로서의 역사를 배제한다고는 할 수 없을 것이다. 그러나 함석헌의 역사관에서 투쟁사관과의 관련성 여부를 고찰한다는 것에 대해서는 좀더 신중하게 대처해야 할 것으로 본다.

함석헌의 역사인식에서는 신채호와 겹치거나 서로 관련시킬 수 있는 부분이 더러 보인다. 여기서는 그 관련성을 좀더 살펴보려고 한다.

먼저 함석헌은 고려 인종 때의 '묘청의 난'이 한국사상에 어떤 영향을 미쳤을까를 설명하면서 신채호의 역사해석을 들어 설명하고 있다. 앞서 인용한 글에서 함석헌은 신채호의 「조선역사상 일천년래 제일대

---

22) 이 점에 대해서는 신채호, 「제1편 총론, 1. 史의 定義와 朝鮮史의 範圍」, 『조선사』에서 잘 보인다.

사건」의 역사인식과 그 해석에 크게 의존하고 있다. 함석헌이 활용한 이 논문은 『조선사연구초』(조선도서주식회사, 1929)라는 책자에만 실려 있었다. 『조선사연구초』에는 여섯 편의 논문이 실려 있는데, 네 편의 논문(「上古史吏讀文名詞解釋」「三國史記中東西兩字相換考證」「三國志東夷列傳校正」「平壤浿水考」)은 앞서 『동아일보』에 연재되었으나, 두 편(「前後三韓考」「朝鮮歷史上一千年來第一大事件」)은 『동아일보』에는 연재되지 않았고, 『조선사연구초』에만 수록되어 있다. 따라서 함석헌은 「조선역사상 일천년래 제일대사건」을, 1929년에 간행된 『조선사연구초』를 통해서 읽었다고 봐야 한다.

　「조선역사상 일천년래 제일대사건」에서 신채호는 고려 중기까지의 사상사적인 흐름을 불가(佛家)를 포함한 전통적인 사상조류인 국풍파와 유학사상 중심의 사대파로 규정하고 그 둘 사이의 사상적 · 정치적 갈등이 '묘청의 난'으로 터졌다고 보았다. 함석헌도, 앞에서 인용한 바와 같이, 이 싸움을 "유파 대 불파, 한학파 대 국풍파의 싸움으로 보는 것이 투철한 관찰"이라고 신채호의 견해에 적극 동조했다. 유학으로 인해 사대성(事大性)이 만연해졌다고 보는 신채호는 김부식을 중심으로 한 개성의 유학파가 서경(평양)을 중심으로 한 국풍파를 타도한 것이 그 뒤 "조선사가 사대 보수적 속박적 사상-유교사상에 정복"[23]되고 만 결

---

23) 신채호, 「조선역사상 일천년래 제일대사건」, 『단재 신채호전집 2 「조선사연구초」』, 독립기념관, 2008, 395쪽. 이에 대해 함석헌은 **"김부식(金富軾)의 이긴 것이 조선역사가 사대적 · 보수적 · 속박적 사상에 정복된 원인이라고 하는 것도 옳은 말이다"**(함석헌, 『조선역사』, 127~128쪽; 함석헌, 『한국역사』, 208쪽)라고 했다.

정적인 사건이었다고 안타까워했다. 신채호가 '묘청의 난'을 「조선역사상 일천년래 제일대사건」으로 규정한 것도 이 때문이다.

그러기에 그는 이 전란으로 말미암아 고려 이후 한국에서는 자주적인 기상이 시들어버리고 사대적인 기풍이 사회를 짓누르게 되었다고 보았다. 함석헌은 이 같은 신채호의 '묘청의 난' 해석에도 동조하고 있는데, 이는 그가 만주와 고구려를 중시하고 뒷날 효종 때 북벌론에 지지를 보내고 있는 점과도 상통하는 것이다. 더 나아가 신채호가 단군-부여-고구려 중심의 역사인식에 충실했던 것과도 연관시켜볼 수 있다.

함석헌이 1929년에 출간된 신채호의 『조선사연구초』를 통해 「조선역사상 일천년래 제일대사건」에 접할 수 있었다면, 아마도 그 뒤에 『조선일보』에 연재된 신채호의 『조선사』와 『조선상고문화사』도 접촉했을 가능성을 배제할 수 없다. 함석헌의 역사인식에는 신채호의 「조선역사상 일천년래 제일대사건」은 물론이고 『조선사』 등에 나타난 역사인식의 흔적들이 더러 보인다.

우선 사가로서의 김부식을 보는 관점에서도 서로 비슷하다. 함석헌은 단군 때에 신지(神誌)가 있어서 기록을 남겼고 삼국시대에도 많은 사료가 있었으나 그 뒤 없어졌다고 하면서 이를 김부식과 관련시켰다.[24] 이 점은 '묘청의 난'을 평정하고 돌아온 김부식이 『삼국사기』를 쓰게 되었다는 것에 유의하면서, "역대의 병화(兵火)보다 김부식의 사

---

24) 함석헌, 『한국역사』, 136쪽. 그러나 『조선역사』에서는 단군시대와 삼국시대에 역사기록이 풍부했던 모양인데 중간에 모두 소실되고 말았다(함석헌, 『조선역사』, 80쪽)고 했으나, 이 내용을 주석이라도 하듯, 『한국역사』에서는 중간에 없어진 것과 관련하여 김부식을 지목했다.

대주의가 사료를 분멸(焚滅)"했다고 주장한[25] 신채호의 주장과 상통한다. 김부식이 정지상(鄭知常)의 글을 시기하여 죽이게 되었다는 함석헌의 인식도 신채호에게서 먼저 보인다.[26]

신채호는 『조선상고사』 『조선상고문화사』에서 단군 민족주의를 주장하고 정치군사적인 측면에서 대(對) 중국투쟁을 강화했으며 또 중국보다 우월한 문화를 가졌다는 문화민족주의의식에 심취되어 있었다. 아마도 함석헌이 "우리나라 사람이 쓴, 과장된 사실의 나열"이라고 지적한 데에는 신채호의 이런 역사인식도 염두에 두었을 것으로 보인다. 그런데도 함석헌의 단군관에는 신채호의 단군관[27]과도 상통하는 점이 엿보인다.

함석헌은 단군조선을 조선사의 출발점이나 발생기로 주목하는데 이 점은 신채호와 상통한다. 단군시대의 역사자료와 관련하여 '신지'의 해석이 독특한데 함석헌은 신채호와 같이 '신지'를 단군시대의 '서계'(書契) 맡은 자로 이해하고[28], 『고려사』 「김위제(金謂磾)전」에 기록된 '신지'(神誌)[의] '비사'(秘詞)를 단군 시대의 문자로 보는 점도 비슷하다.[29] 함석헌은 단군이 기원전 2333년에 건국하여 백두산을 중심으로

25) 신채호, 「조선역사상 일천년래 제일대사건」, 『단재 신채호전집 2 「조선사연구초」』, 독립기념관, 2008, 406쪽.
26) 함석헌, 『한국역사』, 208~209쪽; 신채호, 「조선역사상 일천년래 제일대사건」, 『단재 신채호전집 2 「조선사연구초」』, 독립기념관, 2008, 403~404쪽.
27) 신채호의 단군관에 대해서는 필자의 『단재 신채호의 역사학 연구』, 문학과지성사, 1990, 245~271쪽 참조.
28) 함석헌, 『조선역사』, 80쪽; 함석헌, 『한국역사』, 135쪽.
29) 함석헌, 『조선역사』, 152쪽; 함석헌, 『한국역사』, 252쪽.

통일국가를 세웠고, 팽우(彭虞)를 보좌로 삼았으며, 이때 수렵 외에 농업을 하게 되었고, 천손(天孫)으로 자처하면서 천제(天帝)를 섬기는 국교(國敎)를 갖고 있었다고 서술했다.[30]

함석헌의 역사인식에서 보이는 북진론 강조도 그가 고구려와 만주를 강조하는 것 못지않게 단군을 강조하는 역사의식에서 재래된 것임을 알 수 있다. 이런 점에서 함석헌과 신채호는 서로 통하고 있다.

함석헌이 단군 이후의 역사를 '열국시대'로 보고 있는데 이 점도 신채호의 역사인식에서 영향을 받았던 것으로 보인다. '열국시대'라는 용어의 발상 자체가 신채호에게서 시작되었기 때문에 함석헌도 『조선역사』에서 이를 채용했다고 생각된다. 신채호는 조선상고사의 역사인식의 계통을 단군조선(신수두시대)에서 삼조선분립시대(지나전국시대)를 거쳐 열국(쟁웅)시대(대한족격전시대對漢族激戰時代)로 돌입하고[31] 그다음 단계로 고구려전성시대로 넘어간다고 보고 있다. 함석헌은 단군시대를 1200년 정도로 보고 그다음 시대를 대략 1000년간 계속된 열국시대로 보고 있다. 또한 이때 생성된 나라들이 부여·읍루·옥저·졸본·기자조선·삼한·한사군으로 보고 있다.[32]

거기에 비해 신채호는 열국시대의 상한선을 높여야 한다는 주장을 하면서 존속기간에 대해서는 약간 애매하게 처리한다. 그러면서 이때 열국의 분립현상에 대해서는 동부여와 북부여가 분립되고, 동부여는 다시 동부여와 남동부여로 분립되고, 이때 위씨조선과 한사군, 진한·

30) 함석헌, 『조선역사』, 81~83쪽.
31) 이만열, 『단재 신채호의 역사학 연구』, 문학과지성사, 1990, 236쪽.
32) 함석헌, 『조선역사』, 86~94쪽; 함석헌, 『한국역사』, 145~157쪽.

변한·마한 및 북쪽의 소국들로 구성된다고 보았다. 특히 신채호는 이때를 고구려가 한사군 등 한족 세력과 다투는 시기로 보고 열국쟁웅(列國爭雄)시대로도 인식했다.

신채호가 한국의 고대사를 민족이동 및 지명이동이라는 관점에서 보았는데[33], 함석헌에게서도 그런 점이 보인다. 여기에 비해 함석헌은 조선역사의 기원과 관련하여 이렇게 썼다.

"본래 조선민족은 조선반도에서 생긴 것이 아니요, 다른 곳으로부터 이래(移來)한 사람들이다. 부여 사람은 자기네는 피난민의 자손이라 했다고 하고, 단군신화 속에서도 그 흔적을 볼 수 있다. 단군이 삼천단부(三千團部)를 거느리고 하늘로서 태백산에 나렸다고 하는 것은 그들의 선조가 아득한 옛날에 원방(遠方)으로서 이주하여 온 것이 자자손손이 입에서 귀로 전래하는 동안에 그렇게 된 것일 것이다. 그러면 그들은 어디서 온 것인가. 그 노차(路次)의 확실한 것을 알 수는 없으나 인류분포의 사실로 보아서 대개 파밀고원 부근으로부터 동북으로 닫는 산맥을 따라와 흥안령(興安嶺)을 넘어 만주 평원에 들어온 후 거기서부터 차차 남하하여 발전하여 온 듯하다."[34]

이 같은 민족이동설은 열국시대를 설명하는 데서도 보인다.[35] 그리

33) 이 점과 관련, 단재의 지명이동설에 대해서는 필자의 『단재 신채호의 역사학 연구』, 147~150쪽 참조.
34) 함석헌, 『조선역사』, 81~82쪽; 함석헌, 『한국역사』, 138쪽.
35) 함석헌, 『조선역사』, 86쪽; 함석헌, 『한국역사』, 145쪽.

고 민족이동설을 꼭 신채호의 학설에 국한시킬 수는 없을 것이지만, 그 이동설의 강조가 신채호의 주장과 많이 연결되어 있다.

우연의 일치인지는 몰라도, 신채호가 삼국 이전의 한국사, 특히 단군시대를 영광스런 역사로 보고 있는데 이 점은 함석헌에게서도 일정하게 보인다. 함석헌은 또 단군시대의 영광의 역사가 고구려로 계승되는 것으로 인식하고 있는데 이 점도 신채호의 인식과 흡사하다. 신채호는 단군의 정통이 부여, 고구려로 계승되는 것으로 보고 있다.

그러나 삼국시대까지 존속되었다고 보는 함석헌의 한사군 인식은 신채호와 차이가 있다. 신채호는 뒷날 한사군의 설치 자체를 부정하거나 존치했더라도 요동반도 일우(一隅)에 교치(僑置)되었다고 보고 있다.

그러나 함석헌은 한사군 중 현도, 진번, 임둔 등의 세 군은 이폐(移廢)되었으나 낙랑군만은 황평(黃平) 양도에 걸쳐 400여 년이나 존속했다[36]고 보고 있다. 이는『조선역사』서술 당시의 일반적 역사인식을 그대로 답습한 것이었다고 하겠다. 하지만 그가 조선일보에 연재되었던 신채호의『조선사』(뒷날『조선상고사』)를 주의 깊게 읽었더라도 이러한 한사군관(觀)은 극복될 수 있었을 것이다. 여기에 더하여 넷째판『한국역사』에서도『조선역사』의 한사군관을 그대로 답습하고 있는 것을 보면, '의미'를 강조하고 있는 그의 역사인식의 한계를 엿볼 수 있다.

삼국시대 인식과 관련해서도 신채호와 함석헌은 공유점을 갖고 있는데, 그것은 삼국 중 고구려 중심의 역사인식이다. 두 사람은 고구려를 대외항쟁의 주체로 인식하면서 한국사의 그 영광스런 역사의 담지자로

---

36) 함석헌,『조선역사』, 99쪽; 함석헌,『한국역사』, 166쪽.

내세우고 있다. 때문에 함석헌은 고구려의 멸망을 두고, "비단 고구려의 일에만 그치는 것이 아니요 실로 조선민족 5천 년 역사상에 일대 통한사(痛恨事)다. 고구려가 망해서 조선은 그 장자를 잃은 셈이다. 그 희망이 꺼졌고 그 유업이 끊어졌다"[37]고 통탄해했던 것이다.

고구려에 대한 이 같은 인식은 신라의 '삼국통일'에 대한 평가에도 일정하게 영향을 미치고 있다. 신채호는 신라에 의한 '삼국통일'을 심하게는 '김유신의 음모'[38]에 따른 것이라고까지 폄하하고 있다. 이런 평가는 같은 민족주의사가인 박은식이 김유신을 높이 평가하는 것과는 대조가 된다. 신라의 '삼국통일'에 대한 함석헌의 견해도 적극적이지 않다. 그는 고구려가 북방의 침략자에 대해서 피를 흘리며 격전하고 있는 동안에 그런 기회를 이용하여 신라가 통일을 수행한 것이기에 "신라 통일사업의 공의 반분은 아마도 고구려의 영전에 제물로 바쳐야 한다"[39]고 강조하고 있다.

신채호의 고구려 중심 역사인식은 고구려의 대외저항력과 대외팽창력 때문으로 설명될 수 있는데 이는 다분히 일제식민지 아래서 민족독립의 상징적인 표상 가운데 하나로 내세워진 측면이 강하다고 보여진다. 민족독립을 최우선 과제로 생각하고 있던 신채호나 함석헌이 고구려의 대외경쟁력에 대해 적극적으로 인식을 하는 것을 하는 것은 불가피한 일이었다고 본다.

---

37) 함석헌, 『조선역사』, 104쪽; 함석헌, 『한국역사』, 174쪽.
38) 신채호, 「조선상고사」, 『단재 신채호전집 1 「조선상고사」』, 독립기념관, 2008, 825쪽.
39) 함석헌, 『조선역사』, 106쪽; 함석헌, 『한국역사』, 176쪽.

그러나 이 점은 함석헌같이 국가주의를 극복해야 한다고 역설하는 사상가가, 그 국가주의를 역사의식 측면에서는 아직도 극복하지 못했다는 점을 보여주는 것이 아닌가 하는 느낌을 준다. 함석헌이 조선조 역사에서 6진개척을 강조하는 것도 그의 민족주의사상이 역사인식의 측면에서는 어떻게 작용하고 있는가를 보여주는 대목이다.

　　이렇게 만주 대륙까지도 활동영역으로 하여 대외적으로 발전했던 조선의 역사가 한반도 안으로 쪼그라들고 고난의 역사로 되어버렸다는 인식도 신채호와 함석헌에게서 상통하는 측면이 있다. 신채호는, 광활한 조선사가 이렇게 탕잔(蕩殘)되어 조선반도 안의 역사로 된 것은 내우외환에 의해서가 아니라 조선사를 쓴 사가들에 의해서 그렇게 되었다면서, 그들이 "더 크지도 말고 더 작지도 말아라 한 압록강 이내의 이상적 강역(我邦疆域考 曰 不大不小 克符帝心)을 획정하려" 했다고 지적했다.[40] 이 같은 의식은 함석헌에게서도 그대로 보인다.

　　"아세아 동부의 일소반도(一小半島), 압록강 두만강 남에서 조선역사가 되어서 나오기도 했지만, 반대로 그 보다도 만주도 다 내버리고 서백리아(西伯利亞)도 다 내버리고 일본열도도 다 내버리고 요 일소반도만을 일개 고난의 역사의 터전으로, 요 오천 년의 부침(浮沈)을 일개 역사적 단원으로 결정해놓은 것은 조선 사람이다. ……오천 년의 역사는 백두산의 역사가 아니요, 오대강의 역사가 아니요, ……

---

40) 신채호, 「조선상고사」, 『단재 신채호전집 1 「조선상고사」』, 독립기념관, 2008, 605쪽.

광개토 김춘추의 것이라 할 수도 없고 양반 상놈의 역사라 할 수도 없다."[41]

신채호와 함석헌은 이렇게 웅혼한 조선의 역사(歷史)가 조선의 역사가(歷史家) 또는 조선인에 의해서 이렇게 왜소해졌다는 데 대해서 공통된 역사의식을 갖고 있었다.

고구려중시사상은 일제하에 몸담고 있던 신채호, 함석헌 두 사람에게 민족독립의 가능성을 고구려를 통해 발견하려 했던 것으로 보인다. 그러나 함석헌에게서 간과할 수 없는 것은 고구려 중시의 역사인식이 서북지역중시사상으로 변전하는 것은 아닌지 염려스러운 점이 없지 않다. 함석헌에게서 보이는 임경업과 홍경래에 대한 애정도 같은 맥락에서 이해될 수 있는 것이 아닐까. 이것은 또한 서북지방이 자신의 고향이라는 점과 연결될 수도 있다. 이를 사상가로서의 함석헌에 대한 불필요한 오해라고만 치부할 것인가.

역사의 주체로서의 '민중'인식

이 글을 쓴 목적은 20여 년의 시차를 두고 이 땅에 태어나 예언자적인 삶을 살아간 신채호와 함석헌의 역사인식과 역사의식을 비교해보는 데에 있다. 다시 말하면 함석헌의 『조선역사』를 신채호의 역사와 비교 고찰하는 한편 그런 시차를 통해 후학인 함석헌이 신채호와 어떤 관계에

41) 함석헌, 『조선역사』, 66쪽.

있는가도 살피려 했다. 이런 착상과 관련, 처음부터 한계를 인정하지 않을 수 없었던 것은 함석헌의 『조선역사』가 한국사의 전 시대를 포괄하고 있음에 비해서 신채호의 역사연구는, 「조선역사상 일천년래 제일대사건」을 제외하고는, 고대사에 거의 한정되어 있다는 점이다. 때문에 두 분의 역사인식을 비교한다는 것은 매우 제한적일 수밖에 없었다.

그런데도 30여 년 이상 동시대를 살았던 두 사람 사이에는 선후배가 갖는 어떤 학문적·사상적 영향이 있음을 몇 가지로 발견할 수 있었다. 이밖에도 몇 가지 점을 추가해서 언급함으로써 거칠지만 이 글을 맺고자 한다.

역사전개의 기본 전제를 인식하는 데서도 두 사람 사이에는 서로 비슷한 점이 발견된다. 신채호는 그것을 '역사의 3대 원소(元素)'라 했고, 함석헌은 '조선사의 기조'라고 했다. 신채호는 그 '3대 원소'를 '때(時)와 땅(地)과 사람(人)'이라 주장했고[42], 함석헌은 그 '기조'를 "조선역사가 이루어진 그 지리"와 "그 역사를 지은 조선민족의 특질", 그리고 "그 민족으로 그 땅에서 그 역사를 짓게 한 조물주의 섭리(攝理)"라고 하여[43], 지리·인간·법칙으로 정리했다. 두 사람에게서 땅과 사람, 사람과 땅이 공통되게 보이고 있다.

의도적이라고 보이지는 않지만, 신채호는 어떤 역사적 인물이나 사건은 '때'와 관련 있다고 보았고, 함석헌은 '지리'를 먼저 유념한 셈이어서 자신들의 삶의 여정을 예감이라도 한 것 같다. 만약 그들이 손꼽았

---

42) 신채호, 「조선상고사」, 『단재 신채호전집 1 「조선상고사」』, 독립기념관, 2008, 231쪽, 605쪽.
43) 함석헌, 『조선역사』, 40쪽; 함석헌, 『한국역사』, 86쪽.

던 요소(기조)들이 역사를 움직이는 우선순위를 말하는 것이라면, 19세기에서부터 서세동점을 경험하면서 조선이 식민지 상태로 전락한 상황을 체험하고 있던 신채호는 '때'를 중요시했음을 알 수 있다.

이에 비해 식민지하에서 고등교육까지 받았던 함석헌은, 당시 유행하던 '지리적 결정론'에 비판적인 견해를 내비치기도 했지만,[44] "지리적으로 결정된 조선사의 성질"[45]에서 '지리적 결정론'을 매우 강조했기 때문에 조선의 식민지화가 '지리'와 관련되었을 것이라고 고민했던 것은 아닐까. 예언자적 지성을 겸비하고 있던 그들의 삶은 자신들이 주장한 역사 법칙(원소 또는 기조)의 우선순위에 따라 살아갔다고 생각된다.

신채호는 일제 강점기라는 엄혹한 '시대' 속에서 무정부주의자의 신념대로 '때'의 한계를 극복하지 못한 채 삶을 마감해야 했고, 함석헌은 민족을 둘로 갈라놓은 분단이라는 '지리'를 의식했기에 이것을 뛰어넘는 퀘이커적 보편성을 실천하려 했던 것이다. 그런데도 두 사람의 삶과 역사인식이 그들이 주장한 역사의 '원소' 또는 '기조'와 어떤 관계에 있었던가는 앞으로 더 고찰해야 할 것이라고 생각된다.

여기서 우리는 두 사람이 '역사의 3대 원소'와 '조선사의 기조'에 공통적으로 들어 있는, 역사를 움직이는 '역사의 주체'로서의 인간을 어떻게 인식했느냐를 검토하는 것이 좋겠다. 주지하다시피, 함석헌은 민중 또는 씨올을 역사의 주체로 인식한 것으로 이해하고 있다. 거기에 비

---

44) "조선역사가 고난의 역사라면, 우리는 그 근거를 지리에서만 아니라, 그보다도 더 깊은 것을 조선 사람에게서 찾지 않으면 안 된다." 함석헌, 『조선역사』, 67쪽.
45) 함석헌, 『조선역사』, 52~60쪽.

해 단재 신채호는 시대와 상황에 따라 역사의 주체를 달리 인식해왔다. 1900년대 초에는 영웅을 역사의 주역으로 보고 영웅대망론에 입각하여 「이태리삼걸전」을 비롯하여 을지문덕 · 이순신 · 최영 등에 대한 「영웅전」을 써서 인민을 계몽하려 했다.

그러나 나라를 구할 영웅은 나타나지 않고 국망의 위기에 이르게 되자 신채호는 차츰 역사의 주체를 신(新)국민으로 변화시켰고, 나라가 망한 후에는 '민중'을 역사의 주체로 인식했다.[46] 그가 1923년 초에 발표한, 의열단(義烈團)의 이념을 담은 「조선혁명선언」은 민중직접혁명을 주장하면서 그 혁명의 대상과 행동강령을 구체적으로 제시했다. 그가 뒷날 무정부주의에 참가한 것도 역사 주체에 대한 종래의 생각이 민중으로 변화하면서 가능했던 것이다. 그가 생을 마감한 것은 이렇게 자신의 '민중주의'를 실천한 결과라고도 할 수 있다.

그러나 두 사람이 그들의 역사의식에서 민중(씨올)을 반영하고 있는데도 그들이 얼마나 실제 역사서술에서 민중(씨올)을 반영하고 있었는가는 단정적으로 말할 수 없다. 오히려 역사서술에서 민중이 역사의 주체라는 시각은 거의 드러나지 않고 있다. 신채호는 민중을 그렇게 강조하면서도 실제 역사인식(서술)에서는 열국쟁웅시대와 하우(夏禹)의 정전설(井田說)과 관련해서 민중세력을 간단히 언급했을 뿐이다. 함석헌도 『조선역사』와 『한국역사』에서 민중과 씨올을 언급하고는 있지만 적극적이라고는 할 수 없다.

---

46) 이 점에 대해서는 이만열, 「단재사학의 역사주체 인식 문제」, 앞의 책, 『단재 신채호의 역사학 연구』, 161~200쪽 참조.

함석헌이 『조선역사』에서 '민중'을 언급하는 것은 다음의 경우다. 그는 이성계의 조선건국을 바라보는 백성을 언급하면서 "민중이란 언제든지 공정한 비판자다. 이해의 달람에 혹하기 쉬운고로 역사상에 길은 민중이 행동은 공정에 반(反)함이 많으나 시시비비의 판단만은 제대로 남아 전설로 내려온다" 했다. 또 "건국의 대업은 개인의 힘으로 되는 것이 아니다. 그 민중이 허(許)하고 그 시대가 도운 후에야 가능하다"[47]고 했다.

함석헌은 또 세종의 훈민정음 창제를 두고, "정음(正音) 창제는 민중의 필요에 의한 것"이며, "민중이 이제 눈을 뜬 것이다. 민중이란 본래 어느 역사에서나 참혹한 존재지만 조선역사에서 더욱 그렇다." "그 압박받고 약탈을 당하고 짓밟힘을 당한 민중에게 눈이 필요한 때가 왔다"고 썼다.[48] 그는 또 임진왜란 때의 의병을 언급하면서 "가장 먼저 반응을 보인 것은 민중이었다. 조정의 대신들이 막지소조(莫知所措)하는 때에 민중들은 적수(赤手)를 가지고 구국운동을 일으켰다"[49]고 했다. 또 "『임진록』(壬辰錄)을 낳는 민중은 반드시 무감각했던 모양이 아니냐"라고 민중을 거론했다.[50]

---

47) 함석헌, 『조선역사』, 148~149쪽. 여기에 대해서 『한국역사』, 246~247쪽에서도 '민중'으로 표현했다.
48) 함석헌, 『조선역사』, 154쪽. 여기에 대해서 『한국역사』, 254~255쪽에서는 '민중' '씨올'로 표현했다.
49) 함석헌, 『조선역사』, 200쪽. 여기에 대해서 『한국역사』, 311쪽에서는 '민중' '씨올'로 표현했다.
50) 함석헌, 『조선역사』, 204쪽. 여기에 대해서 『한국역사』, 316쪽에서는 '씨올'로 표현했다.

함석헌은 1934~35년 연재 당시의 『조선역사』에서보다는 1965년에 펴낸 넷째 판 『한국역사』에서 더 자주 민중을 거론하고 있는데, 여기서는 '민중'과 '씨올'을 혼용하고 있다. 민중이라는 표현이 『조선역사』에는 보이지 않다가 『한국역사』에만 보이는 경우도 있다. 이런 경우, 『조선역사』에서는 국민, 민심, 궁민(窮民), 인민 등으로 표현했는데, 이것들을 『한국역사』에서는 민중 또는 씨올로 바꿔 표현하고 있다.[51]

함석헌은 1934~35년 『조선역사』 연재 당시에 이미 '민중'이라는 용어를 사용했다. 당시 '민중'이라는 용어는 식자들 사이에서는 어느 정도 보편화되어 있었다. 그런데도 그 '민중'을 역사를 움직이는 주동체로 인식했는가는 분명치 않다. 임진왜란 때의 의병운동을 제외하고는, 민중은 소극적인 존재로 나타나고 있기 때문에 역사의 주체로 인식하기에는 한계가 있다. 대부분 정태적(靜態的)인 '민중'이나 '씨올'은 보여도 역사를 창조하기 위한 동태적이고 투쟁적인 민중(씨올)의 모습은 거의 보이지 않는다.

『조선역사』와 『한국역사』에는 '민중'과 '씨올'이라는 단어를 자주 내

---

51) 『한국역사』에서는 '민중' '씨올'이라는 용어가 보이지만 『조선역사』에서는 보이지 않는 경우가 있는데, 『한국역사』, 162쪽(국민), 187쪽(민심), 192쪽(국민), 207쪽(인민, 민심), 214쪽(궁민窮民) 등이다. ( ) 안에 넣은 것은 『한국역사』로 개정되기 전 『조선역사』에 원래 사용된 용어다. 그리고 『한국역사』, 248쪽에서는 "민족 그 자체, 씨올 그 전체"라는 표현이 보이는데, 이는 『조선역사』, 150쪽의 '민족' '민족적 양심'을 그렇게 고쳤다. 그리고 『한국역사』로 개고하면서 증보한 부분 중 『조선역사』에는 아예 없는 부분이 있는데, 거기에 해당되는 것으로 372쪽의 동학을 언급하면서 '민중'이라고 한 표현, 384~385쪽의 해방을 언급하면서 역시 '민중'이라고 한 것, 387쪽의 '씨올의 해방'이라는 제목 등이 여기에 해당된다.

세우고 있지만, 역사를 움직이는 주동체로서는 서술되어 있지 않다. 오히려 정작 역사를 움직인 주체를 서술할 때에는 개인이나 영웅 들이 부각되고 있는 실정이다. 이는 '민중' '씨올'이 역사의 주동체여야 한다는 의지가 의식 면에서는 강렬하지만, 역사서술에서 이들을 '동태적'인 존재로 부각시키는 데에는 자료미비 등 여러 가지 한계가 있음을 보여주는 것이 아닐까. 이와 함께 일찍부터 민중에 주목한 함석헌이 『조선역사』에서 '동학농민운동'을 전혀 언급하지 않은 것이나, 넷째 판 『한국역사』를 증보한다면서 '동학농민운동'을 포함한 민중운동을 거의 언급하지 않은 것이 바로 이런 한계를 보여주는 것은 아닐까.

함석헌과 양명학

「한 사람: 王陽明, 大學問」을 중심으로*

최재목 영남대 철학과 교수

왜 함석헌과 양명학인가

지금까지 양명학과 기독교 사이의 연관성·친근성은 이미 기존의 '기독교와 양명학 관련 연구'[1]에서 잘 드러난다. 이에 대해 「'대한민국

---

* 이 글은 함석헌학회 주최로 열린 '2012년 함석헌학회 춘계 학술발표대회'(서강대, 2012.4.6)에서 발표한 내용을 수정·보완한 것으로, 『양명학』제32호에 게재한 것임을 밝혀둔다.
1) 이와 관련된 연구로는 다음을 참조하기 바란다.
이병창, 「동서양 사상의 친화성」, 『인간 환경 미래』제3호, 인제대학교 인간환경미래연구원, 2009년 가을; 김흡영, 『道의 신학』, 다산글방, 2000; 김흡영, 「양명학을 통해 본 신학─왕양명과 칼바르트의 유교-그리스도교 대화」, 『양명학』제22호, 한국양명학회, 2009; 박경미 외 지음, 『서구 기독교의 주체적 수용─유영모,김교신,함석헌을 중심으로』, 이화여자대학교출판부, 2006; 함석헌, 『함석헌저작집 25 「함석헌과의 대화」』, 한길사, 2009; 이호군, 「양명의 양지개념에서 본 Wesley의 성화론 이해─양지의 개념을 통한 동양신학의 가능성」, 협성대학교 석사학위논문, 2001; 김인성, 「웨슬리와 왕양명과의 대화─하나님의 형상과 양지를 중심으로」, 감리교신학대학 석사학위논문, 2002; 함석헌, 『함석헌전집 20

사상'에는 사회진화론과 어우러진 기독교사상과 양명학 중심의 유교 애국주의가 얽혀 있다」[2]는 다소 부정적이고 비판적인 논조의 평가도 있다. 어쨌든 '양명학+기독교'와 같은 동서(東西)사상문화의 혼합주의 (syncretism) 경향은 한국기독교사에서만이 아니라 한국사상사, 나아가서는 동아시아사상사에서도 주목하고 평가해볼 만한 대목이다.

하지만 한국에서 기독교 신학과 양명학의 결합은 일찍이 서학(西學) 수용자들에게서 보인다. 다시 말해서 다산 정약용은 왕양명에서 수용한 '영명지심(靈明之心)＝양지(良知)'를 매개로 인간과 상제(上帝)가 감응(感應, 상호소통)하는 길을 열었다.[3] 그러나 이러한 유교적 에토스와 기독교정신의 결합은 한국적 특수 현상이 아니다. 그 선구적이고도 전형적인 예는, 김교신의 스승으로[4] 일찍이 무교회주의를 제창한 우치무라 간조에게서 발견된다. 즉 그는 그의『대표적 일본인』(代表的 日本人)이란 저서에서는 다섯 명의 대표적인 일본인[5]을 들고 있는데,

「씨올의 옛글풀이」」, 한길사, 1990; 김홍호,『양명학공부』(1, 2, 3), 솔, 1999; 김용준,『내가 본 함석헌』, 아카넷, 2006.

2) 김종일,「'국사편찬위의 교과서팀'은 총사퇴하라!」,『올인 코리아』(2011.10.20) (http://www.allinkorea.net/sub_read.html?uid＝23177)[검색일자: 2012.3.15].

3) 이에 대해서는 송석준,「조선조 양명학의 수용과 연구현황」,『양명학』제12호, 한국양명학회, 2004와 송석준,「韓國 陽明學과 實學 및 天主敎와의 思想的 關聯性에 관한 연구」, 박사학위논문, 성균관대학교, 1993을 참조.

4) 이에 대해서는 金正坤,「金教臣のキリスト教思想とその特質」, 博士學位論文, 國際基督教大學校(ICU), 2010.12를 참조.

5) ① 사이고 다카모리(西鄉隆盛, 1827~77), ② 우에스기 요잔(上杉鷹山, 1751~1822), ③ 니노미야 손토쿠(二宮尊德, 1787~1856), ④ 나카에 도주(中江藤樹, 1608~48), ⑤ 니치렌(日蓮, 1222~82)

그 가운데 일본 양명학의 개조(開祖) 나카에 도주를 비중 있게 다루고 있다.

실제로 나카에 도주는 왕양명(王陽明, 1472~1528: 이름은 수인守仁, 양명陽明은 그의 호) 철학의 핵심 개념인 양지(良知: 인간 누구나가 평등하게 본래 갖추고 있는 앎知)를 '상제'로 이해하고 그것(＝양지)을 절대적으로 믿고 거기에 '이른다'(イタル)[6]는 절대적인 양지 신뢰·신앙의 사상을 만들었다. 양지＝상제는 밖에서 나를 감시하고 통제하고 은혜를 베푸는 존재이면서 동시에 내 몸속에서 항상 나를 주시하고 있다는 절대타력적인 양지해석을 했다.[7] 우치무라 간조가 직접 양명학 또는 일본양명학을 통해서 무교회주의를 주창했다는 직접적인 증거를 찾기는 어렵다.

하지만 나카에 도주의 양지-치양지 해석에서는 인간 개체의 몸 안에서 항상 자신을 주재하는 절대타자인 양지＝상제를 모시고 있으므로 자신의 양지를 외경(畏敬)하고 계신공구(戒愼恐懼)하는 것만으로 충분하기에 교회가 별도로 필요하지 않게 된다.[8] 무교회주의의 정신적

---

6) 致良知의 '致'에는 원래 '이루다'(실현-발휘하다, イタス)라는 면과 '이르다'(內省-省察하다, イタル)는 양면의 해석이 있다. 전자를 적극적인 면＝본체(덕성) 중시의 면으로, 후자를 소극적인 면＝공부(수양) 중시의 면으로 해석할 수 있다. 이에 대한 구체적인 논의는 崔在穆,「致良知의 二側面―積極的側面と消極的側面」,『東アジア陽明學の展開』, 東京: ぺリカン社, 2006, 30~45쪽 참조.

7) 이런 내용에 대해서는 崔在穆,「日本における現成良知論の受容とその深化」,『東アジア陽明学の展開』가운데 특히「(三) 致良知(＝良知にいたる)と良知信仰への傾斜」부분(165~171쪽)을 참조하기 바란다.

8) 최재목,『왕양명의 삶과 사상: 내 마음이 등불이다』, 이학사, 2003, 270쪽 참조.

바탕과 기본이념은 이미 나카에 도주에게서 발견된다.

함석헌은 우리의 사상사에서 본다면 '전통'을 강조하는 교조적인 주자학보다는 양지(良知)-치양지(致良知)를 강조하여 '개성'을 존중하고 새로운 이념의 능동적 창출을 주장하는 양명학에 가깝다. 그 한두 가지 예를 들어보자.

첫째, 1961년 8월 27일 『조선일보』 주최의 4인(김범부金凡父·함석헌·최석채崔錫采·이희승李熙昇) 대담 「우리 民族의 長短—'自我批判'을 爲한 縱橫談」[9]을 보면, 함석헌은 '백성-민중-데모크라시'를 중시하고, 당시 시행되던 '국민체조'와 같은 집단적-타율적인 것보다는 '지원병'(志願兵)처럼 '독립정신'을 존중하려는 쪽이다.[10] 이것은 양

---

9) 金凡父, 『凡父金鼎卨 단편선』, 최재목·정다운 엮음, 선인, 2009, 64~77쪽.

10) 이 부분에 관련된 곳만 인용하면 아래와 같다.(밑줄은 인용자. 한자는 한글로 바꾸고, 띄어쓰기와 맞춤법은 오늘날의 문법에 맞추어 고침)

◀ 사회＝함 선생께서 항상 품고 계시는 생각을 말씀해주셨으면 합니다.

◀ 함석헌＝다 말씀하셔서 더 보탤 것이 없는데 저는 우리 민족이 상기도 한국을 유견 못했다고 생각합니다. 이 얼굴만 해도 요렇게 다듬어질 때까지는 적어도 오천 년은 걸렸을 텐데 우리 민족이 이만큼 살아왔다는 데는 '그 무엇'이 있는 탓일 거야. 분명히 무엇인가 있어요. 지리적 조건이 나쁘고 역사적으로 불행했고 부족한 것도 많았지만 그래도 죽지 않고 살아왔거든. 남의 나라의 압박을 당하기도 하고 불교가 들어오고 기독교가 들어오고 했지만 한국사람은 한국사람대로 있어서 변하지 않았어요. 종교가 다르고 얼굴이 다르고 살림형편이 다르지만 한 사람 한 사람 따져보게 되면 다 일맥상통하는 그 무엇이 있어요. 그걸 우리 국민이 발견해야 되겠단 말이에요. 얼마 전 '네루'의 저서에서 산 역사는 민중에 있으니까 자주 접촉을 해야 한다는 구절을 봤는데 그 무엇을 찾아내려면 부단히 민중과 접촉을 해야 한다고 생각해요. 그래 자주 시간만 있으면 시골로 가서 여러 사람을 만나보는데 '그 무엇'이 있는 것은 틀림없어요. 요새 와서 보면 몹시 마음이 답답한 것을 느껴요. 길목에서

명학이 애당초 '심즉리'(心卽理), '치양지'(致良知), 사민평등(四民平等), 만가성인(滿街聖人) 등의 내면(심-양지)-자율-능동-실천-개성을 존중하는 성향과 맥을 같이한다.

둘째, 함석헌은 1928년 동경사범고등학교(→동경문리과대학東京文理科大學 →동경교육대학東京教育大學 → 현 쓰쿠바 대학筑波大學)[11] 문과를 졸업했고, 1927년 도쿄에서 김교신 등과 『성서조선』을 창간한다. 특히 함석헌은 우치무라 간조의 무교회주의의 영향을 입는다.[12] 우치무라 간조는 일본 양명학의 개조인 나카에 도주의 양지-상

___

국민체조를 시키는데 그것을 가지고 어떻게 하자는 건지 체조 자체가 나쁠 것이 없지만 그보다도 깊이 그 무엇을 찾을 생각을 해야지.
◀ 사회＝아직 '그 무엇'인 한국을 발견하지 못하셨습니까?
◀ 함석헌＝아직.
◀ 사회＝그 윤곽이라도 말씀해주셨으면.
◀ 함석헌＝아니 아직 말할 수가 없어요.
◀ 최국장＝그러던 문제는 나쁜 점을 어떻게 고쳐나가겠는가 하는…… 방법론으로 화제를 옮겨주셨으면 어떻습니까?
◀ 함석헌＝나는 늘 말하고 있지만 지원병으로 나가자는 거예요. 모두 지원병으로 나가라 말이에요. 한 둥리에 망나니가 있는데 이 망나니를 올바르게 만들려면 군인으로 나가는 길밖에 없어요. 군수에 가서 이기고 오면 독립정신이 강해지던요. 그다음에 나타난 망나니가 그 뒤를 따르고…… 이제 세계가 하나가 되자는 마당에는 '데모크라시'밖에 없지요. 그것을 왜 자꾸 고취하지 않는지 몰라. 그 속에 아주 뛰어드는 지원병이 되자는 거예요.

11) 이에 대해서는 다음을 참조. http://ja.wikipedia.org/wiki/%E6%9D%B1%E4%BA%AC%E9%AB%98%E7%AD%89%E5%B8%AB%E7%AF%84%E5%AD%A6%E6%A0%A1

12) 金正坤,「金教臣のキリスト教思想とその特質」, 博士學位論文, 國際基督教大學校(ICU), 2010.12를 참조.

제설의 무교회주의와 정신적으로 맥락이 닿는다. 이런 흐름에서 함석헌은 이미 일본 양명학-무교회주의 흐름과 닿고 있다.

셋째, 양명학에서 말하는 양지(＝명덕明德)는, 양명이 "我此良知二字, 實千古聖聖相傳一點滴骨血也"[13]라 했듯이, '피'(골수) 속으로 흘러 전하는 것이다. 불교의 '如來藏'(tathagatagarbha: 여래의 씨앗·종자種子)처럼, 중생 누구에게나 갖춰져 있는 종자이고, 위당(爲堂) 정인보(鄭寅普, 1892~?)가 그의 『양명학연론』(陽明學演論)에서 '양지'를 '본밑 마음'이라 하여 '얼'로 해석했듯이, 백성, 민중의 가장 밑바닥에 들어 있는 사람됨-사람임-사람다움의 '씨앗' '알갱이' '알맹이'다. 함석헌은 「한 사람: 王陽明, 大學問」[14]에서 인간의 '얼'에 해당하는 것을 '속씨'라 하고, 명덕을 '밝은 속알'이라 표현한다. 씨올사상에 입각하여 해석한다.

이러한 양지, 명덕의 이해는, 그야말로 '씨올의 자리'에서 피어난 개성 있는 고전 해석[15]으로, 일상의 평범한 인간(愚夫愚婦)의 지평[16]에

---

13) 『王陽明全集』卷34,「年譜2」.
14) 함석헌, 『함석헌전집 20「씨올의 옛글풀이」』, 한길사, 1990, 242~249쪽.
15) 전호근·김시천, 『씨올의 자리에서 피어난 노장 이야기』, 『번역된 철학 착종된 근대─우리 시대의 동아시아 고전 읽기』, 책세상, 2010, 115~122쪽 참조.
16) 왕양명은 "어떤 사람이 이단(異端)에 대해 물었을 때, '보통 사람(愚夫愚婦)과 같은 것을 동덕(同德)이라 하고, 보통 사람과 다른 것을 이단(異端)이라고 한다'"(或問異端, 先生曰, '與愚夫愚婦同的, 是謂同德. 與愚夫愚婦異的, 是謂異端')고 했다. 그리고 "전덕홍(錢德洪)이 황정지(黃正之), 장숙겸(張叔謙), 왕여중(王汝中)과 병술년(1526)의 회시(會試)를 보고 돌아와서 왕양명에게 도중에 학문을 강의했는데, 믿는 자도 있었고 믿지 않는 자도 있었다고 했다. 그러나 왕양명은 '자네들이 聖人인 양하며 다른 사람에게 학문을 강의했으니 사람들은 성인이 온 것으로 여겨서 모두 두려워 달아난 것이다. 그래서야 어떻게 제대로 강의할 수 있겠느냐? 반드시 일상의 평범한 사람(愚夫愚婦)이 될 수 있어

서 '양지'의 평등성을 기점으로 자신의 개성 있는 사상을 펼쳐나갔던 왕양명의 대중주의 행보와도 깊이 통하는 바가 있다. 주자학의 성즉리-정리(定理)론의 권위와 도그마를 타파하고 심즉리-치양지로서 새로운 시대적 조류를 열었던 왕양명의 학설이 조선시대에는 사문난적(斯文亂賊)-이단사설(異端邪說)로 비판을 받았다. 하지만 일제강점기에는 박은식에게 새롭게 주목받아 최남선의 『소년』(少年)지 종간호에 『왕양명실기』(王陽明先生實記)라는 영웅전기(英雄傳記) 형식으로 한국에서 재탄생되어 나오고[17], 해방 이후 박정희 독재정권 시기[18]에는 함석헌에게 다시 주목받아 씨을의 관점에서 재해석되기에 이른다. 함석헌의 고난 체험은 왕양명이 귀주성(貴州省) 용장(龍場)에서 좌천되었던 '백사천난'(百死千難: 수많은 죽을 고비와 난관)과 같은 드라마틱

야 비로소 사람들에게 학문을 강의할 수 있다'고 했다"(洪與黃正之 張叔謙 汝中, 丙戌會試歸, 爲先生道塗中講學, 有信有不信. 先生曰, "你們拏一箇聖人去與人講學." 人見(聖人來), 都怕走了, 如何講得行? 須做得箇愚夫愚婦, 方可與人講學).

17) 이에 대해서는 최재목, 「일제강점기 정다산 재발견의 의미—신문·잡지의 논의를 통한 시론」, 『다산학』 제17집, 다산학술문화재단, 2010.12, 99~101쪽 참조.

18) 물론 박정희 정권 초기에는 재건국민운동 중앙위원회 위원 50명의 명단에 속하기도 한다.
재건운동 중앙위원 50명을 위촉—오 장관 포함·기성정치인은 제외(『東亞日報』, 1961.11.12).
재건국민운동 본부장 유달영 씨는 11일 하오 재건국민운동 중앙위원회 위원 50명의 명단을 발표했다. 재건국민운동의 기본사업, 기타 중요한 안건을 심의 결정하는 이 중앙위원회는 위원 30명 내지 50명으로 구성하게 되어 있으며 위원은 본부장의 제청으로 최고회의 의장이 위촉하도록 되어 있는데 유 본부장은 이날 박 최고회의의장의 위촉 절차를 끝마친 후 위원들의 명단을 발표한 것이다. 이들 50명의 중앙 위원은 각계각층의 인사들을 거의 망라하고 있으며 이른바 기성 정치인이라 불리는 사람은 제외되었다.

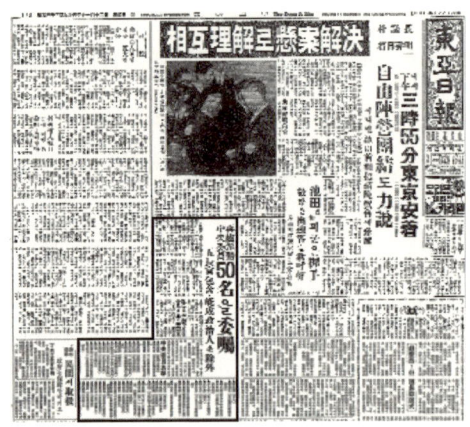

유 본부장은 이를 발표하면서 인물 본위로 각계각층을 통틀어 국민의 존경과 신뢰를 받는 사람들의 제청, 위촉했으며 기성정치인을 많이 포함하는 것은 좋지 않다는 여론이 있어 이를 존중했다고 말하였다.

정치인 경력을 가진 건 김범부·김정기 양씨

이들 위원 중에는 국민운동과 관계가 깊은 문교·홍보·내무·농림·보사 등 오부 장관이 들어 있으며 정치인으로서의 경력을 짧으나마 가진 사람은 다같이 2대 국회의원이었던 김범부·김정기 양씨뿐이다. 유 본부장은 중앙위원회의 첫 모임이 그가 21일 일본으로 떠나기 전에 열리게 될 것이라고 말했다. 법정인원 50명을 채운 중앙위원의 이름은 다음과 같다.

중앙위원명단

▲김기석(단국대학장) ▲김명선(가족계획협회장) ▲김범부(2대 국회의원) ▲김사익(우유동업조합장) ▲김성식(고려대 교수) ▲김성수(사회사업가) ▲김정기(2대 국회의원) ▲김재준(전 한국신학대학장) ▲김치열(변호사) ▲김팔봉(경향신문 주필) ▲고황경(서울여자대학장) ▲고재욱(동양일보 주필) ▲마해송(아동문학가) ▲문희석(문교부 장관) ▲박광(항일투사) ▲박종홍(서울문리대 교수) ▲배민수(대전고금농민학원장) ▲오재경(공보부 장관) ▲오영진(문인) ▲유달영(재건국민운동 본부장) ▲유영모(전부산중학교장) ▲윤갑수(대한상공회의소 부회장) ▲윤일선(전서울대 총장) ▲윤형중(신부) ▲이경하(항일투사) ▲이관구(서울일일신문사장) ▲이규철(대한노총위원장) ▲이형석(예비

한 삶과 공명하는 바가 있다.

이 논문에서는, 함석헌이 이해, 해설한 왕양명의 「大學問」, 즉 「한 사람: 王陽明, 大學問」(『함석헌전집 20 「씨올의 옛글풀이」』)를 중심으로 그의 양명학에 대한 관점과 그 특징을 살펴보고자 한다. 종래의 함석헌에 대한 많은 연구가 이뤄졌지만, 양명학에 초점을 맞춰서 논의한 것은 거의 없다. 이 점을 고려한다면, 양명학과 관련시켜 고찰해보는 이 논문은 함석헌에 대한 이해의 폭을 넓히는 데 일조할 수 있을 것이다.

함석헌의 양명과 양명학 이해의 맥락

양명학 이해의 시대적 맥락

함석헌의 양명 및 양명학 이해는 넓은 의미에서 최남선-박은식-정인보로 이어지는 한국의 양명학 이해의 맥락을 가진다. 또한 이들에게서 일관되게 보이는 고난의 시대를 극복하기 위한 대안으로서 왕양명-양명학을 '재발견'하는 것이고, 왕양명이란 인물의 한국적인 '영유'(領

군육군소장) ▲이태영(국민자각회장·농도원장) ▲이영춘(농촌위생연구소장) ▲이청담(불교대표) ▲이항령(고려대 교수) ▲이홍렬(음악가) ▲이형익(광복동지회장) ▲이효(대한체육회부의장) ▲이희호(YWCA총무) ▲이세기(4·19 학생대표,고려대대학원 학생) ▲장돈식(농업) ▲장돈순(농림부 장관) ▲장준하(사상계 사장) ▲장재갑(변호사) ▲장세헌(서울문리대 교수) ▲정시태(한국교육연합회 사무국장) ▲정석해(전 연세대 교수) ▲정희석(보사부 장관) ▲정춘량(여자 언론인) ▲조홍제(실업가) ▲한신(내무부 장관) ▲**함석헌(종교인)** ▲홍종일(조선일보 회장)
재건운동 중앙위원 50명을 위촉
1961.11.12.

有)라고 할 수 있다.

다시 말하면 1910년도에 저술되어, 최남선(1890~1957)이 창간(1908.11)한 우리나라 최초의 월간 잡지『소년』(少年)의 종간호(제4년 제2권 5월호, 1911년 5월 15일)에 게재된 박은식(1895~1925)의『왕양명선생실기』(王陽明先生實記)는 한국 근대기에 영유된 양명-양명학이었다.[19]

최남선의『소년』은 청소년을 대상으로 하여 새로운 지식의 보급 및 계몽, 그리고 청년정신의 함양에 주력했다는 데 잡지의 특징이 있다. 이 때문에『소년』은 일제에 의해 여러 차례 발매금지와 정간을 당했고, 종간호 또한 일제에 의해 강제 폐간당했다.『소년』의 종간호에는「왕양명실기서」「범례」「왕양명선생실기」에 앞서서 ① 왕학제창(王學提唱)에 대(對)하여 ②「양명선생왕수인지상(陽明先生王守仁之像)」 ③「명치유신전후(明治維新前後)의 왕학(王學)에 득력(得力)한 명사(名士): 사쿠마 쇼잔(佐久間象山)·요시다 쇼인(吉田松陰)·사이고 다카모리(西鄕隆盛)의 초상(肖像)」(모두 일본 근대기의 유명한 양명학자)의 세 가지가 더 실려 있다.

이처럼『소년』종간호가 애당초 '양명학 특집' 편으로 되어 있고, 그 근저에는 당시 청소년들이 왕양명과 같은 '위인'(偉人)의 '전기'(傳記)를 읽어 감동하고, '양명학'(陽明學)과 같은 실천적 사상을 습득하여

---

19) 이에 대해서는 최재목,「崔南善『少年』誌에 나타난 陽明學 및 近代日本陽明學—'近代韓國陽明學'의 萌芽期 企劃期의 한 양상」,『日本語文學』제32집, 일본어문학회, 2006과 최재목,「日帝强占期 新聞을 통해 본 陽明學 動向—미공개 자료를 중심으로」,『일어일문학』35, 대한일어일문학회, 2007을 참조 바람.

일제강점기 아래 있던 한국의 위기상황을 타개해가려는 계몽적 메시지를 전하려는 의도가 담겨 있었다고 추측된다. 다시 말해서 다시 말하면 박은식의『왕양명선생실기』는 당시 동아시아 근대 사회에 일반적으로 통용되던 '양명학'(근대적 요소를 지닌 실천적 학문으로 간주된 동양의 전통사상)＋'전기문학'(傳記文學)[새로운 세대들에게 미래 개척의 새로운 활력소와 모범적 삶을 제공]＋'소년'(구세대인 노년에 대항하는 새로운 세대를 의미]이란 세 요소를 모두 가지고 있는 전형적인 '근대지향'의 문장이었다.

박은식의『왕양명선생실기』에는 '근대적 영웅·위인의 전기'와 '양명학·일본양명학'이 적극 반영되어 있고, 한국근대양명학의 출발점이자 정초기(定礎期)의 풍경을 잘 보여준다. 이러한 흐름은 최남선 등의 여러 연구자와 맞물려 전개되며 힘을 얻고, 1933년『동아일보』에 총 66회에 걸쳐 게재된 정인보의『양명학연론』(陽明學演論)에 이르러 비로소 독자적으로 체계화되고 완성된다.[20] 이후 한국 현대사에서 양명학이 다시 주목받는 것이 바로 함석헌에 의해서다.

함석헌은 씨올사상에 근거하여 양명 및 양명학을 재해석해내고 있는 것이다.

「한 사람: 王陽明, 大學問」에 대하여

『함석헌전집 20「씨올의 옛글풀이」[21]』, 242~249쪽에 실려 있는「한

20) 최재목,「일제강점기 丁茶山 재발견의 의미─신문 잡지의 논의를 통한 試論」,
　　『茶山學』제17집, 재단법인다산학술문화재단, 2010.12, 99~101쪽.
21) 이 책의 원고가 완성된 것은 1982년 3월로 보인다. 왜냐하면 이 책에 붙은 서문

사람: 王陽明, 大學問」의 위치를 살피기 위해 책의 '큰 목차'를 적어보
면 다음과 같다.

제1부 동양정신의 뿌리 | 제2부 老子 | 제3부 莊子 | 제4부 孟子 |
제5부 屈原 外

이 가운데 「한 사람: 王陽明, 大學問」은 〈제5부 屈原 外〉의 여섯 개의
소목차 중에서 두 번째에 실려 있다.

眞容－子思, 「中庸」
한 사람－王陽明, 「大學問」
고기잡이 늙이가 묻기를－屈原, 「漁父詞」
옷 부여잡고 발 구르며－杜甫, 「兵車行」
소 길들이기－普照禪師, 「牧牛十圖頌」
하늘 땅에 바른 숨 있어－文天祥, 「正氣歌」

함석헌은 〈제1부 동양정신의 뿌리〉의 처음 「옛글 고쳐 씹기―버려
진 遺産을 찾아서」부분 첫머리에서

오늘날 씨올이 씨올 노릇을 하기 위하여 반드시 해야 하는 중요한
일의 하나는 옛글, 곧 고전을 고쳐 읽는 일이다. 그중에서도 특히 동

━━━

격인 「예와 이제」라는 글의 끝(5쪽)에 '1982.3.15'로 적혀 있기 때문이다.

68

양의 옛글이다. 이날까지 서양문명, 더구나 물질주의적인 문명이 주가 되어 인류를 이끌어왔다.

그래서 동양은 오랜 정신적 특색을 드러내는 문명을 가지고 있으면서도 거기 눌려서 거의 그 값을 인정받지 못했고, 동양사람 자신까지 동양의 생각을 업신여겨왔다. 더구나 종교에서 그러했다. 그러나 이제 그 서양문명이 막다른 골목에 들었고, 인류의 장래를 위해 참되게 걱정하는 사람들이 많이 동양 소리를 하게 됐다.

그런데 동양사람 자신이 도리어, 등잔 밑이 어둡다고, 그런 생각을 못한다면 우스운 일이다. 이제 우리는 이 버려진 유산을 다시 찾아서 새로운 마음으로 고쳐 씹어서 거기서 새 뜻을 찾아내야 한다.(13쪽)

라 하고 다음과 같이 이유를 세 가지로 들고 있다.

첫째, 우리는 문명의 새 방향을 찾을 필요가 있다.(13~14쪽)
둘째, 새로운 가치체계를 세우기 위해 동양의 옛글을 연구할 필요가 있다.(14~15쪽)
셋째, 새 마음을 위해서다.(15~16쪽)

위의 내용들을 종합해보면「한 사람: 王陽明, 大學問」을 논한 것은 동양고전의 새로운 해석 속의 일부에 해당하며, 그것만을 특별히 논한 것도 아니다. 더구나 그 내용은 〈제5부 屈原 外〉에 속하여 242~249쪽 총 8쪽밖에 되지 않는다. 그것도 『陽明全書』26의「大學問」풀이를 중심으로 하면서 틈틈이 왕양명, 양명학 등에 대한 견해를 피력해두었다.

아래에서는 원문 전문을 싣고, 주요한 부분을 중심으로 논의해보고
자 한다.

「한 사람: 王陽明, 大學問」

[* 밑줄 및 ⓐⓑⓒ 부호는 인용자]

大人者, 以天地萬物爲一體者也, 其視天下猶一家, 中國猶一人焉, 若
夫間形骸而分爾我者, 小人矣, 大人之能以天地萬物爲一體也, 非意之
也, 其心之仁本若是, 其與天地萬物而爲一也, 豈惟大人, 雖小人之心亦
莫不然, 彼顧自小之耳, 是故見孺子之入井, 而必有怵惕惻隱之心焉, 是
其仁之與孺子而爲一體也, 孺子猶同類者也, 見鳥獸之哀鳴觳觫, 而必
有不忍之心焉, 是其仁之與鳥獸而爲一體也, 鳥獸猶有知覺者也, 見草
木之摧折而必有憫恤之心焉, 是其仁之與草木而爲一體也, 草木猶有
生意者也, 見瓦石之毁壞而必有顧惜之心焉, 是其仁之與瓦石而爲一
體也. 是其一體之仁也, 雖小人之心, 亦必有之, 是乃近於天命之性, 而
自然靈昭不昧者也, 是故謂之明德.

　한 사람(大人)이란 천지만물을 한몸으로 여기는 이다. 그는 천하
알기를 한 집같이, 나라 알기를 한 사람같이 한다. 만일에 몸뚱이에
걸려 너 나를 나눈다면, 그것은 작은 사람이다.
　한 사람이 능히 천지 만물을 한 몸으로 여기는 것은 생각해서 하는
것이 아니다. 그 마음의 속 인(仁)이 처음부터 그리하여 천지만물로
더불어 하나이기 때문이다. 어찌 한 사람뿐일까. 비록 작은 사람의 마

음이라도 또한 그렇지 않을 수 없을 것이나, 저가 스스로 돌이켜 작게 만들 따름이다.

그렇기 때문에 어린이가 우물에 들어가는 것을 보면 반드시 끔찍이 여기고 불쌍히 여기는 마음이 있다. 이것은 그 안이 어린이로 더불어 하나이기 때문이다. 어린이는 오히려 같은 사람이라 할 수 있다. 새 짐승이 슬피 울고 떠는 것을 보아도 반드시 차마 못 하는 마음이 있다. 이것은 그 인이 새 짐승으로 더불어 하나이기 때문이다.

새 짐승은 오히려 무엇을 아는 힘이 있는 물건이다. 풀 나무가 부서지고 꺾이는 것을 보고도 반드시 차마 못 하는 마음이 있다. 이것은 그 인이 풀 나무로 더불어도 하나이기 때문이다. 풀 나무란 오히려 살잔 뜻이 있는 물건이다. 기왓장 돌멩이가 깨지는 것을 보고도 아쉬워하는 마음이 있다. 이것은 그 인이 기왓장 돌멩이로 더불어도 하나이기 때문이다. 이것이 그 한 몸인 인이다. 비록 작은 사람의 마음이라도 이것은 다 있다. 그러고 보면, 이것은 하늘이 말씀해주신 바탈에 뿌리하여 스스로 얼씨고 화하여 어두움이 없는 그것이다. 그러므로 이것을 밝은 속을이라고 한다.(ⓐ)

大人: 큰 사람, 한 사람, 참사람. | 孺子: 어린이. | 怵惕: 걱정하는 마음. | 惻隱: 불쌍히 여김. | 觫觫: 부들부들 떪. | 不忍之心: 차마 못 하는 마음. 焉은 말토. | 摧折: 부러지고 꺾임. | 毀壞: 깨지고 무너짐. | 顧惜: 아까워함. | 天命之性: 하늘이 말씀해주신 바탈. | 靈昭: 靈은 '얼씨고 절씨고' 할 때의 얼씸, 양검스러움. 昭는 밝고 환함. | 不昧: 어둡지 않음, 모르는 것이 없음. | 明德: 밝은 속을. 德은 바탈대로 할

수 있는 속의 힘.

　이것은 왕양명(王陽明)의 「대학문」(大學問) 속에 있는 말이다. 정자(程子)가 '대학'(大學)을 설명해서 대학은 대인의 학(學)이라 했는데, 왕양명은 그 대인의 뜻을 설명하여서 여기 보는 것처럼 했다. 대인이란 큰 사람이란 말인데, 우리말에 '큰'보다는 '한'이 더 좋아서 한 사람이라고 옮겼다. 크다면 나이 들고 몸이 큰 것을 말하지만, 한은 그 속으로 마음으로 큰 것을 의미한다. 우리 민족의 이름, 나라 이름을 '한'이라고 하는 것은 이러한 뜻에서 온 것일 것이다. 한자로 써 왔기 때문에 여러 자(韓, 漢, 汗, 干)로 표시되어 있으나 뜻은 하나이다. 환국(桓 글로는 國), 환웅(桓雄) 하는 환(桓)도 마찬가지로 '한'일 것이요, 그렇다면 환하다는 광명을 표하는 뜻도 들었는지도 모른다.
　한이 좋다는 것은 또 크다는 뜻과 하나라는 뜻이 하나로 되어 있기 때문이다. 할아버지 할머니를 평안북도 어떤 지방에서는 큰아버지 클마니라 부르는 것은 그 좋은 증거다. 할아버지의 할은 물론 한인데 그것을 큰으로 발음한 것이다. ㅎ, ㅋ은 다 목구멍 깊은 데서 나오는 음이기 때문에 서로 넘나들 수 있다. 본디대로 하다면 아마 kh로 발음하는 것이었을 것인데, 그것이 혹은 k로 혹은 h로 갈렸을 것이다. 그러고 보면 환국, 환웅의 발음을 좀더 자세히 짐작할 수 있다.(ⓑ)
　크고도 하나인 것, 참 큰 것은 하나요, 참 하나인 것은 큰 것이다. 한 배 한 검이 다 그 뜻이다. 한 사람은 하나 둘의 한 사람이 아니라 '이젠 한 사람이 다 됐다' 할 때의 한 사람인 것이다.
　그럼 그 대인은, 왕양명의 생각에 따르면 어떤 것인가?

'이천지만물위일체자야'(以天地萬物爲一體者也)라, 천지 만물을 하나로 생각하는 사람, 혹은 천지 만물을 한몸으로 만드는 사람이다. 철학적으로 생각하면 천지 만물은 하나다. 하나의 산 몸이다. 서로 다른 것 같지만 마찬가지로 한 기(氣)로 됐다. 왕양명은 그렇게 말한다. 그것을 증거하기 위해 그는 오곡금수(五穀禽獸)를 사람이 먹고 살 수 있고, 약석(藥石)으로 병을 고칠 수 있는 것은 이 한 기(氣) 때문이 아니냐, 그러기 때문에 서로 통할 수 있다고 한다.

그러나 사람이란 곧 이 천지 만물의 마음이라 해서 그 마음을 도덕적으로 강조할 때는 그 마음을 인이라 하고, 그 인(仁)한 마음으로 천지 만물을 하나로 여겨야 한다고, 그렇게 한 몸을 만들어야 한다고 주장한다. 능히 그렇게 하는 것이 한 사람, 곧 참사람이다. 그래서 그는 "천지 귀신 만물이 내 밝은 얼 하나 없으면 천지 귀신 만물이 아니요, 내 밝은 얼이란 것이 천지 귀신 만물 아니면 내 밝은 얼로 있을 수가 없다" 한다.

그렇기 때문에 그런 마음을 가질 때 중국사람이 그것밖에 없는 줄 아는 소위 천하란 것도 큰 우주의 한 집밖에 아니 되고, 천하에 제일 잘난 줄 아는 중국도 그중 한 사람밖에 아니 된다. 반대로 그런 생각할 줄 모르는 것은 소인, 작은 사람, 채 되지 못한 사람이다.

그럼 어떻게 그럴 수 있나? 여기가 왕양명의 모든 사상의 근거되는 점이다. 대인이 능히 우주를 한 몸으로 만들 수 있는 것은 제 사사 생각으로 해서 되는 일이 아니다. 요샛말로 해서 무슨 방법론적으로 되는 것 아니다. 본시가 그렇다. 우주가 하나의 산 한 몸이다. 그것을 그렇게 만드는 본질적인 것이 인이다.

인이란 우리말로 크다, 착하다, 사랑하다로 번역되나, 인에는 또 다른 뜻이 있다. 살아 활동하는 그 힘을 가리켜 말하는 때가 있다. 팔이 맥을 못 쓰면 "내 팔이 불인(不仁)하다" 한다. 그보다도 더 재미있는 것은 씨를 또 인이라 한다. 도인(桃仁), 행인(杏仁) 하는 것 같은 것이다. 그럼 인은 좁은 의미의 사랑만 아니라, 사람의 사람 된 생명력, 사람의 사람 된 본질이다. 씨요 알갱이다. 그래 한마디로 인은 인야(人也)라, 사람이다. 참사람, 속사람. 그래 여기서 속씨라 옮겼다가 지웠는데 홀로 사람의 씨만 아니라 우주의 씨, 생명의 씨다. 그 인을 통해 천지 만물이 하나다. 그렇기 때문에 그것은 한 사람만 아니라 작은 사람도 가지고 있기는 매일반이다. 다만 소인은 그것을 스스로 깨닫지 못해 작게 여기고 작게 만들 뿐이다.(ⓒ)

그래 그것을 증명하기 위하여 우물에 들어가는 어린이를 보는 것에서부터 깨진 기왓장 조각을 보는 데까지를 끄집어내어 거기 한 가지로 인이 통하고 있는 것을 말한다. 그의 '양지양능 지행일치'(良知良能 知行一致)는 여기서 근거하는 것이다.

그래 끝에서 『중용』의 '천명지위성 솔성지위도'(天命之謂性 率性之謂道)를 끌어서 그 인이 곧 도요, 『대학』에서 말하는 명덕(明德)임을 밝힌다.

물론 왕양명의 이 이론은 양명 자신이 처음으로 밝힌 것이 아니요, 중국 사상에 예로부터 있던 것이다. 위의 말(故聖人耐以天下爲一家以中國爲一人者也 非意之也 必知其情 辟於其義 明於其利 達於其患然後能爲之)은 『예기』(禮記) 「예운편」(禮運篇)에서 가져온 것이 틀림없을 것이다. 다만 성인(聖人) 대신 대인(大人)이라고 했을 뿐이다.

대인사상은 『주역』에 먼저 있고, 『노자』 『장자』에도 있고 『맹자』에는 더구나 밝히 나와 있다. 그는 사람을 네 종류로 나누어서 이렇게 말했다.

"사군인자(事君人者)란 제 주인만 섬기면 그만인 줄 아는 정도의 인물이요, 안사직신자(安社稷臣者)란, 나라 생각함을 그 행동의 최고로 아는 사람이요, 천민(天民)이란 세계적인 인물, 세계를 자기 책임으로 아는 사람, 그리고 대인(大人)이라야 정말 높은 지경, 자기를 바르게 해서 모든 것이 저절로 발라지는 사람, 그것은 왕양명이 말하는 천지만물을 한 몸으로 여기는 인(仁)한 마음으로, 하자 해서 되는 것 아니라, 저절로 내가 우주요 우주가 나인 자리에 가게 되는 사람이다."(有事君人者 事是君 則容悅者也 有安社稷臣者 以安社稷爲悅者也 有天民者達可行於天下 而後 行之者也 有大人者 正己而物正者也)

오늘 문명에 가장 큰 걱정이 있다면 무엇일까? 세계의 원자화(原子化)라고 할 것이다. 분석은 발달했는데 통일은 깨졌다. 과학은 발달했는데 보람은 없어졌다. 기술을 발달했는데 의미는 없어졌다. 개인은 있는데 전체는 없다. 인간은 있는데 신은 죽었다. 사회는 복잡한데 간 데마다 불신이다.

따지고 들면 근본 원인이 어디 있나? 자연 정복을 시작하던 데 있다. 하필 왕양명 한 사람일까? 옛날 사람은 과학의 발달은 못 됐으니만큼 부분적인 지식은 없어도 우주를 산 것으로 믿었고 거기서부터 지혜를 얻을 수 있었다. 과학 그 자체가 반드시 나쁜 것 아니나, 죽이지 않고 해부를 하는 재주는 없는지라, 분석을 하는 동안 모처럼 귀한 생명을 잃어버렸다.

세계 1차대전 후에 나와서 많은 사람에게 한때 읽혔던 책에 영국의 잭스(L.P.)란 사람의『산 우주』란 책이 있었다. 조그마한 책이었으나, 그 끔찍한 죄를 지은 인류에게 깨우침을 주는 데는 큰 공헌이 있었던 글이다. 그 요지를 말하면, 세계 대전이라는 전고에 없었던 큰 참극, 큰 죄악이 산 우주를 죽은 물건으로 알고 파먹었기 때문에 그 우주가 원수를 갚아서 온 것이라는 것이었다.

1차대전이 그랬다면 2차대전을 또 저지르고 그러고도 부족해 냉전을 하고 있는 인류는 어떻게 생각해야 할까?

기술이 발달한 오늘의 과학은, 인간이 생각한 것은 실현되고야 만다고 하면서 우주가 살았느니 산 우주의 원수 갚음이라느니 하는 식의 생각은 하려 하지도 않는다. 하지만 과연 그렇게 언제까지 갈 수 있을까?

역사가 거꾸로 가는 법은 없다. 인간이 한 번 배운 것을 잊거나 내버리거나 하지는 않을 것이다. 그러므로 옛 생각을 그대로 다시 부활시키자는 보수주의는, 걱정하는 그 마음은 갸륵해도 그대로 될 수는 절대로 없다. 그러므로 요점은 여기까지 온 우주를 해부실에 놓고 어쩔 줄을 몰라하는 그 인간을 어떻게 건지느냐 하는 데 있다.

과학을 버리라 해도 아니 들을 것이요, 옛날의 종교로 돌아오라 해도 듣지 않을 것이다. 그러면 일부의 보수주의로 되돌아가는 경향이 있는 것을 지적할지 모르지만, 퇴화는 한동안 남아 있을 수 있지만 그것이 대세는 되지 못한다. 그것은 진화의 과정이 증명하고 있다. 이제 도마뱀, 악어를 아무리 보호 번식시켜도 이 지구가 다시 파충류의 시대는 될 수 없다. 소라가 작게 보면 환경에 대해 어느 면으로는 이긴 것 같으나 생물 전체로 볼 때는 그는 패자지 성공자가 아니다.

전체의 나아가는 길에 공헌한 자만이 성공자다. 설혹 자기로서는 실패를 하거나 패망했어도 성공이다. 그럼 소라식(式)의 보수주의를 떠나서 전체의 입장에서 생각한다면 어떻게 하여야 할까?

한 사람 사상에 분명히 버리지 못할 무엇이 있는 것은 사실이다. 아무리 과학이 발달했다 해도 거기 부인할 수 없는 진리가 들어 있는 것은 사실이다. 그럼 그것을 어떻게 현대적으로 살려낼까?

오늘 우리 세계는 기계와 더불어 유기적 관계에 들었다. 지금부터 수십 년 전, 과학이 점점 발달하는 것을 보고, 생각 있는 사람들은 기계화를 걱정했다. 기계를 사용하자 사회가 기계가 돼버렸다. 거기 따라 사람의 정의(情意) 면이 무시되고 사람들이 예술적인 창작욕을 잃고 기계화해가는 문명에 싫증을 느꼈다.

그런데 그 과학과 기계의 발달이 계속된 결과, 지금은 어찌 됐나? 기계적인 관계의 정도를 지나 이제는 기계로부터 사람과 자연을 뗄 수 없이 만들어놓았다. 그래 이제는 기계적인 사회가 아니라 유기적인 사회가 됐다.

이제 사람과 기계를 갈라 생각할 수가 없이 됐다. 사람이 기계의 종이라던 것은 이제는 옛날이야기요, 지금은 아주 하나가 돼버린 것이 아닐까? 코끼리가 제 코를 자를 수 없듯이 현대인은 제 몸에서 전기, 라디오, 원자로를 떼어버릴 수 없을 것이다. 그럼 어떻게 될까?

과학 기술이 발달했다는 것은 인위(人爲)가 늘었다는 말이다. 원시 시대의 사람은 자연만으로 살았는데, 점점 자연을 알게 되고 그것은 그것을 모방하는 인위가 느는 데 이르게 했다. 이제는 인위, 자연의 경계선이 점점 없어져간다. 육종학 같은 것이 그 좋은 예다.

사실 이제 와보면, 자연이란 것도 생명이 허구한 세월을 두고 반응해온 결과로 나온 것이다. 그 규모가 엄청나게 크기 때문에 인간의 건드림으로는 변하지 않는 것 같아서 자연이라 했을 뿐이었다. 그럼 이제 자연, 인위의 구별이 없어져가는 때에 어떻게 할까?

잊어서 아니 되는 것은 기계가 발달하면 할수록, 사람이 자연만 아니라 보다 더 많이 인위로 살아가게 되면 될수록 인간과 인간 사이가 자꾸 더 밀착된다는 사실이다. 이제 남이 없다.

예수는 종교적 가르침으로 "네 원수를 사랑하라!" 했지만, 이제는 국제적인 규모로 과학적으로 그것을 하지 않으면 아니 되게 됐다. 닉슨의 중공 방문이 뭔가? 원수지만 어쩔 수 없이 사랑해보자는 것 아닌가? 이것이 역사적 현실이다. 이것이 지금이 유기적 사회라는 증표다.

유기의 특색은 전체에서 부분을 떼놓지 못하는 것이다. 떼면 전체도 부분도 다 죽어버린다. 식물이나 하등동물에서는 아직 전체에서 떨어져도 사는 것이 더러 있으나, 고등한 동물, 더구나 인간으로서는 절대 불가능하다. 현대 사회가 유기적 사회라면 이제 우리는 민족이니, 국가니, 계급이니, 종파니 해서 서로 뗄 수 없다. 떼면 전체 곧 인류가 망하게 된다. 지난날 모든 위대한 종교가들이 예언했던 것은 직감으로 오늘을 보고 한 것이었을 것이다.

그렇게 생각할 때 왕양명의 '천지만물이 하나다, 그것을 깨달아 천지만물을 하나로 만들어야 한다' 했던 말은 현대적으로 살릴 수 있는 뭣을 말하고 있지 않을까? 그 인을 속씨라 불러볼 때 얻어질 무엇이 있지 않을까?

그런데 이상한 것은 '한 사람'이라는 이 민족이 어째서 크게도 못되고 하나도 못 됐다는 점이다. 세상에 이름을 '한'이라면서 우리 사람같이 갈라지고 생각이 작은 민족이 어디 있을까?

옛날을 더듬어 올라가면 반드시 그렇지도 않았다. 옛날 종교인 선비사상에서 보여주는 것으로는 마치 왕양명이 말하는 것같이 우리 사상이야말로 우주를 한 몸으로 보는 것이었다.

최치원(崔致遠)이 '국유현묘운도'(國有玄妙云道)라고 한 것은 그것이다. 현묘(玄妙)라니 요샛말로 하면 신비주의인데 왕양명도 신비주의요, 노자도 신비주의다. 불교만 아니라 어느 종교도 크게 나누면 교(敎)와 심(心)의 둘이라 할 것인데, 왕양명은 교보다 심편을 존중하는 사람이다. 인도에서 하면 요가요, 중국에서 하면 황로(黃老)사상이요, 불교에서는 선(禪)이요, 유대교에서는 예언자, 기독교에서는 퀘이커, 그들이 다 속정신을 주장하는 사람들이다.

우리나라 옛날의 선비, 온달이, 처용이, 검도령, 원효 모든 화랑하는 사람들이 다 우주는 하나로 살았다는 것을 믿었다. 그런데 그 후 유교, 유교에서도 가장 교(敎)와 제도를 존중하는 주자학파(朱子學派)가 성함을 따라, 갈라지고 작아지는 병이 생기게 됐다.

이름을 '한'이라 할진댄, 한을 이상으로 삼았기 때문일 것이다. 그 잃어버렸던 것을 찾아야 하지 않을까? 속씨는 왕양명의 말대로 누구에게나 있는 것이요, 죽지 않는 것이다.

한 사람은 이제 정말 한 사람 노릇을 할 때 아닐까?(ⓓ)

그 왕양명의 「노회」(老檜)라는 시가 있다.

老檜斜生古驛傍	해묵은 파발 옆에 비스듬 섰는 노송나무,
客來聽馬解衣裳	오가는 손, 말을 매고 옷 벗어 걸고,
托根非所還憐爾	못 설 곳에 뿌리 내린 네 잘못 어이하리만,
直幹不搖終異常	곧이 서 버틴 줄기 도리어 갸륵도 해라.
風雪凜烈存節介	눈바람 사나우면 굳은 절개 지켜냈고,
刮磨聊爾現文章	긁고 깎음 당할 때는 문장 그대로 드러냈네.
何當移植山林下	언제나 너를 옮겨 깊은 숲에 심어두어,
偃蹇從渠拂漢蒼	우뚝 서 푸른 하늘 마음껏 쓸게 할까.

우리는 제자리를 잘못 잡은 노송나무 아닐까?

함석헌의 양명학 이해의 특징

왕양명 만물일체론의 '대인'='큰 사람=한 사람'론: 한사상과 양명학의 결합

함석헌은 왕양명의 만물일체론의 '대인'을 '큰 사람'으로 풀이하고 '속으로 마음으로 큰 것'을 뜻하는 '한'의 뜻을 풀이하고 '한 사람'과 동일시한다. 여기서 양명학과 한사상의 결합을 볼 수 있다.

즉「'대인'이란 큰 사람이란 말인데, 우리말에 '큰'보다는 '한'이 더 좋아서 한 사람이라고 옮겼다. 크다면 나이 들고 몸이 큰 것을 말하지만, 한은 그 속으로 마음으로 큰 것을 의미한다. 우리 민족의 이름, 나라 이름을 '한'이라는 것은 이러한 뜻에서 온 것일 것이다. 한자로 써왔기 때문에 여러 자(韓, 漢, 汗, 干)로 표시되어 있으나 뜻은 하나다. 환국(桓 글로는 國), 환웅(桓雄) 하는 환(桓)도 마찬가지로 '한'일 것이요, 그렇다면 환하다는 광명을 표하는 뜻도 들었는지도 모른다.

한이 좋다는 것은 또 크다는 뜻과 하나라는 뜻이 하나로 되어 있기 때문이다. 할아버지 할머니를 평안북도 어떤 지방에서는 큰아버지 클마니라 부르는 것은 그 좋은 증거다. 할아버지의 할은 물론 한인데 그것을 큰으로 발음한 것이다. ㅎ, ㅋ은 다 목구멍 깊은 데서 나오는 음이기 때문에 서로 넘나들 수 있다. 본디대로 한다면 아마 kh로 발음하는 것이었을 것인데, 그것이 혹은 k로 혹은 h로 갈렸을 것이다. 그리고 보면 환국, 환웅의 발음을 좀더 자세히 짐작할 수 있다.」(ⓑ)

만물일체론의 '신비주의'적 이해

함석헌의 양명학 해석 중에서 눈에 띄는 것은 양명학설의 핵심 가운데 하나인 '만물일체론'에 주목하고 그 신비주의(神秘主義) 측면을 바로 들춰낸다는 점이다.

즉 「우리 사상이야말로 우주를 한 몸으로 보는 것이었다. 최치원이 "국유현묘지도"(國有玄妙之道)라고 한 것은 그것이다. 현묘(玄妙)라니 요샛말로 하면 신비주의인데 왕양명도 신비주의요, 노자도 신비주의다. (중략) 우리나라 옛날의 선비, 온달이, 처용이, 검도령, 원효, 모든 화랑 하는 사람들이 다 우주는 하나로 살았다는 것을 믿었다. (중략) 이름을 '한'이라 할진대, 한을 이상으로 삼았기 때문일 것이다. 그 잃어버린 것을 찾아야 하지 않을까.」(ⓓ 참조. 일부 인용자 수정)라고 말한다. 이것은 분명히 왕양명의 사상을 '신비주의'(mysticism, occultism)[22]

---

22) 보통 신비주의는 서구의 개념이며, 그 적용범위 또한 매우 넓다. 일반적으로 서양의 언어 환경 속에서 신비주의는 두 가지 다른 단어, 즉 mysticism과 occultism으로 표현된다. mysticism은 철학이나 종교에서 논의되는 신비주의

계통으로 해석하는 시도로 볼 수 있다.

　이러한 시도는, 주자 이후 소거되어 유교의 종교성을 다시 살리고자
한 왕양명의 학문적 경향성[23]과도 유사하며, 더욱이 최근까지 합리적-

사상이나 학설을 가리키며, occultism은 사람이 사물 내부의 드러나지 않는 역
할이나 그 힘의 움직임을 조종함으로써 과학이 측정할 수 없는 경험이나 효과
를 나타나게 하는 것을 가리킨다. 한성구, 「中國 近代哲學에 나타난 神秘主義
경향 연구」,『中國學報』56, (한국중국학회, 2007), 506쪽.

23) 야마시타 류지(山下龍二)는 「陽明學의 宗敎性」이라는 논문에서 왕양명은 공자
이래 전승되어오던 종교성을 합리성이란 명분으로 배제시킨 주자학과 달리
'종교성'(宗敎性)을 다시 부활한 측면을 강조한다.
주자학은 공자의 가르침에다 철학적인 이론을 덧붙인 것으로 기독교 신학과
유사하다. 기독교 신학이 성서의 가르침을 전제로 그 올바름을 증명하기 위해
서 머리를 짜내어 철학적으로 논리를 도입한 것과 같이 주자학은 선종(禪宗)의
탈쇄(脫洒), 해탈(解脫)이나 전등(傳燈)의 사상으로부터 탈연관통(脫然貫通),
도통(道統)의 이론을 도출하고 또 이사(理事)의 사상을 흉내 내어 이기(理氣)
의 이론을 형성했다. 도통(道統), 이기(理氣)의 이론은 물론 경서(經書)의 가르
침을 전제로 하여 그것을 정당화한 것으로 유교신학이라고 해도 좋다.
양명학은 주자학과 다른 이론을 제공한 것이었는데, 역시 유교의 경서를 전
제로 하고 이사무애(理事無碍), 이사불이(理事不二)와 같은 사상을 도입하
여 그것을 치양지(致良知)라는 개념에다 집약했다. 왕양명이 도교나 불교 쪽
에 경사해가는 것을 벗어나 유교로 회귀했다고 하는 경우, 그것을 일반적으
로 종교의 부정으로 보는 것은 정당하지 않을 것이다. 양명은 그 생애를 통해
서 종교적인 심정을 계속 유지해왔고, 그것은 구체적인 행위로써 드러났다.
종교적인 문제는 생사, 영혼, 신, 하늘 등이었는데 이들 문제를 어떻게 해결할
까가 양명의 생애를 건 과제였다. (공자가) 괴력난신(怪力亂神)을 피하고 일
부러 말하지 않은 것을 종교적 관심의 결여로 해석하고 유교를 윤리교(倫理
敎)의 권내(圈內)에 가두어두려는 이론은 주자학에서 시작된다. 공자는 천을
믿고 조상신을 받드는 사람이었다. 유교가 가지고 있는 고유의 종교성을 부
활한 것이 양명학이다. 양지(良知)는 내재(內在)하는 신(神)의 관념에 가깝
다. 山下龍二,「陽明學의 宗敎性」,『陽明學』第7號, 二松學舍大學陽明學硏究所,

이성적 논의 방식으로 규명되어온 양명학 연구와 차별되는 새로운 시도로 보인다.

'인'(仁)의 '씨올' 사상적 이해

위의 두 가지 논의 외에 함석헌의 양명학 이해의 특징은 '씨올'사상의 입장에서 인(仁)을 이해했다는 점이다.

즉 「'인'이란 우리말로 크다, 착하다, 사랑하다로 번역되나, 인에는 또 다른 뜻이 있다. 살아 활동하는 그 힘을 가리켜 말하는 때가 있다. 팔이 맥을 못 쓰면 "내 팔이 불인(不仁)하다" 한다. 그보다도 더 재미있는 것은 씨를 또 인이라 한다. 도인(桃仁), 행인(杏仁) 하는 것 같은 것이다. 그럼 인은 좁은 의미의 사랑만 아니라, 사람의 사람 된 생명력, 사람의 사람 된 본질이다. 씨요 알갱이다. 그래 한마디로 인은 인야(人也)라, 사람이다. 참사람, 속사람. 그래 여기서 속씨라 옮겼다가 지웠는데 홀로 사람의 씨만 아니라 우주의 씨, 생명의 씨다. 그 인을 통해 천지 만물이 하나다.

그렇기 때문에 그것은 한 사람만 아니라 작은 사람도 가지고 있기는 매일반이다. 다만 소인은 그것을 스스로 깨닫지 못해 작게 여기고 작게 만들 뿐이다.」(ⓒ) 참조)라고 하여, 거의 정확하게 인의 의미를 파악하고 있으면서, 그것을 '씨올' 사상과 연결시키고 있다는 점이다.

'인(仁)'은 원래 사람 속에 사람이 들어 있는 형상, 즉 어머니 배 속에 아이가 들어 있는 형상이다. 어원적으로 보면 인(仁) 자는 사람 밑

1995, 2~3쪽.

<그림 1> 인(仁), 두 사람, 행인(杏仁), 도인(桃仁)의 의미

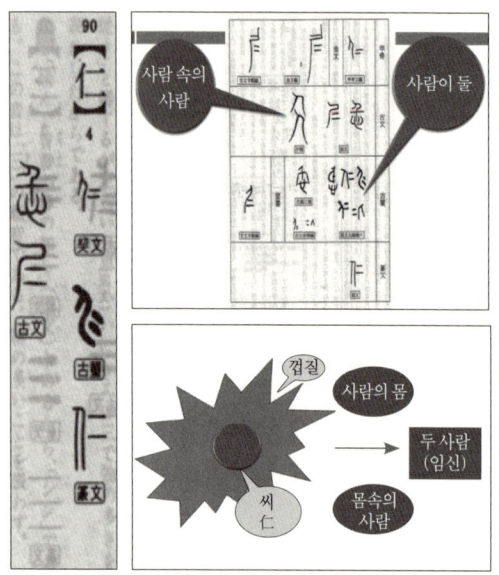

에 사람이 있는 형상이다. 여기서 보통 두 사람(二人)이란 말이 생겨
났다.

이후 공자는 '자신을 위해서, 자기를 다하는 성실함'(충忠: 대자對自
의 덕德), '남을 위해서 헤아리고 미루고, 참음'(서恕: 대타對他의 덕德)
을 함축한 말로 사용했다. 그래서 인을 '남을 사랑하는 것'(인자仁者, 애
인愛人)[24] 또는 '사람다움'(仁者, 人也)[25]이라고 했던 것이다. 나를 위
한 실현·달성(忠)인 동시에 남을 위한(즉 두 사람二人을 위한) 인내와
배려(恕)의 의미를 중층적으로 가진 것이 '인'(仁)이다. 마치 어머니 배

---

24) 「顔淵篇」, 『論語』.
25) 『中庸章句』, 제20장.

속에 아이가 들어 있는 '몸 신'(身) 자처럼, 인의 흔적이 잘 남아 있는 것이 바로 행인(杏仁: 살구 씨/은행 씨), 도인(桃仁: 복숭아 씨)이란 말이다. 사람의 몸속에 다른 사람이 하나 더 들어 있는 '인'(仁) 자를 미루어서 열매(=씨) 속에 씨가 하나 더 들어 있는 것과 같다.[26]

함석헌은 명덕(明德)을 '밝은 속올'로, 덕(德)을 '바탈대로 할 수 있는 속의 힘'이라고 보았다. 바탈이란 자신의 타고난 성질, 즉 '본성'(性)이다. 덕이란 다름 아니라 자신의 타고난 성질, 본성대로 할 수 있는 '속의 힘'이다. 이 '속의 힘'은 왕양명에게서 '양지'(良知) 또는 '인'(仁)이고, '진심측달지심'(眞心惻怛之心=어쩌려야 어쩔 수 없이 솟구쳐 나오는 인간 본래의 진실된 '속의 힘')이다.

이렇듯 함석헌의 '씨올'에 기반한 「大學問」해석에 충실한다면, '속의 힘'은 인간이나 만물이 가진 '씨올'이다. '씨올' 사상에 따른 인(仁)의 해석은 종래의 일반적인 다른 해석보다도 훨씬 인(仁) 자의(字義)의 본질에 육박해갔다고 생각된다.

결어—만물일체론을 신비주의로 해석한 것은 함석헌의 탁견

위에서 살펴본 것처럼 함석헌의 양명학 이해의 특징은 (1) 왕양명 만물일체론의 '대인'='큰 사람=한 사람'論: 한사상과 양명학의 결합, (2) 만물일체론의 '신비주의'적 이해, (3) '仁'의 '씨올' 사상적 이해다.

---

26) 이 내용 및 도표는 최재목, 「동양철학에서 '생명'(生命) 개념」, 『인간 환경 미래』 제6호, 인제대학교 인간환경미래연구원, 2011, 봄을 참조.

이 가운데서 함석헌이 왕양명의 만물일체론에 주목하고 더욱이 이것(=만물일체론)을 신비주의로 해석하고, '한'사상으로 연결시킨 것은 탁견이라 생각한다. 더욱이 조선시대에 이단시되었던 양명학사상에서 '만물일체'론을 끄집어내고, 그것을 신비주의 측면에서 부각시킨 점은 그간 학계에서 간과해왔던 양명학의 진수를 들춰낸 셈이다. 이것은 함석헌이 "지금같이 살림이 곧 정치, 정치가 곧 전쟁이 돼버려 죽음의 문명이 돼버린 때"[27]라고 진단했던 1980년대 이전 군부독재시절이나 자본과 문명의 황폐화, 에너지 고갈 등에 맞부닥친 지금의 현실에서나 여전히 시사점을 던져준다. 다시 말해서 현실에서 평가되어온, 승리해온 사상사를 뒤집어 보면서, 그 그늘에 가려진 사고(思考)와 지적 자산(資産) 속에서 새로운 지혜를 찾아내어, 새 옷을 입히고, 정당한 의미를 부여하여, 실천해가는 일이다. 이런 시점에서, 왕양명의 가장 빛나는 언설이 담긴, 「대학문」(大學問)을 제시한 함석헌의 취지를 추론하며 인용문의 (ⓐ) 구절을 다시 읽어볼 필요가 있다.

전통시대에 이단, 사이비라 내몰던 사상, 양명학에서 찾아낸 함석헌의 화해와 평화, 생명과 만물사랑의 메시지를 읽어내기에 충분하다. 더욱이 '영소'(靈昭)의 '영'(靈)을 「'얼씨고 절씨고' 할 때의 얼씸, 양검스러움. 소(昭)는 밝고 환함.」, '명덕'(明德)을 "밝은 펼올. 덕(德)은 바탈대로 할 수 있는 속의 힘"이라는 등의 해석은 양명학의 연구에도 새로운 관점과 활력을 제공할 수 있는 탁견이다.

아울러 함석헌의 저작 속에는 고난을 견뎠던 왕양명의 심경이 담긴

---

27) 함석헌, 『함석헌전집 20 「씨올의 옛글풀이」』, 한길사, 1990, 35쪽.

시 「범해」(泛海), 「추추음」(啾啾吟)[28] 「노회」(老檜) 등이 소개되어 있다.[29] 왜 그가 왕양명의 시에 깊이 공명(共鳴)하게 되었는가 하는 점을 왕양명의 '초연' '초탈' '절개'에 관한 심경의 투영 아니었을까. 다시 말하면 고난의 시대를 왕양명의 시를 거울삼아 건너고 있었던 것은 아니었을까. 이러한 문제를 포함하여 이제 남은 과제는 함석헌의 전 저작에 흩어져 있는 양명학 또는 양명학적 요소에 대한 종합적 고찰이라 하겠다.

참고문헌

『論語』.
『中庸章句』.
『王陽明全集』.
함석헌, 『함석헌전집 20 「씨올의 옛글풀이」』, 한길사, 1990.
최재목, 『왕양명의 삶과 사상: 내 마음이 등불이다』, 이학사, 2003.
_____, 「致良知の二側面―積極的側面と消極的側面」, 『東アジア陽明學の展開』, 東
  京: ペリカン社, 2006.
金凡父, 『凡父金鼎卨 단편선』, 최재목·정다운 엮음, 선인, 2009.
전호근·김시천, 『번역된 철학 착종된 근대―우리 시대의 동아시아 고전 읽기』,

---

28) 修菴 金徹重, 「함석헌(咸錫憲) 선생이 들려준 왕양명(王陽明)의 시 한 수 | 못다한 부안이야기」(http://cafe.daum.net/changdongseowon/AO1Y/51?docid=1JWSy|AO1Y|51|20110408115058&q=%BF%D5%BE%E7%B8%ED%20%BD%C3)http://cafe.daum.net/changdongseowon/AO1Y/51?docid=1JWSy|AO1Y|51|20110408115058&q=%BF%D5%BE%E7%B8%ED%20%BD%C3)[2012.2.23검색](「부록 2」 참조)

29) 예컨대 『씨올에게 보내는 편지』 『진실을 찾는 벗들에게』 『들사람 얼』 『씨올의 옛글풀이』 등을 참조.

책세상, 2010.

송석준, 「조선조 양명학의 수용과 연구현황」, 『양명학』 제12호, 한국양명학회, 2004.

＿＿＿, 「韓國 陽明學과 實學 및 天主敎와의 思想的 關聯性에 관한 연구」, 박사학위 논문, 성균관대학교, 1993.

山下龍二, 「陽明學の宗敎性」, 『陽明學』 第7號, 二松學舍大學陽明學硏究所, 1995.

최재목, 「崔南善 『少年』誌에 나타난 陽明學 및 近代日本陽明學—'近代韓國陽明學' 의 萌芽期・企劃期의 한 양상」, 『日本語文學』 제32집, 일본어문학회, 2006.

＿＿＿, 「日帝强占期 新聞을 통해 본 陽明學 動向—미공개 자료를 중심으로」, 『일어 일문학』 35, 대한일어일문학회, 2007.

＿＿＿, 「일제강점기 정다산 재발견의 의미—신문・잡지의 논의를 통한 시론」, 『다 산학』 제17집, 다산학술문화재단, 2010.12.

＿＿＿, 「동양철학에서 '생명'(生命)개념」, 『인간・환경・미래』 제6호, 인제대학교 인간환경미래연구원, 2011. 봄.

한성구, 「中國 近代哲學에 나타난 神秘主義 경향 연구」, 『中國學報』 56, 한국중국학 회, 2007.

金正坤, 「金敎臣のキリスト敎思想とその特質」, 博士學位論文, 國際基督敎大學校 (ICU), 2010.12.

『東亞日報』, 1961.11.12.

http://www.allinkorea.net/sub_read.html?uid=23177(검색일자: 2012.3.15)

http://ja.wikipedia.org/wiki/%E6%9D%B1%E4%BA%AC%E9%AB%98%E7% AD%89%E5%B8%AB%E7%AF%84%E5%AD%A6%E6%A0%A1(검색일자: 2012.3.15)

대안적 세계화의 시각에서 본 민족/탈민족 논쟁
동학의 '시천주'와 함석헌의 '씨올'을 중심으로

이정배 감리교신학대 조직신학 · 종교철학과 교수, 한국문화신학회 회장

문화적 민족주의, 대안적 세계화를 위한 방편

최근 한국사회에서도 탈(脫)민족주의 논쟁이 활발하다. 단일민족임을 내세운 폐쇄(혈연)적 민족주의의 폐해가 그간 적지 않았던 까닭이다. 분명 민족주의는 노동, 여성 문제 등 자국 내 모순을 은폐시키는 국가 이데올로기로 오용된 적이 많았다. 이로부터 동일(정체)성을 해체시키는 서구적 탈현대사조(Postmodernism)와 '제국'이라 불리는 초국적 자본주의에 반(反)한 탈(脫)식민주의 영향력이 탈민족주의를 부추기고 있다.[1] 이런 '제국'에 맞서기 위해서라도 민족보다는 역시 초국적 다중(多衆) 개념이 필요하다는 것이다.[2] 아울러 이주(移住) 노동자가

---

1) A. 네그리, M. 하트, 『제국』, 이학사, 2001, 150~151쪽.
2) A. 네그리, 『다중』, 세종서적, 2009, 18~19쪽. 여기서 다중은 마르크스가 이해한 노동자를 탈현대적 감각으로 푼 것이라 하겠다. 따라서 다중은 평균적 대중과 다르고 계급적 민중과도 구별되는 것으로서 저마다 다양한 방식의 특이성

급속하게 증가하고 국제결혼으로 다문화 가정이 늘어난 것도 이런 논쟁의 정당성을 부여하는 사회적 실상과 배경이다. 한국의 가족제도와 경제구조가 이들이 함께하지 않으면 유지될 수 없는 현실이 된 것이다.

하지만 민족을 근대적 상상력의 산물로 보아 실체 없는 허구로 여기는 서구적 시각에는 동의하기 어렵다.[3] 민족을 근대 서구의 구성물로 보는 것은 서구적 역사인식의 결과일 뿐 보편적 인식은 아닌 까닭이다. 더구나 서구가 추동했던 세계화의 비윤리성이 도처에서 드러나는 현실에서 민족(주의)을 '탈'(脫)한다는 것은 위험천만한 일이다. 이런 거짓된 세계화로 인해 폐쇄적 민족주의가 아시아 곳곳에서 오히려 세(勢)를 득하는 역설이 발생하는 것 또한 우려할 사안일 것이다. 탈(脫)현대주의적 사사화(私事化)를 치유할 목적으로 등장한 탈(脫)식민주의 사조가 서구중심의 세계화에 제동 거는 브레이크임은 틀림없으나 그 속에서 민중(다중)개념의 역할과 순기능을 기대하기에는 그를 방해하는 '제국'의 권력이 너무도 교묘하고 강력하다.

그렇기에 민족은 그 역기능에도 불구하고 아직은 제국으로부터 약자를 보호할 수 있는 마지막 보루란 생각을 지울 수 없다. 유럽 통합법조차 민족과 국가를 해체하는 대신 이들 간의 느슨한 연대—연맹이 아니라 연합—를 지향하고 있지 않은가?[4] 그렇기에 서구 식민(팽창)주의

(Singularity)을 지닌 민중이라고 보는 것이 좋겠다. 필자는 이를 함석헌이 말한 '뜻을 찾은 씨알'과 의미상통한다고 믿는다. 이에 대한 논의는 제3장에서 진행될 것이다.

3) B. 엔더슨, 『상상의 공동체』, 나남출판, 2005.

4) J. 리프킨, 『유로피안 드림』, 민음사, 2009, 272~273쪽. 주지하듯 유럽 연합 안에는 각국의 주권을 유지하려는 '연맹주의'를 선호하는 그룹도 있고 강력한 통합

로 인해 야기된 약소국의 저항적 민족주의를 비롯한 일체의 민족주의를 '독이 든 선물'로 평가하며 국민주권과 아나키 간의 양자택일을 요구하는 탈민족주의자들의 시각은 지나치다.[5]

이 점에서 필자는 인류 보편의 가치를 내포한 문화적 민족주의를 대안적 세계화를 위한 방편으로 삼고자 한다. '밖'을 향하지 못했던 민족주의 한계를 서구적 관점이 아닌 아시아(한국)적 시각에서 극복하고자 함이다. 민족적인 것 속에서 보편적 관점을 찾지 못할 이유가 없다는 판단에서다. 여기서 말하는 '문화적'이란 긴 세월 동안 민족 속에 녹아내린 종교적 정조(Ethos)를 적시한다. 이를 위해 유불선 바탕에서 기독교를 수용하여 창발(創發)된 한국의 동학(東學)사상과 그와 연계된 함석헌의 '씨올'사상에서 대안(문화)적 세계화를 위한 민족의 역할을 살펴볼 것이다.

진정 민족은 허구인가—민족적 주체성의 문제에 관하여

'민족은 없다'고 외치는 탈민족주의자의 시각이 만연된 탈(脫)현대적 현실에서 민족의 주체성을 논하는 것이 쉽지 않다. 근원(선험)적 동일성에 터한 민족의 주체성 강조가 배타성, 폭력성의 원인이 됨을 도처

체로 가려는 '연방주의' 주창자들도 있는바, 어느 경우든 이들을 묶어줄 수 있는 것은 공동헌법에 명시되었듯이 종교적 유산이었음을 기억할 필요가 있다. 여기서 유럽 강대국들은 연맹체제를 원하고 상대적 약자들은 연합국가로서 독립국가 체제를 지키려 하고 있다.
5) A. 네그리, M. 하트, 앞의 책, 『제국』, 186~189쪽.

에서 경험하는 까닭에서다.[6] 그렇기에 영토, 언어, 그리고 혈연에 기초한 민족 정체성의 부정을 탈(脫)현대를 주창하는 서구가 아시아에게 강요하는 중이다. 이는 신자유주의로 대변되는 서구 자본주의의 팽창과 결코 무관치 않을 것이나 그 속에는 야수의 발톱이 숨겨져 있다.

본래 민족이란 근대 자본주의 체제 구축을 위해 유럽 밖에 존재하는 타자(他者)의 식민화를 위해서 필요했던 개념이다. 따라서 이에 저항키 위한 방책으로 아시아 역시 이념 공동체로서 민족개념을 탄생시켰던바, 그 과정에서 문화 종교적 우월성이 인위적으로 조작·강조되었을 뿐이라 본 탓이다.[7]

하여 국가가 민족을 전유(專有)할 수 없는 초국적 자본주의(제국)의 현실에서 근대적 구성물인 민족주의는 민중을 억압하고 다양성(차이)을 부정하는 이데올로기로서 기능할 뿐이기에 해체되어야 마땅하다고 보았다. 계급, 젠더, 종교, 민족 등 다양한 층위에서 복잡성(혼종성, hybridity)을 갖는 개인의 정체성이 민족이란 단일 기준으로 환원될 수도, 되어서도 아니 된다는 것이다. 물론 이 말이 틀리지 않으나 민족의 의미를 '자체동일성'과 '자기동일성'의 두 개념 간의 차이의 빛에서 재론하는 경우 탈민족주의론은 수정되어야 마땅하다.[8]

주지하듯 사물의 경우는 불변하는 '자체동일성'의 범주에 해당되지

----

6) 특별히 필자는 이란에서 개최된 종교평화 포럼에 참석하여 그 실상을 보았다. 민족 내부의 모순들을 수면 아래 감추고 반미, 반제국주의를 외치는 것은 이런 비판에서 자유롭기 어렵다.

7) 임지현, 『이념의 속살』, 삼인, 2001, 359~366쪽.

8) 이기상, 『지구촌 시대와 문화 콘텐츠』, 한국외국어대학교 출판부, 2009, 135~136쪽.

만 인간은 주변과 관계하며 자신을 창조 · 변혁해가는 존재로서 사물과는 달리 '자기동일성'을 지닌 까닭이다. 이 점에서 민족(겨레)개념은 혈통, 언어 등에 근거한 '원초론'은 물론, 저항을 지향한 '도구론'의 차원에도 머물지 않는다. 탈민족주의자들의 주장대로 민족은 해체 대상도 아니며 이념적 도구로서 폄하될 수도 없다는 것이다.[9] 지리 · 역사적으로 형성된 공간 내에서 자신들만의 삶의 자리를 만들고 세계를 형성했으며, 그 지평을 점차 확장시켜온 것이 인간의 (종교)문화인 까닭이다.

따라서 민족개념 속엔 상상된 측면도 없지는 않겠으나 원시적인 형태일지라도 독자적 층위가 없지 않다는 것이 필자의 확신이다. 더구나 지구 차원의 문화적 동질화가 거꾸로 지역 문화의 저항을 받을 수 있다는 것이 개연성이 아닌 목하의 현실이 된 상황에서 이는 분명하다. 따라서 서구가 추동하는 세계화(신자유주의)가 과거 식민주의의 변형—일종의 '문명 제국주의'—인 이상, 이와 맞서기 위한 주체로서 긴 세월 형성된 '영혼의 응집력'으로서 민족주의의 불씨는 소멸되는 것이 아니라 새롭게 이해되어야 옳다.

최근에 이슬람권에서 불거진 종교적 민족주의의 등장이 바로 그 구체적 예시라 하겠다. 비록 그것이 S. 헌팅턴에 의해 '문명 간의 충돌'로서 곡해되긴 했으나[10] 종교적 민족주의의 출현은 서구문명과 지구적

---

9) 만약 이 사실이 부정된다면 기독교의 경우『구약성서』역시 인정할 수 없다고 생각한다.『구약성서』는 유대민족의 정체성을 보전하고 있는 역사책인 까닭이다.

10) S. 헌팅턴의『문명 충돌론』에 대한『오리엔탈리즘』의 저자 E. 사이드 간의 논쟁은 대단히 흥미롭다. 사이드는 헌팅턴은 이슬람문명과 기독교문명 간의 전쟁

(보편) 문명을 동일시하지 않겠다는 의지표명이었다.

거짓된 세계화가 강요될수록 서구적 이념으로부터의 탈주(脫走)는 신자유주의 체제 아래서는 불가피한 사안이었다. 아시아의 입장에서는 민족주의 해체보다 이른바 오리엔탈리즘을 극복하는 것이 더 화급했다는 말이다. 한국 역시 서구적 근대를 폭력적으로 매개한 일본 제국주의와의 단절을 민족주의의 극복보다 마땅히 앞세워야 했다. 일본에 의한 비(非)서구적 식민지 경험이 지금껏 한국인에게 사대적(事大的)이라 할 만큼 친서구적 경향성을 가중시켰던 탓이다.

그런데도 종교적 민족주의가 현실적으로 진정한 세계화(지구화), 곧 다문화 사회에 장애가 되는 것도 실상 우려할 만하다. 절대적 신념체계이자 영혼의 응집력[11]으로서 종교가 저항 및 해방적 민족주의의 토대로서 역할을 하는 것은 이해할 여지가 있다. 그러나 민족 내부에 산재한 무수한 모순과 갈등에 눈을 감는다면 이 역시 해체 대상이 될 수밖에 없는바, 그런 조짐이 한국사회 곳곳에서 보이고 있으니 염려스럽다. 이런 이유로 종교적 민족주의가 자신의 내부를 직시하되 밖을 향한 열린 민족주의, 곧 보편성을 견지한 문화적 민족주의로 지향·승화되어야 할 까닭이 여기에 있다.

을 정당화시키는 논리의 개발자라는 것이다. 필자가 보기에 이런 비판이 타당하나 미국 역시 하나의 문화로 자신을 인정해야 한다는 헌팅턴의 말도 일리 있다고 본다.

11) 이 말은 재독 철학자 송두율이 경계인으로 살면서 무수한 고통을 당하는 중에도 민족의 문제가 쉽게 '탈'(脫)할 수 있는 것이 아님을 강조할 때 사용했던 개념이다.

민족주의 재발견으로서의 동학—문화적 민족주의는 가능한가

초국적 자본주의(제국)란 이름의 세계(지구)화가 근본주의적 기독교와 자신을 신국(神國)으로 보는 일종의 신화에 의해 추동되고 있다면 그것 역시 종교적 민족주의의 부정적인 일면일 듯싶다. 물론 명시적이지는 않지만 큰 틀에서 볼 경우 세계화 역시 서구 기독교 국가들의 자기확대를 목적하는 한, 종교적 민족주의의 어떤 변형된 형태란 생각을 떨칠 수 없다. 이 점에서 나는 민족을 상상(구성)물로 보는 시각은 물론 원초론의 입장과도 거리를 취한다.

그렇기에 이 장에서 언급할 문화적 민족주의란 초(超)불변적인 본질주의(원형)의 차원이 아니라 앞서 소개한 '자기동일성'의 빛에서 이해될 수 있는 부분일 듯싶다. 이 점에서 유불선 종교의 바탕 아래 뭇 역사적 경험, 특히 19세기 말 서세동점의 시기에 서구 기독교 충격을 흡수하여 민족의 지평을 넓혔던 한국 고유한 종교, 동학 속의 문화 민족주의 요소를 살피고 부정적 폐해를 노출시키는 이슬람권의 종교적 민족주의와의 변별력을 가시화시켜 볼 것이다.

주지하듯 동학은 19세기 말 조선 땅에서 자생적으로 발생한 종교운동의 산물이다. 가부장적 이념을 제공했던 민중 수탈적인 유학(주자학)과 반생명적인 기독교 서구문명을 함께 극복하고자 한 것이다. 물론 서구를 동양의 대안으로 생각지는 않았으나 서구의 긍정적인 면을 수용하여 자기개방성을 견지하되 자기정체성을 확대시켰다. 서구의 인격신관(기도)과 유교의 '기'(至氣)사상을 조화시켜 '시천주'(侍天主)란 동학 고유한 종교적 명제를 발전시킨 것이 구체적인 사례. 인간이

하늘을 모시고 있다는 '시천주'는 천인합일(天人合一)을 넘어 천인무
간(天人無間)[12]의 경지였고, 이 과정에서 천(天)보다는 오히려 인간
(人間)에 무게중심을 놓았다.

그렇기에 '시천주'의 인간은 개체를 강조하는 서구 계몽주의적 인간
관과도 근본적으로 맥락이 달랐다. 하늘을 모신 인간을 사회 및 우주 공
동체와 불가분리의 존재로 여겼던 까닭이다. 시천주란 종교이념은 훗
날 하늘이 곧 사람이라는 '인내천'(人乃天)사상으로 발전되었고 이에
근거하여 봉건적 동양문명을 비판했으며 서구의 침략주의적 폭력성에
항거했고 인간과 우주의 전적 새로움, 곧 새로운 창조세계가 다시 열린
다는 개벽(開闢)을 선포할 수 있었다.[13]

여기서 중요한 것은 동학이 민족의 위기를 대외적 관점에서만 보지
않았고 민중으로 총칭되는 민족 내부의 약자들에 대해서도 관심을 집
중했다는 사실이다. 즉 '인내천'에 근거하여 민주적인 평등사상을 선포
했고 신분제를 철폐했으며 여성과 어린이를 보살피는 일에 앞장섰던
것이다.

물론 1919년에 발생한 민족 독립운동의 대표자 중 절반에 가까운 이
들이 동학교도였다는 점에서[14] 저항적 민족주의 성격이 짙으나 농민

---

12) 한국철학사전 편찬위원회, 『한국 철학 사전』, 동방의 빛, 2011, 265~267쪽.
13) 노태구, 『세계화를 위한 한국 민족주의론―동학사상과 관련하여』, 백산서당,
  1994, 101쪽. 이하 내용은 이 책, 113~119쪽을 필자 나름대로 요약정리한 것
  이다.
14) 사실 최근에 안 일이긴 하나 당시 천도교는 기독교 측에 대표자를 양보했고 독
  립운동 자금으로 당시로서는 거액의 돈을 헌금했다는 것이 사실이다. 오늘의
  기독교는 민족을 위해서 이런 역사적 빚을 어찌 갚아야 할지 깊이 생각할 일이

의 권익을 위해 농민운동을 일으켰고 어린이의 날을 제정할 정도로 내부 모순에 눈감지 않았으며 베 짜는 여성을 한울임—'베 짜는 하느님'—으로 공경한 것 등은 탈민족주의자들의 논리를 한방에 날려버린다. 여기에는 개인만을 중시하는 자유주의보다 모두를 아우르는 공동체 의식이 있었고 전통과 근대성을 모순으로만 생각지 않았으며 민족 안팎의 상황을 대립보다는 시천주에 터한 '개벽', 즉 한국 고유한 종교 문화적 시각을 견지함으로써 전체를 아우르는 힘을 지녔던 탓이다.

이것은 필자가 최근 경험했던 이슬람권의 시각과도 현저히 다르다. 9·11 사태 이후 이슬람권은 '정의'를 절대 가치로 여기고 오히려 평화를 상대적 가치로 격하시킬 수 있다고 보았다.[15] 이슬람권이 추구하는 정의가 서구적인 가치에 의해 훼손될 경우 평화란 언제든 깨질 수 있음을 전제하는 것으로 대외적인 선전포고의 형식을 띤 것이다. 종교에 터한 저항적 민족주의의 성격을 부각시키는 이슬람권의 입장을 이해할 수 없는 것은 아니지만, 평화와 정의의 가치를 양분시키는 처사는 납득할 수 없었다. 자국 내의 비민주화, 성차별, 그리고 빈부격차, 환경문제 등 산적한 사안을 여전히 방치하면서 말이다.

이에 반해 동학은 서세동점의 시기에도 외세 및 서구종교를 무조건 거부하거나 배척하지 않았다. 기독교를 알았기에 하늘과 인격적으로

다. 종교의 경계마저 탈(脫)할 수 있었던 동학 천도교의 문화적 유산은 참으로 자랑거리다.

15) 필자는 지난 9월 11~12일 양일간 KCRP(한국종교인평화회의) 종교 간 대화 위원장 자격으로 이란의 수도 테헤란에서 열린 종교 간 대화 모임(International Conference on Dialogue among Religions and Cultures in Asia)에 참여하여 이슬람권 시각을 온전히 배울 수 있었다.

관계(기도)할 수 있었고(內有神靈), 일본을 포함한 외세(外勢) 역시 공존의 대상이었을 뿐 타도 자체가 목적은 아니었다.

앞서 서술했듯 동학이 주도했던 1919년 「독립선언서」 내용 가운데서 민족의 자주와 세계평화를 언급했을 뿐 일본을 공격하는 언사가 전혀 없었음이 이를 증명한다. 이 점에서 필자는 동학 속의 문화적 민족주의는 근대 서구적 민족주의는 물론 아시아적 종교적 민족주의의 부정적인 면을 치유할 수 있는 온전한 힘을 지녔다고 하겠다. 주체성(정체성)과 개방성의 조화에 힘입어 동(東)과 서(西), 근대와 탈현대, 인간과 하늘, 남성과 여성, 아이와 어른의 상극(相剋)적 관계를 상생(相生)시키는 힘을 배태했다는 말이다.

앞서 말했듯 사람을 하늘처럼 여기라는 '사인여천'(事人如天), 곧 반상(班常)의 차별 철폐 역시 동학의 성과였고 결국 이런 평등원리에 기초하여 현대적 '다중'(多重) 주체성을 강조한 동학은 열린 민족주의, 문화적 민족주의의 길을 제시할 수 있었다. 더욱이 후천개벽(後天開闢)을 통해 이웃 민족과의 평화적 공존, 새 문명 구축 등을 민족적 과제(주체성)로 인식한 점에서 동학의 종교성은 민족성을 유지하면서도 탈민족주의의 정조와 무리 없이 만날 수 있는 여지를 남겨놓은 것이다.

시천주의 발전적 형태로서 '씨올'—탈민족적 민족주의로 가는 길

일찍이 한국 대표적 시인 김지하는 동학의 핵심사상에서 우주적인 신(新)휴머니즘을 보았다.[16] 시천주, 인내천의 영성이 그에게 그렇게 표현된 것이다. 동학 속에 연대와 공생(共生)의 이상적인 차원, 곧 '한

몸'의식이 내재되었던 탓이다. 이는 보았듯이 이른바 다중의 생명성과 능동성을 전제할 때 가능한 이야기다.

　여기서 필자는 이런 문제의식을 적극적으로 심화시킨 20세기 한국의 기독교사상가, 함석헌의 '씨올'사상에 주목할 생각이다. 동북아 공동체를 넘어 '세계화', 약자의 고통을 헤아리는 '지구화' 프로젝트를 위해 필요한 것이 바로 개인에게서 전체를 보고 전체에서 개인을 자각하는 '씨올'사상이란 확신 때문이다.[17] 비록 동학과 함석헌 간의 사실(역사)적 연결고리는 없었으나[18] '시천주'와 '씨올'은 '자기동일화' 과정을 겪었던 겨레(민족)의 집적물이다. 하여 필자는 시천주의 연장선상에서 '씨올'에게서 탈민족적 민족주의, 곧 문화적 민족주의의 일미(一味)를 맛볼 수 있었다.

　주지하듯 함석헌은 민족적인 주체성을 누구보다 강조했으나 민족사를 세계사의 지평에서 이해했던 독특한 '관'(觀)의 사람이었다.[19] 일제

------

16) 오에 겐자부로, 『구세주의 수난』, 고려원, 1995, 334쪽. 김지하는 이 책 말미에 서구적이 되려 했으나 서구인이 아니고 아시아로부터도 고립된 일본의 정체성을 '애매모호함'으로 정리했고 이를 치유하기 위해선 아시아의 고통에 참여하는 휴머니즘을 일본이 지녀야 한다는 오에 겐자부로의 글에 대한 논평으로서 이 말을 한 것이다. 요지는 오에 겐자부로의 휴머니즘이 서구적 가치일 뿐 아직 충분히 동양적일 수 없다는 지적이었다.

17) 함석헌, 「내가 겪은 관동 대지진」, 『함석헌 다시 읽기』, 노명식(『전집』4권), 책과함께, 2011, 177~178쪽.

18) 하지만 필자는 동학과 함석헌의 스승 다석(多夕) 유영모와의 연결고리를 찾아냈다. 그 결과를 발표한 논문은 다음과 같다. 이정배, 「천부경을 통해서 본 동학과 다석의 기독교 이해」, 『신학사상』, 제143집(2008 겨울), 한국신학연구소, 167~216쪽.

19) 함석헌, 『뜻으로 본 한국역사』, 한길사, 1997.

치하에서 고난의 절정을 경험한 조선역사를 『성서』는 물론 세계사적 차원에서 풀어낸 것이다. 이는 피해자의 시각에서 가해자를 품어 안는 일이기도 했다. 민족주의자들의 영웅사관과 일제의 식민사관의 양 극단을 넘어서고자 했던 것이다. 그는 조선 민족의 고난을 세계사의 온갖 더러움을 나르는 방편이라 여겼다. 민족의 고난이 외세의 탓이나 자신의 못남 탓이 아니라 세계 역사를 깨끗하게 하는 구속사적 도구라는 섭리적 확신을 갖고 있었던 것이다.[20]

조선인의 집단 자아를 『구약성서』 「이사야서」의 핵심사상인 '고난받는 종'의 이미지와 중첩시켰고 피해자의 시각에서 고난의 능동적 자기이해를 세계사적 지평과 연계시킨 것은 분명 탈(脫)민족적 민족주의의 진면목이다.[21] 역사를 민족이 아니라 '뜻', 곧 역사의 궁극적 토대의 자리에서 볼 것을 요청한 것이다.

하지만 함석헌은 계시종교인 기독교의 테두리마저 벗겨냈다. '뜻'을 신적(神的) 가치를 지닌 역사의 이념이자 목표로서 기독교를 위시한 모든 종교와 민족이 더불어 추구할 바라 여겼던 탓이다.[22] 하여 유교, 불교 역시 하늘로부터 계시받을 것은 다 받은 종교라 여기기도 했다. 이 점에서 기독교 고유한 대속(속죄)신앙 역시 의미가 달라져야만 했다. '뜻'의 구현을 위해 예수의 피만이 아니라 우리 자신의 피도 흘려야 한다는 것이다. 하지만 아직 '뜻'은 세계사 과정에서 실현되어야 할 미완의 과제로 남아 있다.

---

20) 함석헌, 앞의 책, 116~123쪽.
21) 함석헌, 「성서적 입장에서 본 조선역사」, 『함석헌 다시 읽기』, 412~417쪽, 419쪽.
22) 함석헌, 앞의 책, 421쪽.

여기서 중요한 것은 하느님 역사의 주체가 더 이상 민족이나 기독교가 아니라는 사실이다. 즉 '뜻'은 특정종교나 민족의 산물일 수 없고 탈민족적인 씨올(민중)의 삶과 불가분의 관계를 맺는다고 보기 때문이다. 이것이 '뜻'과 씨올을 공속(共屬)된 실재로 보는 함석헌 세계관의 핵심이다. '씨올'이란 고난 속에서 '뜻'을 찾은 존재, 고난의 능동적(주체적) 담지자인 것을 적시하고 있다.

여기서 필자는 시천주, 인내천사상을 펼친 동학과의 접점 또는 그것의 기독교적 지평확대를 읽을 수 있다. 일체만물은 신을 떠나서는 존재할 수 없다는 동양(동학)적 범재신론(Panentheism)을 『성서』의 고난사상의 빛에서 창조적으로 재해석했다는 말이다. 우주의 근원인 신(神)은 자신이 '씨올'임을 깨친 인간 정신 속에 있다는 획기적인 발상이다.

> "하늘이 무한 망망한 허공에 있지 않고 땅에 와 있다. 땅 중의 땅, 흙 중의 흙이 어디냐? 네 가슴이요 내 가슴이 아닌가?"[23]

이것은 '일즉다'(一卽多) '다즉일'(多卽一, 화엄華嚴)의 기독교적 표현이자 인내천의 재의미화로서 개인과 전체, 민족과 세계, 인간과 신 간의 공속성을 명시하고 있다. 고난을 주체적으로 자각한 '씨올' 민중의 생명력이 역사를 '뜻'을 향해 자라게 하며, 바로 그 역사 속에 하느님의 자리가 있다는 것이다.

하지만 이것은 신의 전적 타자성 대신 역사 과정 안에서 신과 인간의

---

23) 함석헌, 『함석헌전집 3 「한국기독교는 무엇을 하려는가」』, 한길사, 1992, 10쪽.

완전 하나 됨을 강조한 것인바, 동양적, 곧 서구와 다른 민족적 차원의 산물이었다. 여기서 신은 내가 남이며 남이 나일 수 있고 한 사람이 전체이며 전체가 한 사람이 되는 토대라 하겠다. 이 점에서 함석헌의 예수 이해 역시 독특했다. 모든 인간 속에 하느님 아들 될 만한 씨가 있기에 예수 역시 하느님 아들일 수 있다고 본 것이다.

　이것은 자신이 유일하게 '선생'이라 불렀던 다석의 가르침일 듯싶다. 다석이 그랬듯 함석헌 또한 자신이 이단자로 불리는 것을 당연시했다.[24] 우치무라가 강조했던 루터의 십자가 대속 신학은 물론, 서구 기독교가 강조한 계시실증주의 또는 존재론적 기독론과는 전혀 이해를 달리한 탓이다. 그에게 예수란 잠자고 있는 아들의 '씨'를 불러내 우리 역시 '뜻'을 지닌 존재 곧 '씨올'을 각인시키는 존재였던 것이다. 우리가 없다면 예수의 일(使役) 역시 마침이 없다는 참으로 비정통적인 발상이다. 다석이 말했던바, 「요한복음」 제14장 제12절에 근거한 미정고 (未定稿)로서의 예수 이해와 전혀 다름이 없다.[25] 하지만 함석헌의 다음 말은 이를 더욱 구체화시킨다.

---

24) 함석헌, 「이단자가 되기까지」, 『함석헌 다시읽기』, 260~301쪽. 여기서 함석헌은 우치무라의 무교회주의로부터의 능동적 일탈을 다석 선생에 대한 옛 기억과 관계시켜 서술하고 있다. 이는 함석헌 역시 다석의 영향사 속에 있음을 반증하는 것으로 양자 간의 연속성을 말할 수 있는 근거가 된다. 그렇다고 함석헌 선생의 독창성이 없다는 뜻은 전혀 아니다. 관동 대지진 사건을 두고두고 반추하는 중에 우치무라와 자신의 차이를 인지했고 그 차이를 자신이 선생인 다석의 옛 가르침에 비추어 다시 생각할 수 있는 기회를 가졌다고 보아야 옳을 것이다.

25) 다석학회 편, 『다석강의』, 현암사, 2006, 805쪽.

"대속이 되려면 예수와 내가 딴 인격이 아니라 같은 체험에 들어가야만 한다. 그러면 그것은 벌써 역사적 예수가 아니다. 그런데 대속을 감정적으로 강조하면 그 체험에 들어감 없이 대신해주었다는 감정에만 그치기에 인격의 개변이 일어날 수 없다."[26]

다시 말해 그리스도가 예수뿐 아니라 자신 속에도 있는 것이기에 예수와 자신이 하나란 체험에 들어갈 때만 그의 삶과 죽음이 온전히 자신의 것이 될 수 있고 그로써 예수의 길을 갈 수 있다는 확신이다. 바로 이런 '씨올' 민중 속에서 필자는 민족/탈민족 간의 택일을 넘어설 수 있었고 오히려 '탈(脫)기독교적 기독교'의 길을 보고 배울 수 있었다. 진정한 세계화는 민족만이 아니라 서구적 보편성을 강요하는 기독교적 배타성(절대성)마저 극복해야 하는 까닭이다.

이 점에서 열린 민족주의를 지향한 동학과 그 이념을 기독교적으로 토착화시킨 '씨올'사상은 거짓된 세계화에 대한 대안적 가치를 제시할 수 있다. 세계화의 비도덕성은 기독교 서구가 강요하는 탈민족주의 이념을 온전히 수용할 수 없게 만든다. 최근 20 대 80의 사회를 넘어 1 대 99의 현실을 비판하며 월가에 저항하는 민중들의 함성이 곳곳에서 울려나는바, 신자유주의적 세계화의 몰락을 예고하는 것이라 하겠다. 그렇다고 저항적(종교적) 민족주의로 일관하는 것도 현실적으로 불가능한 일이다.

이에 근대 식민화 과정을 통해 아시아가 체험했던 '고난'을 토대로

---

26) 함석헌, 「이단자가 되기까지」, 앞의 책, 『함석헌 다시 읽기』, 300쪽.

문화적 민족주의 담론이 새롭게 필요할 시점이 되었다. 필자는 동아시아에 위치한 한국의 토착화 신학자로서 '뜻'의 존재를 믿는 능동적 고난사상—자속적(自贖的) 구원—을 문화적 민족주의의 핵심이자 탈민족·탈기독교적 세계화를 위한 전거(典據)라고 믿는다. 고난의 세계사적 의미를 자각하고 거기서 '뜻'의 존재를 발견할 때에야 비로소 진정한 세계주의로 나아가는 길이 열릴 수 있을 것이다.

문화적 민족주의와 탈민족주의 간의 짧은 대화—대안적 세계화를 위한 아시아 종교의 역할

최근 한국에서 크게 주목받는 책으로 가톨릭 여성 종교학자 암스트롱의 『축(軸)의 시대』란 책이 있다. 이 책에서 저자는 축(軸)의 시대(기원전 900~기원전 200)의 종교들이 공히 저마다 정황은 달랐으되 극도의 고통 속에서 탄생되었음을 강조했다.[27] 전쟁과 폭력, 약탈의 시대를 살면서 악순환을 끊기 위한 공통적 대안이 내면적 성찰(내 안의 신神)에 근거한 고통에 대한 공감—'공감적 영성'—이었다는 것은 오늘 우리에게 시사점이 많다. 즉 종교적 근본주의, 거짓된 세계화 등으로 야기된 우리 시대의 갈등과 증오 그리고 불관용의 해결 역시 종교적 통찰에 의지할 필요가 있다는 것이다.

아직 인류가 축(軸)의 영성을 온전히 실현시키지 못한 까닭에 바로 지금의 세상이 되었을 뿐이다. 축의 영성은 삶 자체가 고난인 까닭에 회

---

27) 카렌 암스트롱, 『축의 시대』, 교양인, 2010.

피하기보다는 맞서 대면하며 자신의 고통에 충실할 때 이웃 고난에 공감할 수 있는 힘이 생기는바, 결국 자신 속의 신(神)의 발견이 관건임을 역설하고 있다. 종교란 본래 자기초월적 보편의식의 보고(寶庫)인 까닭이다.

이렇게 보면 시천주와 고난을 통해 '뜻'을 발견할 수 있다는 '씨올'사상은 축의 영성과 의미상 일치한다. 능동적 고난이란 것이 낭만적·비현실적인 것으로 보이긴 했겠으나 그것이 종교 본연의 모습임을 『축의 시대』가 확인해준 것이다. 그렇기에 문제제기에서 밝혔듯 오히려 영성(초월) 없는 탈민족주의가 잘못된 세계화로 치닫는 초국적 제국의 적수가 될 수 없다는 판단이 옳을 듯싶다.

『제국』의 저자 A. 네그리는 국가주권마저 무력화시키는 탈(脫)영토화된 제국의 현실이 '가난'임을 적시했다.[28] 그런데도 제국의 긍정성을 자아/타자의 이분법, 곧 민족적 정체성을 해체시켰다는 점에서 찾았다. 제국이 지닌 긍/부정적 양면성인 셈이다. 제국의 문화적 특성을 그래서 혼종성이라 부르기도 했다. 누구라도 타자화될 수 없는 공간이 원리상 제국이지만 이곳에서 가난이 '차이의 공통이름'이 된 것이 세계적 실상이다. 2013년 한국 부산에서 열리는 제10차 WCC 대회가 정의를 강조하게 된 것도 이런 현실의 반영일 것이다.

하지만 네그리는 저마다 특이성을 지닌 다중의 출현과 역할을 기대했다. 노동의 성격 자체가 비물질적 성향을 띠고 있다는 것이 다중을 신뢰하는 이유이자 근거다. 마르크스 시대와는 노동개념 자체가 달라졌

---

28) A. 네그리, M. 하트, 앞의 책, 『제국』, 216쪽.

기에 가능한 일이다. 성별·업종별 민족 간의 차이가 있지만 노동의 탈
(脫)현대적 변화가 가난 극복을 위한 '공통감'을 야기할 수 있다는 것
이다.

하지만 노동개념의 변화와 다중지성만으로 공통(보편)을 위한 차이
들의 연대를 기대하기 어렵다. 가난 극복과 지구적 생태회복을 위한 다
중의 열망이 세속적 오순절이라 불릴 만큼[29] 의미 있다고 말할 수 있겠
으나 정작 고통 속에서 신을 발견할 수 없다면 지속되기도 어렵고 항시
위태로울 수밖에 없다. 초월을 탈각시키고 다중의 내면성에 대한 성찰
이 실종될 경우 네그리의 다중론은 정치사회적 영역에서 R. 도킨스나
E. 윌슨식의 유물론이라 불릴 수밖에 없을 것이다.

이 점에서 필자는 '씨올'사상에 나타난 문화적 민족주의의 의미를 재
차 주목한다. 민족/탈민족 간 양자택일이 항차 주권/아나키의 양자택
일을 요구할 경우 거짓된 세계화의 혼동으로부터 자유로울 수 없기 때
문이다. 향후 아시아 종교들은 지구적 의식의 고양을 위해 자민족을 자
극하고 독려하는 역할을 감당해야만 한다. 종교란 동일성(정체성)에
안주하지 않고 자기초월적으로 인간 삶을 이끄는 방편인 까닭이다. 따
라서 종교 간 대화 역시 지구화의 동인(動因)을 추동하는 데 목적이 있
어야마땅하다.

따라서 필자는 기독교와 아시아 종교들의 만남이 활발한 한국을 위
시한 동북아 지역이야말로 대안적 세계화를 이룰 수 있는 문화적 토양
이라 확신한다. 특별히 '축의 시대' 종교(영성)의 유산을 온전히 계승

29) 같은 책, 463쪽.

했고 지금도 그 영향력 속에 살고 있는 나라와 민족은 세계에서 한국밖에 없는바, '뜻'의 구현을 지향하는 '씨올'사상은 바로 이들 종교 간 만남의 창조적 결과물이라 말해도 좋을 것이다.

함석헌의 변혁(탈바꿈)론*

김영호 인하대 명예교수, 함석헌학회 부회장/학술위원장

머리말—틀 바꿈(탈바꿈, 틀바꿈)

함석헌의 사상을 우리는 두 가지 큰 줄기로 갈라 볼 수 있다. 하나는 민중-씨ᄋᆞᆯ사상을 중심으로 한 역사-사회-종교를 꿰뚫는 현상학적인 통찰이고, 또 하나는 개인과 사회 (및 종교)의 '혁명'(revolution), '개혁'(reformation), '진화'(evolution)로 표현된 변혁(變革, 틀바꿈, transformation)의 이상이다. 두 가지는 뗄 수 없는 관계로 각각 이론과 실천을 대표한다. 이 글에서는 후자를 중심으로 논의하려고 한다. 변혁을 나는 '틀바꿈'으로 다시 표현하고 이것을 탈바꿈과 틀바꿈의 약간 다른 두 가지 의미로 풀어보고자 한다.

근본적인 변화와 변혁은 역사발전과 인류진화의 필수조건이다. 이에 참여하는 개인으로서는 자기탈각과 현실에 대한 비판과 저항의 몸짓이

---

* 이 글은 2008년 8월 '세계철학대회'에서 발표한 논문을 수정한 것이다.

요구된다. 그 과정은 개인의 깨침과 탈바꿈이 출발점이 되지만, 그 지향 목표는 인간과 사회 전체의 혁명이다. 구체적인 예로, 민족성을 "갈아 뒤집어엎어야" 한다.[1] 이러한 사상을 '인간혁명의 철학'[2]이라 부를 만하다.

변혁론은 실천을 요청한다. 그것은 의식과 사고의 획기적인 변화를 수반한다. 그것을 나는 '틀바꿈'이라 부른다. 이것은 다름 아닌 '패러다임 변환'(paradigm shift)을 가리킨다. 이 문명의 위기상황에서 벗어나려면 인류가 이제 낡은 사고방식과 의식의 틀에서 새 틀로 바꿔 타야 한다. 그 새 틀을 나는 함석헌이 생애의 후반기 이후 일관하여 내세운 '전체주의' 사상에서 찾고자 한다. 낡은 틀은 개인주의와 (집단주의, 민족주의를 포함한) 그 변형들이다. 이제는 개인보다 전체가 생각과 실천의 주체가 되어야 한다. 이것이 우리의 의식과 인류사회 변혁의 큰 획을 긋는 틀 바꿈에 해당한다. 전체론적 비전이 구체적으로 두드러지게 나타난 사례가 「펜들힐의 명상」에 기술된 체험이었다. 이 체험은 변혁론과 전체론을 두 축으로 전개된 사유과정의 한 결정(結晶)이었다.

이 글은 함석헌이 의미하는 변혁의 원리와 그 구체적 실천으로서 전체주의의 의의를 중심으로 그의 변혁론을 다루고자 한다. 그 과정에서 함석헌의 논증이 얼마나 독특하고 보편적인가를 파악하기 위해서 다른 사상가들의 유례를 함께 대조해보려고 한다.

---

1) 함석헌, 『함석헌전집 2 「인간혁명의 철학」』, 287쪽.
2) 같은 책.

깨달음과 탈바꿈

변혁은 함석헌에게 일반적으로 이해되는 서양전통 중심의 철학보다는 종교, 그리고 동양철학의 원천이기도 한 동양종교전통의 차원과 더 연관된다. 그것은 그가 서양 학문이 '문견'(聞見, information)을, 동양 학문이 '기질변화'(transformation)를 목표로 한다고 구별하는 점에서 드러난다.[3] '기질변화'가 바로 변혁이나 탈바꿈이다. 질적인 변화를 가리킨다. (민족개조도 그 한 가지다.) 그는 진작부터 정보의 축적보다는 탈바꿈이 더 중요하다는 경고를 정보의 바다에 빠져 있는 현대인들에게 던졌다. 그 변혁은 종교 차원에서만 가능하다. 그가 말하는 종교는 제도종교를 넘어선, 궁극적인 가치와 원리를 담지하고 있는 정신적 뿌리다.

종교를 떠나서 함석헌의 사상을 이해하기는 어렵다. 그는 종교를 궁극적인 가치를 대표하고 의식과 행동의 근거로 본다. 탈바꿈사상과 전체론적 사유방식은 철학적으로 그의 존재론과 인식론을 파악할 수 있는 자료다. 그것은 서구적인 철학과 방법론에서 추출한 것이 아니고 자신의 독특한 종교 인식과 체험을 통해서 신념화한 것이다.

왜 변혁이 필요한가. 왜 진화나 진보가 필요한가. 생물학적 진화론과 역사발전론, 사회진화론으로도 설명이 가능하지만, 존재론적으로 현상은 머물러 있지 않고 항상 변화하고 성장한다는 사실을 함석헌은 거듭 강조한다. 이 사상은 동양철학에서는 불교사상과 『주역』(그리고 현

---

3) 함석헌, 『함석헌전집 12 「6천만 민족 앞에 부르짖는 말씀」』, 231쪽.

대 서양철학자 화이트헤드의 과정process 철학)에서 읽을 수 있다. (그러나 함석헌이 이들로 부터 영감을 얻었다는 언질이나 증거는 없다. 물론 『주역』은 알고 있었지만 연관시키지는 않는다.) 그밖의 다른 주제들도 대개 그렇다고 할 수 있지만, 함석헌이 그 나름으로 스스로 터득한 결과다. 현상의 무상한 변화에 발맞추어 인간의 의식도 변화하면서 영적 근원으로 한 걸음 한 걸음 더 나아가야 한다. 인간 속에 내재하는 신조차 인간과 함께 성장하는 존재다. 그의 신관은 독특하고 복합적이다. 한국인의 고유한 전통적 신관과도 부합한다. 그만큼 함석헌사상은 변혁적이고 포괄적이다.

함석헌은 '달라지는 세계의 한 길 위에서' 세계소식을 전하기도 하고, 때로는 변화의 물결에 몸을 맡기면서, 때로는 변화를 거부하는 사회에 맞서면서, 세상을 고정된 실체로 정관(靜觀)하기보다는 역사와 현실의 역동적인 모습(動態)을 통찰하면서 '동적(動的) 평안'을 추구했다. 그는 음풍영월하는 정숙한 도학자나 도덕군자가 아니라 행동하는 선지자, 선견자(先見者)였다. 그는 몽상가라기보다 인류의 쉼 없는 진보와 진화를 옹호하는 예언자, 이상주의자였다.

함석헌은 개인의 일생에서 탈바꿈을 여섯 단계로 나누었다. 어림, 젊음, 일함, 찾음, 깨달음, 날아올라감이 그것이다.[4] 다섯 단계 '깨달음'에서 그는 "생각하면 깨닫게 된다. 깨닫고 보면 인생관이 달라진다"고 설명한다. 인생의 참모습을 깨닫고 나면 속이 텅 비고 세속적인 욕심을 버리게 된다. "비면 속이 뚫려서 진리를 알게 된다." 진리는 "상대적인 모

4) 함석헌, 『함석헌전집 5 「서풍의 노래」』, 89쪽.

든 차별에서 초월한 것이다." 마지막 단계는 해탈에 가까운 비약이다. "죽음을 이기는 것"이다. 이 여섯 단계는 공자의 성장단계(입지우학立志于學, 입立, 불혹不惑, 지천명知天命, 이순耳順, 불유구不踰矩)를 상기시킨다. 다만 함석헌의 구도에 있는 깨달음에 해당하는 단계와 초월 또는 비상(飛翔) 단계가 공자의 성장구도에도 존재하느냐는 것은 의문이다.[5] 함석헌은 공자보다 더 종교적이고 영적인 상승을 강조하는 인도 전통에 가깝다.

'깨달음' 단계에서 함석헌은 무엇을 깨달았을까. 그 내용은 그의 사상의 큰 줄기로 요약할 수 있다. 그 줄기는 1) 역사철학의 측면에서, 민중사관에서 씨을사상에 이르는 줄기, 2) 종교철학의 측면에서, 무교회주의에서 퀘이커 평화주의 그리고 종교개혁을 통한 새 종교의 열망에 이른 줄기, 3) 사회철학의 측면에서, 비폭력과 민주화 및 통일의 실천론 그리고 국가주의의 극복에 이르는 줄기, 4) 존재론 측면에서, 전체론적인 사유와 '같이 살기 운동'의 실천론에 이르는 사유의 줄기 등으로 대강 분류해볼 수 있다. 이것을 편년사적으로 순서를 엄격하게 매기기는 힘들고 큰 줄기들은—적어도 부분적으로—겹쳐 있거나 혼용되어 있다.

예를 들면 첫째 줄기에서 민중사관은 그가 『성서적 입장에서 본 조선역사』를 쓴 시점과 병행한 것으로 비교적 초기에 형성되었지만 그 완결로서의 '씨을사상'은 후기에 속한다. 씨을사상에는 다른 줄기들, 즉 민중, 비폭력 평화, 전체론 등이 다 합류되고 내포되어 있는 통합 개념이

---

5) 두 서양 유교학자 Hall과 Ames는 공저 『공자를 통한 사유』(*Thinking Through Confucius*)에서 공자의 6단계 성장과정을 철학적 사유의 전개로 본다.

다. 그리고 전체론적 사고는 어느 시점부터는 그의 사유 전체를 관류하고 있다. 각각의 사상의 갈래는 '조선역사', 우치무라, 간디와 톨스토이, 「요한복음」 등 계기가 있었다고 할 수 있지만, 그 계기가 없었더라도, 자기 내면에서 결국 움트지 않았을까 생각된다. 특히 가장 중요한 사상이라 할 만한 씨울사상과 전체론은 특정한 근원이나 계기 또는 기존 사상과의 관련이 있었던 것 같지 않다. 역사와 사회의 투시와 내면적 관찰을 통한 자각에 의해서 얻은 결실이었다.

　이 사상체계의 갈래들은 자신의 의식전환, 즉 틀바꿈을 표출한 것으로 여겨진다. 그런데 그것은 자신만의 신비주의적인 비의(秘義)를 갖는 것이 아니고 인류역사의 진화단계를 표상하는 것이 되었다. 초기 사회진화론자들이 말한 선조(발생)반복(recapitulation)으로 해석될 수도 있다. 그 점에서 그의 사유는 독특하다고 할 수 있다. 자신만의 소승적인 구원이 목표가 아니었다. 그 개념들은 개인주의적 시각을 넘어선다.

　'생각'은 함석헌의 인식론의 핵심이다. 생각은 단순한 사고나 의식작용만이 아니라 심층적 사유와 깨달음의 수준에까지 확대된다. 생각을 깊이 파면 깨침과 깨달음에 이른다. "생각이 깊어야 합니다."[6] "생각하면 깨닫게 된다. 깨닫고 보면 인생관이 달라진다."[7] 함석헌은 이승만 시대에 그를 감옥에 가게 만든 글 「생각하는 백성이라야 산다」에서 첫들머리에서부터 '깨달음'을 말한다. 물론 6·25라는 '역사적 사건의 뜻'이 그 내용이지만 예사로운 사고나 이해가 아니다. "역사적 사건이

---

6) 함석헌, 『함석헌전집 8 「씨울에게 보내는 편지」』, 39쪽.
7) 함석헌, 앞의 책, 『함석헌전집 5 「서풍의 노래」』, 93쪽.

114

깨달음으로 되는 순간 그것은 지혜가 되고 힘이 되는 법이다." 그것은 "불덩이를 삼킴이요 올가미를 벗김"이다.[8] 해탈의 지혜처럼 들린다. 이렇듯 그가 말하는 생각은 일반적인 범주를 넘어 종교적인 사유로 확장된다.

'씨올'이 할 일 두 가지는 '겉으로는 제 몸을 지키는 것'과 '속으로는 생각을 하는 것'이다.[9] '생각'은 철학적 사유만이 아니라 종교적 깨달음을 함축한다. 생각의 범주는 이해의 범주를 넘어 의식변화에서부터 진리인식에 이르기까지 광범위하다.

"사람은 어디서 와서 어디로 가는 것을 알아야 합니다. 종교적 깨달음과 역사의 이해가 있어야 사람입니다. 그래야 자기가 살고 남을 살릴 수 있는 바른 말을 할 수 있습니다. 그저 본능대로만 하면 되는 것이 아닙니다…… 깨달은 것이 인간 살림의 시작입니다…… 그리하여 영원히 자라는 것입니다."[10]

"생각하는 씨올이라야 삽니다. 생각 못 하면 쭉정이입니다. 씨올의 올은 하늘에서 온 것입니다. 하늘은 한 얼입니다. 하늘에서 와서 우리 속에 있는 것이 올입니다. 생각하는 것이 올이요 올을 생각하는 것입니다. 올이 들어야 합니다. 생각을 자꾸 좁혀 넣어야 올이 듭니다……. 그렇기 때문에 올이 들면 삽니다. 반드시 삽니다. 생각이

8) 함석헌, 『함석헌전집 14 「생각하는 백성이라야 산다」』, 109쪽.
9) 함석헌, 앞의 책, 『함석헌전집 8 「씨올에게 보내는 편지」』, 57쪽.
10) 함석헌, 『끝나지 않은 강연』, 삼인, 2001, 165~166쪽.

각 둘이 있습니다. 하는 생각과 나는 생각. 생각을 하는 것은 나는 생각을 받기 위해서입니다. 그러나 둘이 본래 하나입니다……. 생각을 하는 씨올에게는 그이가 자기 생각을 주십니다. 그렇기 때문에 삽니다."[11]

여기서 생각이 계시 차원으로 확대된다. 계시는 자각을 목표로 하는 종교에서는 자각, 즉 깨달음에 해당한다. '올'은 견성성불(見性成佛)의 대상, 곧 사람이 본유한 불성(佛性)이나 계시종교의 신성(神性)과 같은 것이다.[12] 함석헌의 '생각'은 생각(生覺) 즉 깨달음(覺)을 내는 것(生)이다. 불교와 상통하는 맥락이다. 깨달음은 지식을 통해서 얻어지지 않는다. "정말 아는 것은 지식이 아니고 직감입니다. 직감은 생명의 주인인 '그'를 믿어서만 얻을 수 있습니다."[13] '그'가 위에서 말하는 '그이'다. 이기적 나(자기)에 대한 생각은 "자꾸 좁혀 넣어야" '그이'의 계시를 받을 수 있다. 그의 사유는 논리적 사고만의 산물이라기보다는 영감과 계시에서 나온 것이다. 예를 들면,

"어느 새벽의 기도 시간에 모른 척할 수 없는 어떤 말씀을 받은 것이 있기 때문에 감추어둘 수 없고 내 것이라고 할 수도 없는 문제이기에 아무 준비 없는 이대로를 씨올 전체 앞에 내놓아 전체의 지혜와 능

---

11) 함석헌, 앞의 책, 『함석헌전집 8 「씨올에게 보내는 편지」』, 56~57쪽.
12) 조형균도 '씨올'을 깨달음 체험의 대상으로 본다. 『씨올의 오솔길 (상)』, 그물코, 2008, 339쪽, 345쪽 참조.
13) 함석헌, 앞의 책, 『함석헌전집 8 「씨올에게 보내는 편지」』, 36쪽.

력을 기다릴 뿐이다. 이것이 씨올 자체의 혼에 느껴지는 직감이라면 씨올 자체가 해결할 것이다…… 어느 새벽에 못 들은 체할 수 없이 들려온 소리가 있어 드디어 이것을 전체 앞에 내놓기로 결심했다. 그런지 얼마 안 되어 정부에서 새마을운동을 발표했다."[14]

여기에 계시라면 계시고 깨달음이라면 깨달음이라할 만한 과정이 들어 있다. 그것은 한 개인에게서 출발한 것이지만 씨올 전체의 검증을 받아 완성되고 곧장 사회적 실천으로 확대된다. 씨올 자체의 혼적 직감으로 확증된다. 집합적 사고가 암시되는 대목이다. 이렇게 하여 여기서 나온 사유내용이 바로 '같이 살기' 운동이다. 관 주도의 '새마을운동' 이전에 발상된 것이다. 그 대안으로 제시된 결과가 된 셈이다. 그러나 두 가지에는 천양지차가 있다. "하나는 이름 없는 씨올이 하는 것인데 하나는 대통령이 시키는 일이다. 이것은 아래서 위로 피어오르는 생명의 운동인데 저것은 위에서 아래로 내리 씌우는 권력의 운동이다."[15]

그래서 그의 생각은 종교적 사유의 차원에 속한 것이라 할 수 있다. 초기 저술(1936)에서 그는 일반론적으로 기독교가 '사람의 사유의 산물'이 아니며 기독교 계시가 '인간의 사유범역을 뛰어난' 것이라고 규정했다. 나중에 '생각'을 강조하면서 그의 종교적 사유의 범주가 확대되고 있음을 볼 수 있다.

이때 사유(思惟)는 오직 '그이'만을 생각하는 것(思唯)이다. '그이'

14) 함석헌, 『함석헌전집 14 「생각하는 백성이라야 산다」』, 25~26쪽.
15) 같은 책, 26쪽.

가 유신론(有神論)적, 일신론적인 목적어 역할을 한다고 하면, (불교 같이) 신을 가정하지 않는 종교의 말로 하자면 사유, 특히 위에서 말한 '(저절로) 나는 생각'에는 주어와 목적어가 없고 '생각만 오롯이' 있는 사고다.

생명에는 나와 남이 없다. 생명은 하나다.[16) "내가 받은 몸과 마음은 우주의 것이요 인류의 것"이다.[17) 그래서 함석헌의 인식론에는 믿음이 중요하다. 그 믿음 속에는 나, 자기가 앞세워지지 않는다. 뒤로 물러나 있다. 끝내는 믿음까지 버려야 한다. 불교에서 말하는 비움(空)의 논리다. 무교회주의나 퀘이커 신앙도 궁극에는 버려야 할 디딤돌일 뿐이다.

틀바꿈—전체론

함석헌이 갖는 '생각'의 다른 또 하나의 차원은, '생각하는 백성'이 가리키듯이, 개인적인 사고를 넘어선 초개인적(transpersonal)·집합적 사고다. 그것은 또 하나의 기존의 전통적 사고의 틀의 전환에 해당하는 '(갈아) 뒤집어엎음'이다. 이제 인류는 '개인적인 영혼 구원의 종교'시대를 지나가고 있다. "지금 우리가 건너고 있는 요단 강은 개인에서 전체로 건너가는 경계선"이다.[18)

그러므로 개인으로서의 '나'는 죽어져야 한다. 그는 70대 후반에 들어서서도(1978) 이런 증언을 했다. "내가 좀더 죽었다고 할 것밖에 없

---

16) 함석헌, 『함석헌전집 8 「씨올에게 보내는 편지」』, 60쪽.
17) 같은 책, 38쪽.
18) 함석헌, 『함석헌전집 3 「한국기독교는 무엇을 하려는가」』, 383~384쪽.

는" 체험을 겪었다. 그것은 예수의 십자가의 뜻이고 노자의 "덜고 또 덜어 없음에까지 이른다"(損之又損之以至於無爲, 제48장)는 취지라고 말한다. "죽으면 이 나가 죽어야지, 누구더러 죽어라 할 권리가 없다. 그것을 알고 전체를 놓아 살려주기 위해 나를 죽을 것으로 단정하고 자른 것이 예수다."[19]

그리고 정몽주의 「단심가」 "이 몸이 죽고 죽어 일백 번 고쳐죽어"를 읊조리며 "영대(靈臺)가 진동되는" 마음으로 "눈물 없인 못 부르는" 느낌을 말한다.[20] 다양한 종교 경전과 교리를 융합한 다원주의적인 기술이다. 불교의 무아(無我)사상이 함축되어 있다. 개아(個我)로서의 나는 무의미하고 대아(大我), 즉 전체가 중요하다.

전체론적 사유방식은 생애 후반기(60세 전후)부터 조금씩 움터오면서 영글었을 것으로 추정된다. 그 결정적인 사건은 미국 퀘이커 센터인 펜들 힐에서 가진 명상체험이었다. 늦가을 11월 어느 날 그는 "이상한 체험"을 했다.[21] 비가 부슬부슬 오는 저녁 그는 쓸쓸하게 지난 인생을 회고하고 "내 일생은 실패다" 하는 회한에 잠겨 있다가 문득 창밖 나무 밑에 쭈그리고 앉아 있는 가롯 유다의 환상을 보고 명상에 잠겼다. 그것이 '깨어진 전체'에 대한 것이다.

예수에게는 "한 사람의 배반으로 그 열둘의 전체 사귐이 깨지는 것이 문제"였다고 본다. 양 아흔아홉보다 잃어버린 하나가 더 중하다. 열두 제자는 순전히 개인주의자들이었다. "한 사람의 실패는 결코 한 사람의

---

19) 함석헌, 『함석헌전집 2 「인간혁명의 철학」』, 299쪽.
20) 같은 책, 385쪽.
21) 함석헌, 『함석헌전집 3 「한국기독교는 무엇을 하려는가」』, 314~318쪽.

실패"가 아니라 "전체의 실패"다. 예수처럼 "유다는 사실은 전 인류의 짐을 맡아 진 것"이다. 이것을 보고 예수는 죽을 수밖에 없었다. 나아가서 그는 예수가 지금 계신 곳은 "유다가 있는 곳"이라고 추정한다.

"왜? 지금도 그와 대화를 열어보려 하기 때문입니다. 유다가 마음을 열어야 세계 구원은 옵니다. 사람들은 천당 지옥 소리를 하지만 유다가 지옥 밑바닥에서 이를 빠드득빠드득 갈고 있는 한은 천당이 무사할 수 없습니다. 그 이빨 가는 소리에 천당이 흔들흔들할 것입니다. 악마의 마지막 아들이 놓여날 때, 그때에야 온 인류의 천국은 옵니다."[22]

끝에는 그 자신도 막달라 마리아요 유다임을 선언한다. 전통적인 해석을 따라서, 함석헌 자신도 "이날까지 나는 유다를 배반자로만 알고 저주받아 마땅하다 생각"해왔다. 이제 달리 생각하게 만든 영감이나 계시를 받은 것이다. "유다는 사실은 전 인류의 짐을 맡아 진 것"이다. "어느 의미로는 예수를 죽인 것은 열 한 제자"다. 열두 제자는 순전히 개인주의자로 '전체의식'을 못 가졌다.[23] 선악이 개인의 문제가 아니라 전체의 것이다.

여태까지 우리는 선과 악을 떼어서 보고 권선징악(勸善懲惡)을 해왔는데 이것은 낡은 사고방식이다. "선은 한 개인의 선이 아니라 전체의

_____

22) 같은 책, 317쪽.
23) 같은 책, 316쪽.

선이요, 악도 한 개인의 악이 아니라 전체의 악"이다."[24]

전체론은 신학적으로『성서』해석에서 획기적인 해석으로 평가될 가치가 있다고 판단된다. 이것은 유다를 보아온 선/악 이분법으로는 다다를 수 없는 시각이다. 함석헌이 2천 년의 신학적 과제를 전체론적 · 연기론적 사고로 일거에 풀어버린 셈이다. 전체론은 연기론과 상통하고 상호보완적인 시각이다. 연기론은 불교사상의 백미로 평가되는 화엄철학에서 말하는 법계연기(法界緣起)론에서 더 정교하게 표현되었다.

법계연기는 본체와 현상, 궁극적인 이치와 상대적 존재(인간), 그리고 현상적 존재들 상호 간에는 불가분리의 유기적인 관계가 본유하다는 원리다. 얽히고설킨 중중(重重)무진(無盡)한 상호관계는 상호동일성(相卽)과 상호침투성(相入)으로 설명된다. 연기론은 석가모니가 6년 고행 후에 진리를 얻지 못하고 새로운 결의를 다지며 보리수 밑에서 자기 식으로 명상에 진입하여 증득한 것으로 대각(大覺)의 핵심으로 여겨진다. 철학적으로 말하면 '인과(因果)론'이다. 사람의 노화와 죽음(老死)의 근본원인은 무명(無明: 무지함, 깨닫지 못함)으로 거슬러 올라간다. 이 연기의 사슬을 깨뜨리는 것은 지혜(반야)의 획득, 즉 깨달음을 통해서다.

연기론은 현대에 와서 틱낫한 스님을 통해서 사이(상호)-존재(間存, inter-being)라는 참신한 개념으로 해설된다.[25] 모든 현상이 독립적으로 존재하지 않고 상호-존재한다는 것이다. 예를 들면 구름과 종이 한

24) 같은 책, 318쪽.
25) 김영호, 「평화, 화해, 통일의 원리를 찾아서―틱낫한과 원효의 불교사상」, 인하대 인문과학연구소,『인문연구』제33/34호, 2003.12, 5~32쪽.

장 사이에도 나눌 수 없는 유기적인 관계가 성립한다. (구름이 없으면 비가 오지 않고 비가 오지 않으면 나무가 자라지 않으며 그렇게 되면 종이를 만들 수 없다. 그 중간에는 나무꾼과 제지공장이 필요하다.)[26]

함석헌이 전문적인 화엄교리를 알고 있었다는 증좌는 없다. 그가 '인생대학'(감옥)에서 읽었다는 불경 목록에 「화엄경」은 들어 있지 않다. 더구나 중국 화엄종에서 체계화한 법계연기론을 접했을 가능성은 희박하다. 다만 화엄에서도 중시하는 일(一)과 다(多)의 양면성을 그가 언급하고 있는데 이는 반드시 화엄 불교와만 연관된 것으로 해석될 수는 없다. (서양에서도 논의된 개념이다.) 그럼에도 함석헌이 연기론을 인과론을 통해서 잘 체득하고 있었다고 할 수 있다. 예를 들면,

"예수는 인도식으로 표현하면 아바타르 곧 화신(化身)입니다. 인과법칙에 얽매임 없이 불가사의의 능력에 의해 이 인과의 세계 속에 나온 것입니다."[27]

예수를 연기법을 벗어난 해탈자처럼 그리고 있는 것이다. 이 연기법을 함석헌은 예수와 가룟 유다의 관계를 해석하면서 결정적으로 깨우친 셈이다. 이는 그의 대각에 해당한다. 이 사실은 기독교 토착화의 한 전범이 될 것이다. 여기에 살을 붙이면 역시 그가 크게 이바지한 민중신

---

26) Thich Nhat Hanh, *The Heart of Understanding*, Berkeley, Cal.: Parallax Press, 1988, pp.83~104; Thich Nhat Hanh, *Being Peace*, Berkeley, Cal.: Parallax Press, 1987, pp.3~5.
27) 함석헌, 앞의 책, 『함석헌전집 8 「씨울에게 보내는 편지」』, 283쪽.

학 못지않게 세계 신학계에 큰 기여가 될 만하다. 이로서 세계종교의 동서축을 대표하는 불교와 기독교 사이의 대화에 주요한 연결고리를 제공한다. 지금 많은 서구지식인들과 신자들은 불교와 기독교를 아울러 그들의 정체성을 확대해가고 있는 추세다.

또 하나 놀라운 사실은 함석헌의 '나'의 해석이다. 일반적인 맥락은 제쳐두고, "나는 길이요 진리요 생명이다"라는 맥락에서 '나'는 예수를 가리킨다기보다는 우리 자신의 자아를 가리킨다. "'내가 길이요, 진리요, 생명입니다.' 예수가 길이요, 진리요, 생명이라 하면 알고도 모른 말입니다. 옳고도 잘못입니다. 예수가 아닙니다. '나'입니다."[28] 예수가 아니고 바로 자아, 즉 "내가 길이요 내가 참이요 내가 생명이란 말이다."[29] "내(自我)가 곧 (하늘)나라요, '나(自我)를 본 자가 아버지(민족, 세계, 하늘)를 본 것이다.'" "그 나는 '아브라함 있기 전부터 있는 나', 참 나, '천상천하유아독존(天上天下唯我獨尊)인 나다." 이러한 시각은 불교에서도 드물다.

여기서 그는 불교의 격언까지 새로 해석한다. '나'는 석가모니자신이 아니다. 주체적 자아다. 여기에 상대적 존재와 초월적 존재 사이의 유기론적 · 연기적 관계가 등식으로 기술된다. (이러한 해석은 불교인에게 던져진 화두다. 비슷한 해석은 한국불교에서 근현대에 와서 선례가 있었지만 불교 밖에서는 없었던 일이다.)[30]

---

28) 함석헌, 『함석헌전집 4 「죽을 때까지 이 걸음으로」』, 202쪽, 398쪽; 함석헌, 앞의 책, 『함석헌전집 2 「인간혁명의 철학」』, 207쪽.
29) 함석헌, 앞의 책, 『함석헌전집 12 「6천만 민족 앞에 부르짖는 말씀」』, 289쪽.
30) 근대불교에서 혜엄스님, 현대에 와서 대해스님(한마음선원) 등을 들 수 있다.

함석헌의 전체론적·연기론적 사유는 펜들 힐 체험(1970) 이전에 이미 움트고 있었다. 1963년에 쓴 글에서 이렇게 말한다. "옛날에는 반대자는 원수요, 원수는 곧 악이며, 악은 죽여 마땅한 것이었다. 이제는 그렇지 않다. 반대자도 나의 한 부분이요, 원수라도 반드시 악은 아니요, 악은 죽여서 없어지는 것이 아니다."[31] 다른 사람은 "또 다른 자아"임(칼릴 지브란)을 인식한다. "병신자식도 내 자식"이 된다.

또한 『뜻으로 본 한국역사』 「제4판 서문」(1965)에서 이렇게 선언했다. "내게는 이제 믿는 자만이 뽑혀 의롭다 함을 얻어 천국 혹은 극락세계에 가서 한편 캄캄한 지옥 속에서 영원한 고통을 받는, 보다 많은 중생을 굽어보면서 즐거워하는 그런 따위 종교에 흥미를 가지지 못한다. 나는 적어도 예수나 석가의 종교는 그런 것은 아니라고 생각한다." 또 "혼자서 안락하기보다는 다 같이 고난을 받는 것이 좋다. 천국이 만일 있다면 다 같이 가는 게 아니겠나?"[32]

개인영혼이나 개인구원 같은 것은 더 이상 성립할 수 없다.[33] 그것은 전체구원 속에서만 가능하다. 그보다 더 일찍이(1959) 그는 이렇게 말했다. "나는 개인 아니다. 나는 아버지(全體)와 같이 있는 나지, 개인이 아니다."[34] '전체의 말씀'이 '하나님의 뜻'이다.[35] '성스러운'(holy)에도 어원적으로 '전체'(whole)의 뜻이 담겨 있다.[36]

31) 함석헌, 『함석헌전집 11 「두려워 말고 외치라」』, 367쪽.
32) 함석헌, 『함석헌전집 1 「뜻으로 본 한국역사」』, 18쪽.
33) 함석헌, 앞의 책, 『끝나지 않은 강연』, 145~146쪽.
34) 함석헌, 앞의 책, 『함석헌전집 2 「인간혁명의 철학」』, 159쪽.
35) 같은 책, 53쪽.
36) 같은 책, 344쪽.

이렇듯 펜들 힐에서 그의 나이 70세에 일어난 사건은 오랜 명상과정의 결실로 봐야 한다. 그가 신비주의자처럼 비밀스런 코드를 풀어냈다든지 신비체험을 한 것이 아니다. 신비주의와 공유하는 점이 있다 하더라도 신비주의는 아니다.[37] 기독교 하나님의 계시는 초자연적인 현상으로 들리는 것이 아니고 역사적으로 나타난다.[38] '예수의 종교'는 '신비의 종교'가 아니다.[39] 감옥에서 그는 신비체험을 할 수 있는 상태에까지 이르렀지만 두려워서 더 이상 빠지기를 거부했다고 기술했다. 우리에게는 오히려 다행스런 일이었다. (만약 그가 그때 언어도단言語道斷의 경지에 진입하여 신비주의에 빠지기 시작했다면 오늘 우리가 그에게서 받은 귀중한 사상을 만나지 못했을지도 모른다.) 인도에서 간디의 행동주의와 오로빈도(Aurobindo)의 신비주의가 대조되는데, 함석헌은 간디에 가깝다.

이와 같이 함석헌이 이름 붙이지는 않았지만 그의 사상체계의 기초가 되는 전체론이 세계철학사나 종교사에서 유례를 찾을 수 있는가. 아마 개인주의가 견고하게 뿌리박은 사회에서 전체론은 주목을 받을 수 없었을 법하다. 근래에 와서 생태학적 방안이 모색되는 과정에서 인간중심주의를 벗어나자는 주장의 근거로 제시될 만한 틀이다.

---

37) 이 점에서 오강남 교수의 입장과 다소 차이가 있다. 오강남, 「함석헌사상의 비교사상사적 의의」, 『씨올의 소리』, 제197호, 2007년 7/8월호 참조. 그러나 어떻든 함석헌의 사유 내용이 신비주의적 특성을 지니고 있다는 점에는 이의가 없다. (함석헌이 추구하는) 종교적 진리는 통상 신비주의적인 속성을 지니고 있기 때문이다.

38) 함석헌, 앞의 책, 『함석헌전집 3 「한국기독교는 무엇을 하려는가」』, 109쪽.

39) 같은 책, 119쪽.

주요한 철학사 기술에서는 빠지지만, 사상사를 자세히 뒤져보면 전체론의 발안자를 찾아낼 수 있다. 전체론('holism')을 최초로 제안한 사상가는 스머츠(J.C. Smuts, 1870~1950)라는 남아공화국 정치가(장군) 겸 철학자다. 그는 『전체론과 진화』(*Holism and Evolution*, 1926)를 저술했다. 그의 견해를 '전체론 철학'이라 이름하고 그는 우주 속에서 작동하는 두 가지 요인이나 경향을 구분한다. 진화의 가장 아래 단계에서는 '기계적 요인'이 지배적으로 작동하고 가장 위 단계에서는 '전체론적 요인'이 지배한다고 주장한다. 함석헌이 설정한 전체론적 의식이 지배하는 진화단계와 부합한다. (우리는 이 단계에 진입해야 한다.)

기계적인 단계에서는 전체를 구성하는 덩어리들이 특질을 상실하지 않고 더 나뉠 수 있지만 전체론적 요인은 질적 상실이 없이 더 나뉠 수 없는 "전체들"(wholes)을 창조한다. 스머츠는 또한 진화가 일련의 창조적인 비약을 통해 물리적인 수준에서 생물학적 수준으로, 그리고 영(정신)적 수준으로 진행한다고 본다.[40] 창조적인 비약은 함석헌도 언급 또는 암시하고 있는 부분이다.[41] 여기서 함석헌이 알지 못했던 사상과 우연한 일치를 본다. 그만큼 그의 사유가 보편적인 타당성을 지닌다.

함석헌은 그러나 전체론적인 사고는 누구보다 샤르댕에게서 영향을 받았다고 밝혔다. 그의 주저 『인간현상』에서 샤르댕은 진화론을 인간과 의식의 발전에 적용하면서, (그 용어는 아직 직접 사용하지는 않지만) 전체주의적인 시각을 보여준다. 인류가 인간화(정신화, 靈化)되는 과정

---

40) Reese, W.L., *Dictionary of Philosophy and Religion*, New Jersey: Humanities Press, 1980, p.533.
41) 함석헌, 앞의 책, 『끝나지 않은 강연』, 236쪽.

에서, 다른 생물처럼, 전체-발생(hologenesis)하는 유형을 나타낸다.[42] 전체 집단이나 종(種)의 인간화에 의해서 인격화에 도달한다.[43] 인간은 전체(the whole)의 형태로 상승·진화한다. 진화는 의식의 상승이다.[44]

그 과정에서 어떤 요소도 다른 요소들과 함께 하지 않고 고립해서 움직이고 성장할 수 없다. 자기중심적인 이기적인 사고는 자연을 거스린다. 지구의 모든 사고하는(thinking) 요소들의 대-종합(mega-synthesis)을 통해서 진화의 축을 따라서 앞으로 도약하게 된다.[45]

모든 사고가 합류하여 사고-층을 형성하고 지구 위에 정신권(noosphere)을 구축하게 된다. 아무도 배제되지 않고 모든 사람이 함께(all together) 앞으로 나아간다.[46] 모든 타자와의 연합을 빼고는 미래 진화는 없다.[47] 하지만 샤르댕의 저술 속에서 나치를 가리키는 '근대 전체주의'[48]를 제외하고는 '전체주의'는 아직 등장하지 않은 만큼, 그리고 용어의 창안자 스머츠는 알지 못하고 있었으므로, 함석헌의 전체주의는 독창적인 측면을 가지면서 보편성을 지니고 있음이 드러난 셈이다.[49]

---

42) Chardin, Teilhard de., *The Phenomenon of Man*, New York: Harper & Row, 1961, p.187.

43) 같은 책, p.174.

44) 같은 책, p.243.

45) 같은 책, p.144.

46) 같은 책, p.244.

47) 같은 책, p.246.

48) 같은 책, p.257.

49) 최근에 전체론을 제기한 사상가로 켄 윌버가 있다. 그를 포함한 세 인물에 대한 더 자세한 분석은 필자의 논문 「두 번째 차축시대의 도래와 씨올 함석헌의 종교

전체론적 시각에서 함석헌이 그리는 이상사회는 어떤 모습일까. 물질보다 정신적 가치를 우선시하는 그로서, 공산주의는 물론, 물질적 가치 위주의 현행 자본주의는 모델이 아니다. 다수의 이름으로 소수가 희생되는 전체는 결집력이 약하다. 현실적으로, 그가 강조하듯 중산층이라도 두터워야 그나마 견딜 수 있다. 양극화 사회는 분열적이다. 단순한 우중(愚衆)의 집합이 아닌 깨어난 씨ㅇ들이 지배하고 소수도 배제되지 않은 진정한 민주주의, 더 나아가서 전체주의적이며 동시에 자연주의적인 공동체를 꿈꾼다.

이와 같이 전체가 비중과 중요성에서 개체보다 앞서기 때문에 말하자면 옛 질서(先天)가 거꾸로 바뀌는 새 질서가 세워진다. 유가경전『대학』의 제8조목 "수신제가치국평천하"(修身齊家治國平天下)의 순서가 뒤바뀌어 '평천하'가 앞선다.[50] 바로 지금 개인과 나라보다 지구온난화 등 세계 전체의 문제와 위기, '지구촌'을 말하고 있는 것이 그의 통찰의 타당성을 증명한다. 그는 이 질서의 재편이 인류가 양차대전을 겪고 나서 결정적으로 일어날 것을 역사가로서 간파했다.

민족은 전체인가

그런데 이 '나'가 개체적인 나일 뿐인가. 깨침은 이기적인 나(自己)를 깨는 것이다. '자아'는 마치 인도종교에서 말하는 자아(atman)처럼 개

사상—새 차축시대의 열쇠: '전체'와 전체주의」, 씨알재단 주최 "재단법인 씨알 창립5주년 기념 학술대화마당"(2012.10.5) 발표논문집, 75~110쪽 참조.
50) 함석헌, 앞의 책,『함석헌전집 11 「두려워 말고 외치라」』, 97쪽.

체 속에 가둘 수 없다. 절대를 상징하는 개념인 브라만(Brahman, 梵)과 하나가 되는 자아다. 범아일여(梵我一如)의 맥락에서 재해석되는 확대된 자아다. 함석헌에게 이 자아는 점점 확대되어 '전체'와 만나고 전체로 수렴된다. 인류역사는 '나'(자아)의 확대 과정이다. 자기에서 가족으로 가족에서 부족, 민족으로 확대된다. 그것은 '전체'의 확대과정이다. 지금은 민족에 머물러 있다. 이것이 세계로, 우주로 확대되어야 한다. 서양인들이 주장해온 개인주의 시대에서 전체주의로 이행하는 단계에 와 있다. 나아가서 생각의 주체도 깨달음의 주체도 개인이 아닌 전체여야 한다.

여기서 민족주의 문제가 제기될 수 있다. 민족은 '전체'를 대표하는 것인가. 함석헌은 '나'와 민족을 부분과 전체의 관계로 분석한다. "사람은 개인으로 살지만 또 민족으로 살아간다. 민족으로 삶이 있기 때문에 개인의 삶이 있을 수 있다. 이날까지 몇천 년 민족으로 살아온 전체가 없다면 '나'란 것은 있을 수 없다."[51] 그는 민족도 '하나의 살아 있는 인격' '인격적 존재'로 친다(근래 '국격'國格을 말하는 사람들이 많은데, 이미〔1970〕함석헌이 말한 것이다. 그렇더라도 그들은 함석헌처럼 전체론 차원에까지는 다다르지는 못했다.).

민족을 강조하는 함석헌이 완고한 민족주의자처럼 보일 수 있지만 그의 입장은 단순한 민족주의를 넘어서 있다. 더구나 닫힌 또는 국수주의적인 민족(지상)주의자는 아니며 스스로 '세계주의자'임을 고백한다, 세계연방을 주장한 역사가 웰스(H.G. Wells)의 영향을 받기도 했지

---

51) 함석헌, 『함석헌전집 9 「역사와 민족」』, 298쪽.

만 사회진화론자인 함석헌은 민족이나 민족주의에 집착하지 않는다. 다만 민족주의 시대에는 민족이 제 기능을 다해야 한다는 입장에서 민족의 실체를 인정한다. 우리에게는 세계사적 사명이 주어져 있다.[52] 그는 세계평화의 주체가 다름 아닌 '수난의 여왕'이 민족일 것이라고 내다보았다. "물질문명에선 학대만 받은" 이 민족 안에서 "새 인간의 씨가 나올 것"이다.[53]

개체는 세포보다 한층 더 높은 생명이지만, 민족은 개인보다는 한층 더 높은 생명이다. 개인의 참 삶은 "민족 전체가 보다 높은 자아의식에 이르러서만 될 수 있다." 더 높은 전체의식이 생겨나야 한다. 그러나 그는 여기에 멈추지 않는다. "민족이 전체라 했지만 민족도 궁극의 전체는 아니다"라고 확인한다. 민족은 전체를 가장한 집단이요 국가주의와 민족주의 밑에서 우상화되어 있다. 민족의 밑바닥에는 민족의 총합보다 큰 인류 전체가 있다. 그러나 인류도 마지막 전체가 아니고 그 밑에는 우주라는 더 크고 신비스런 전체가 있다.

"나라는 세계 안에서만 서 갈 수 있다. 살리는 것은 전체다. 부분이 모여 전체를 만드는 것이 아니라 전체가 있어서 부분을 살린다. 국가, 국민, 민족 할 때 사람들은 나라에서 전체를 보았다. 그러나 이제는 전체는 보다 더 큰 모습으로 나타나게 되었다. 그것이 세계, 그보다도, 우주. 이제 우주시대다."[54]

---

52) 함석헌, 앞의 책, 『함석헌전집 2 「인간혁명의 철학」』, 301쪽.
53) 함석헌, 앞의 책, 『함석헌전집 14 「생각하는 백성이라야 산다」』, 22~23쪽.
54) 함석헌, 앞의 책, 『함석헌전집 3 「한국기독교는 무엇을 하려는가」』, 253쪽.

이렇듯 인간의 의식 속에서 전체의 지평은 민족을 넘어 세계로, 세계를 넘어 우주로 계속 확장된다. 여기에 인간만이 아닌 환경 전체를 생각하는 생태학의 근거가 들어 있다. 전체의식의 면에서 "우리의 (의식이) 자람에 따라 더 크게 (전체 속에 담지되어 있는) 하나님을 체험"하게 된다.

"이 자라는 전체라는 역리적인 생각이 우리 인간의 자각운동에 있어서 매우 중요한 것"이다. 이 자각은 점진적인 인식 과정이지만 때로는 비약을 수반한다. 깨달음의 양면성이 내포된다. 이러한 상승과정의 맥락에서 볼 때, "이제 민족 지상(至上)이니 민족 신성이니 하는 신화는 다시 있을 수 없는 것이 알려졌다."[55] 현실적으로 우리는 아직 민족국가 시대에 머물러 있다. 발 빠른 이행이 요구되는 것이다.

민족주의와 더불어 극복해야 할 것은 국가주의다. 역사가의 눈으로 보아서 국가라는 이름 밑에 저지른 폭력과 죄악은 엄청나다. 인류가 그 고통을 더 이상 감당할 수 없다. 국가주의는 민족국가 시대의 유산으로 인류가 벗어버려야 할 뱀껍질 같은 것이다. 문제는 세계가 아직도 민족국가 시대에서 벗어나지 못하고 있다. 민족주의도 국가주의이며 이를 넘어서서 보편적인 세계주의와 전체주의로 나아가야 한다.

이러한 맥락에서 함석헌의 선지자적 통찰과 예지가 나타난 사례가 '국민학교' 개명이다. 그 운동의 단초를 제공한 것은 함석헌이었다. 그는 일찍이(1966) 문제를 제기했다.

---

55) 함석헌, 앞의 책, 『함석헌전집 9 「역사와 민족」』, 299쪽.

"오늘날은 이미 인류가 국가지상, 민족지상의 생각 곧 내셔널리즘을 벗어버리려 애쓰는 시대요, 교육의 목적은 결코 국민을 길러내는 데만 국한할 수 없어졌다. 세계가 하나에로, 인류가 하나에로 지향을 하고 있는 이때 시대착오작인 그런 이름(즉 '국민학교')은 어서 고치는 날이 와야 할 것이다."[56]

이후에도 이 소견은 글과 강연에서 언급되고 그 뜻이 이오덕 등을 통해서 정부와 교육계로 전달되어 초등학교로 개명되는 결과를 가져오게 되었다. 그 배후에는 단순히 일제의 유산 때문만이 아닌 함석헌에 의해서 정립된 철학적 근거가 있었던 것이다.

그래서 발상의 전환이 필요하다. "지금까지의 생각하는 주체는 개인이었지만, 앞으로 인류 살림의 생각하는 주체는 커뮤니티(공동체)다, 그런 역사의 진화단계가 지금이다."[57] 그가 왜 '같이 살기 운동'을 제창했는지 이해할 수 있다. 이제 더 이상 생각하는 주체가 개인이 아니고 우주까지 확대된 전체다. 이것은 그가 크게 영향을 받은 샤르댕의 사고와 일치한다.) "내가 생각함으로써 우주를 발견한 것이 아니라 생각하는 우주가 나를 낳은 것이다."[58] 샤르댕은 '생각'을 하나의 개체처럼 인정했다.

56) 함석헌, 앞의 책, 『함석헌전집 3 「한국기독교는 무엇을 하려는가」』, 253쪽.
57) 함석헌, 앞의 책, 『함석헌전집 9 「역사와 민족」』, 390쪽.
58) 함석헌, 앞의 책, 『함석헌전집 3 「한국기독교는 무엇을 하려는가」』, 255쪽.

맺는 말─실천의 과제

함석헌에게 틀바꿈은 인류의 진화단계를 인식하고 앞으로 한 발 내딛는 도약이나 위로 날아오르는 비약을 의미한다. 그것은 과거를 초극하는 것, 벗어나야 할 단계의 집착에서 깨치고 나오는 깨침이다. 현재 상태에 정체되거나 퇴행, 반동에 대해서는 맞서서 버티며 저항해야 한다. 함석헌의 저항정신은 일생을 일관하여 표출되었다.

틀바꿈은 개인과 사회의 탈바꿈으로 그리고 구체적으로 틀바꿈, 즉 의식의 전환으로 나타나야 한다. 탈바꿈은 개인에게는 깨달음으로 나타나고 전체로서는 개혁과 혁명으로 표현된다. '파사현정'의 틀로 말하자면, 탈바꿈이 그릇된 것의 깨침(破邪)이라면 틀바꿈은 올바른 것의 드러냄(顯正)이다. 틀바꿈은 비폭력평화사상, 민중사상, 초국가주의, 세계주의 등 여러 가지 원리로 표상되지만, 여기서는 전체주의를 가장 포괄적이며 핵심적인 대표사상으로 삼고 집중분석했다.

여기에 실천의 문제가 대두될 수 있다. 전체주의는 전체가 주체가 되는 집단적 행동을 요청한다고 생각될 것이다. 그렇다면 개인으로서 할 일이 무엇인가. 다른 시각에서 보면, 질서의 대전환이란 큰 테두리에서는 신의 섭리, 하나님의 뜻에 속한다. 언제라도 '도둑같이' 올 수 있다. 개인은 이에 대한 믿음만을 가질 수 있을 뿐이다. 그렇다고 개인의 인간적 노력이 배제되는 것은 아니다. 변화의 흐름에 합류, 참여하기 위해서 역사와 사회를 깊이 '생각'하면서 의식과 인격의 변화에 힘써야 한다. 이기심과 사사로운 욕심을 버리고 공익정신에 투철해야 한다. 내 안에서 그 단초를 찾아내야 한다. 국토분단의 근원은 우리 인격의 자기분열

에 있다.[59]

양심의 불씨와 신성(불성)을 살려내야 한다. 이것이 '씨올'이다. 선가(禪家)에서 말하는 '직지인심견성성불'(直指人心見性成佛)을 그가 자주 언급한 것은 깨침의 대상인 불성이 바로 씨올이기 때문이다. 씨올을 찾아내서 기르고 꽃피워야 한다. 그에게 비판과 저항만 있지 실천방법론이 없다고 말할 수 없다. 파사(破邪)와 현정(顯正)의 두 실천요소가 다 제시되고 있다.

그러면 그릇되고 뒤처진 현실을 바로잡기 위하여 구체적인 행동방식은 어떤 것이어야 하는가. 집단적인 혁명인가, 제도의 개혁인가. 정치적 혁명은 대개 폭력운동이고 계급적이기 기 때문에 참 혁명이 아니고 결국 실패하게 마련이다. 그래서 그는 역사상 모든 혁명은 실패했다고 판정한다. 그리고 진정한 혁명의 길을 제시한다.

"그러면 남은 길은 하나밖에 없다. 내가 하는 것이다. 죄악적인 제도는 누가 깨치느냐, 내가 해야 한다. 혁명은 누가 하느냐. 내가 해야 한다. 나 아니고는 절대 될 수 없다…… 나지 나밖에 사람은 없다…… 내가 아는 건 나요, 내가 맘대로 할 수 있는 건 나요, 내가 죽어도 좋은 건 나다. 나뿐이다. 그러면 이것밖에 길이 없지 않나?"[60]

그렇다면 주체가 개인보다 전체에 있다는 주장은 어디 갔나? 함석헌

59) 함석헌, 앞의 책, 『함석헌전집 2 「인간혁명의 철학」』, 384쪽.
60) 같은 책, 159쪽.

은 그 의문을 예상한 듯 이렇게 대답한다.

나는 개인 아니다. 나는 아버지 전체(全體)와 같이 있는 나지, 개인
이 아니다. 개인이란 것은 거짓인 것이다…… 참 삶에 개인은 없다.
내가 살려고 짐을 다른 사람에게 떠넘기는 것이 개인주의지, 전체를
섬기려고 짐을 내 등에 지는 것은…… 나를 제단 위에 불사르는 것은
개인주의가 아니다. 이날까지 역사는 개인 아닌 개인이 자기희생의
피에서만 수혈을 얻어 멸망을 피해왔다. 모든 참 생명적인 혁명은 따
져 들어가면 다 어느 가슴에서 나왔다.[61]

언뜻 모순되게 들리는 그의 주장은 복합적인 방정식으로 풀린다. 함
석헌의 삶과 사상은 다양한 틀바꿈 주제들로 점철되어 있다. 혁명, 개
혁, 변화, 갈아엎기 등이 그 예다.[62] 이러한 탈바꿈과 함께 틀바꿈은 또
한 인류 진화에 필요한 전체 틀의 바꿈, 즉 패러다임 전환을 의미한다.
이는 민중사상, 비폭력, 민족주의와 국가주의의 극복, 정신(영성)주의,
상생주의, 전체주의 같은 원리 등으로 나타난다. (근대 한국종교에서
말하는 후천개벽 시대에 요구되는 가치와 이상들이 내포되어 있다.) 그
것이 실현되면 '우로 돌아 앞으로 가' 하듯이 앞선 자가 뒤서고 뒷선 자
가 앞서는 (적어도 다시 함께 같은 출발선상에 서는) 위치로 뒤바뀐다.
패러다임 전환과 가치관의 변화 또는 '원시반본'이 일어난다. 씨올이

61) 같은 책, 159~160쪽.
62) 조형균, 『씨올의 오솔길』, 342쪽. "20권의 전집을 다 통틀어도 결국 말씀하신
    한 마디는…… 혁명해야 한다는 것."

움트고 자라나서 씨올이 주인이 되는 씨올 세상이 될 때 실현되는 그림이다.

함석헌의 언어는, 많은 이들이 느끼고 증언하듯이, 읽는 이에게 특별한 호소력을 갖는다. 내적으로는 깊은 사색, 외적으로는 문어와 구어의 일치를 이루는 문체가 감응 효과를 가져온다고 분석된다. (소설가 박경리도 말했듯이) 언어는 진리에 이르게 하지는 못하지만 그 앞에까지는 데려다줄 수 있는 도구다. 함석헌의 언어는 종교언어로서 (특히 같은 시대와 문화를 공유한 우리들에게) 개인과 사회의 근본적인 틀바꿈으로 이끄는 효과적인 도구가 될지도 모른다.

종교언어의 효과는 선불교에서 가장 극명하게 나타났다. 창시자 석가모니의 가르침의 출발점이 된 깨달음의 돌발성을 '돈오'(頓悟: 몰록 깨침)의 이름으로 문자의 늪에서 다시 건져 올린 선종 제6조 혜능에게 일차 깨침을 격발시킨 것은 『금강경』 구절이었고 한국의 선종을 궤도에 올려놓은 보조국사 지눌도 중국선사의 어록과 경전을 통해서 누차 깨달음이 완성된다.[63] 함석헌도 평생을 통해서 누차 정신적 도약을 겪었고 그 체험이 굵직굵직한 사상주제로 등장하게 되었을 것이다. 그 언어를 따라가면 그만큼 조금 더 가까이 실체에 접근할 수 있을지도 모른다. 그의 말은 지침, 즉 법등(法燈)이 될 수 있다. 그러나 결국 자각 즉 스스로 밝힘(自燈明)이 일어나야 깨달음의 결실이 맺어질 것은 자명하다. 듣거나 읽고 순간적인 감동으로 이어질 수 있지만 자각과 사회적 실

---

63) 1차의 대각을 가진 석가와 달리 혜능과 지눌, 그리고 서산대사의 경우처럼 조사들은 평균 3차의 돈오 체험을 갖는 것으로 기록에 나타난다.

천이 뒤따르지 않으면 완전한 탈바꿈은 불가능하다.[64]

시대를 한 발 앞서간 선각자 함석헌이 후대의 몫으로 남겨놓은 의제와 과제들은 인류가 다음 단계로 이행하기 위해서 넘어야 할 언덕들이다. 진리를 탐구하는 도정에서 함석헌이 '하나님 발길에 채였다'고 한다면 우리는 함석헌의 발길에 채인 자들이다. 땅에서 넘어진 자가 땅을 딛고 일어나야 하듯이, 채인 자는 '찬 자'를 딛고 일어나서 앞으로 나아가야 한다. 이것이 실천의 길이다. 이 시대 사람에게는 함석헌이 도달한 의식을 뛰어넘는 더 큰 깨침의 과제가 주어져 있다. 그동안에 더욱 발달한 물질 때문에 인간 정신이 그만큼 더 퇴행했기 때문이다. 그는 우리에게 딛고 나아갈 충분한 틀거리를 제공했다. 실천이냐 아니면 반론이냐, 하나를 선택하도록 우리에게 도전하고 있다.

참고서적

김영호, 「평화, 화해, 통일의 원리를 찾아서—틱낫한과 원효의 불교사상」, 인하대 인문과학연구소, 『인문연구』 33/34 (2003.12).

조형균, 『씨올의 오솔길 (상)』, 그물코, 2008.

함석헌, 『끝나지 않은 강연』, 삼인, 2001.

함석헌, 『함석헌전집 1~20』, 한길사, 1983~88.

Armstrong, Karen, *The Great Transformation*, New York: Anchor Books, 2007.

───

64) 여기에 내포된 일련의 인식-변화 과정이 다음 글에 우연히 암시되어 있다. "함 선생님의 말씀은 그때가 지나가면 낡아버리거나 한번 읽고 버릴 말씀이 결코 아니다. 선생님의 말씀을 집중하여 한 편의 말씀만이라도 정독을 한다면, 반드시 큰 감동을 받을 것이며, 어떤 변화가 반드시 일어날 것이라고 우리는 믿는다." 함석헌, 앞의 책, 『끝나지 않은 강연』, 6쪽(이문영의 「서문」).

Hall, D.L. & Ames, R.T., *Thinking Through Confucius*, Albany, N.Y.: State University of New York Press, 1987.

Chardin, Teilhard de., *The Phenomenon of Man*, New York: Harper & Row, 1961.

Reese, W.L., *Dictionary of Philosophy and Religion*. New Jersey: Humanities Press, 1980.

Thich Nhat Hanh, 1987, *Being Peace*, Berkeley, Cal.: Parallax Press. 1987, 1996.

_____, 1988, *The Heart of Understanding*, Berkeley, Cal.: Parallax Press.

마르크스와 함석헌의 의식 변혁과 행동철학

김대식 대구가톨릭대 대학원 종교학과 강사

마르크스와 함석헌의 낯선 만남

오늘날 세계의 정치경제 상황과 우리나라의 사회 분위기에서 마르크스(1818~83)의 사상이 새롭게 조명을 받고 있다는 사실은 매우 고무적인 일이다. 그만큼 우리 사회를 비롯하여 세계의 현실이 암울하다는 것이고, 그에 대한 반성적 사고가 일어나고 있다는 반증이기도 하다. 함석헌의 경우, 비록 한국사회의 담론이 단순한 자기 계발서와 심리적인 안정감을 주는 글귀에 시선이 고정되어 있다고는 하나 진지하고 무게 있는 사유를 하고자 하는 이들에게 여전히 매력적인 사상가임이 틀림없다.

그들의 글에서 나타나는 공통점은 개념이나 이론을 통해서 상대를 설득하려고 한다기보다 현실적·실제적인 언어를 사용하면서 독자로 하여금 어떤 행동을 하도록 추동시키는 힘을 가지고 있다는 점이다. 그뿐만 아니라 그들은 인간의 의식을 변혁하는 문제뿐만 아니라 행동하고 운동을 촉구하는 호소력과 감성, 그리고 치밀한 논리를 갖고 있음을 알 수가 있다.

그렇다면 지금 이 두 사람을 말한다는 것은 어떤 의미가 있는 것일까? 두 인물은 한 시대에서 사상과 행위를 통해서 충분히 검증되었고, 그것이 긍정이든 부정이든 역사에 큰 족적을 남긴 것은 분명하다. 그에 따라서 대중들에 의한 이 둘에 대한 평가는 한국사회에서 첨예하게 엇갈린다. 그런 면에서도 두 사람이 가진 유사점이라면 유사점일 것이다. 그 이유는 두 사람의 철학과 사상이 단지 언어나 사변에 있지 않고 변혁과 행동에 있기 때문이라고 본다. 언어는 사람들을 쉽게 지치게 만들고 사변은 한갓 비현실적인 언어유희로 받아들여질 수 있다.

이런 의미에서 사람들에게 필요한 것은 끊임없는 변화와 변혁, 그리고 그것을 위한 행동에 있다. 변화나 변혁을 바라는 사람들의 마음은 조급하기 때문에 정적인(static) 것에 매여 있지 못한다. 동일한 선상에서 깊이 숙고하는 훈련이 안 되어 있기 때문에 무르익은 사유에서 나온 행동 또한 존재하지 않는다. 단발에 그칠 수밖에 없다. 그래서 말로써 대중에게 감동을 주고 그 감동을 자신의 감성적 이성을 통해서 직접적인 행동으로 옮기게 하는 것은 그리 많지 않다.

그러나 마르크스와 함석헌은 다르다. 그들은 이제 학의 박물관에서 박제가 되어 더 이상 거론의 대상이 되지 않는 인물이 아니라, 사회적 현상을 본질적으로 깊이 들여다보고 종합적으로 보게 만드는 통찰력을 제공해준다고 하겠다.

이에 필자는 마르크스의 철학과 사상을 다루면서 인간의 의식과 세계 변혁에 관한 그의 논리를 살펴보고, 함석헌에게서 나타난 철학의 주체 또는 변혁의 주체를 논하고자 한다. 그러고 나서 오늘날 이 세계와 사회가 진정으로 필요로 하는 철학의 방향이 무엇인지를 알아볼 것이다.

철학은 의식의 변화이자 사회 변혁이다!

일반적으로 마르크스는 자본주의 사회의 화폐와 물신성에 따른 인간의 소외를 비판한 철학자로 잘 알려져 있다. 그는 자본주의 사회의 경쟁과 명령, 노동 시장의 냉혹함과 분업에서 요구되는 역할, 그로 인한 사회적 소외의 단면들을 고발했다. 인간은 바로 그러한 사회 속에서 자신의 자유를 박탈당하면서 물화된 관계로 살아가게 된다는 것이다.[1] 따라서 인간은 자신의 위치를 인식하고 해방해야 할 텐데, 이를 위해 철학은 인간 스스로 역사적 역할과 함께 세계 변혁적·자기 변혁적 휴머니즘을 추구하게 된다.[2]

에리히 프롬(E. Fromm)은 이러한 인간다운 삶의 가능성을 위해서 경제적·사회적 변화들이 필연적으로 요구된다고 보고 다음과 같이 말한다. "부르주아적 생활에서 발생하는 유물론과 싸우는 것 그리고 인간, 즉 창조적이고 '능동적인' 인간이 최고선이며, 풍요로운 인간이라는 개념은 많이 가진 자가 아니라 바람직한 삶을 영위하는 자로 변하는 사회를 창조하는 것이 마르크스의 목표"[3]였다.

---

1) 스티븐 룩스, 황경식·강대진 옮김,『마르크스주의와 도덕』, 서광사, 1995, 132~133쪽.
2) 게오르그 리히트하임, 김대웅·정현철 옮김,『마르크스에서 헤겔로』, 문학과지성사, 1987, 185쪽.
3) 아담 샤프, 김영숙 옮김,『마르크스주의와 개인』, 중원문화, 1988, 6쪽(에리히 프롬의「서문」).

마르크스는 인간이 자신의 노동을 통해서 자기 자신과 노동자를 하나의 상품으로 생산해내는 현실, 그리고 인간 자신의 생활이 인간에게 대상으로 존재하는 현실에 대해서, 나아가 인간의 인간에 의한 착취와 그 현실에 대해 항거하고 저항하기 위한 인간을 상정한다. 그 인간은 사회적 인간이자 자연의 일부인 인간으로서 의식적으로 자신의 삶을 변혁시키려고 한다. 인간은 활동하면서 창조하고 의식적으로 행동하는 존재이자 역사의 창조자다.[4]

마르크스는 「포이에르바하에 관한 테제」 제2테제에서 "인간의 사유가 대상적 진리를 포착할 수 있는지 여부의 문제는 결코 이론적인 문제가 아니라 실천적인 문제다. 인간은 실천을 통해 진리, 즉 그의 사유의 현실성과 위력 및 현세성(Diesseitigkeit)을 증명하지 않으면 안 된다. 사유의 현실성 혹은 비현실성에 대한—이 사유가 실천으로부터 유리되어 있다면—논쟁은 순전히 공리공론적인(scholastische) 문제에 불과하다"[5]고 말한다.

더불어 「포이에르바하에 관한 테제」 제11테제에서 매우 중요한 이야기를 하고 있다. **"철학자들은 세계를 단지 여러 가지로 해석해왔을 뿐이**

---

4) 같은 책, 59쪽, 83~168쪽; "자연은 노동의 생활수단을 제공한다. 이것은 노동이 그 대상들 없이는 생존할 수 없다는 것을 의미한다…… 인간이 자연을 생존의 근거로 삼는다는 것은 자연이 인간의 몸이며, 인간은 사멸하지 않기 위하여 항구적인 과정을 통해 이 몸과 더불어 존속할 수밖에 없다는 것을 뜻한다…… 인간은 자연의 일부분이기 때문이다." 카를 마르크스, 김태경 옮김, 『경제학-철학 수고』, 이론과실천, 1987, 56~61쪽.

5) 카를 마르크스 · 프리드리히 엥겔스, 김대웅 옮김, 두레, 1989, 『독일이데올로기 Ⅰ』, 38쪽.

지만, 중요한 것은 그것을 변혁시키는 일이다."[6] 이것은 "철학의 과제가 세계의 직관에 있지 않고 실천적인 변혁을 위한 세계의 연구에 있다고 할 때, 인간은 그러한 목적들을 실천적으로 도달하려는 일정한 사회적 이상으로부터 이끌어내지 않으면 안 된다"[7]는 것과 맥을 같이한다. 마르크스주의 인식론의 출발은 단순히 사변에 있는 것이 아니라 바로 세계의 변혁에 있다는 것이다.

그러나 인식의 주체로서의 인간에 대한 관심이 없이 온전한 의미의 사회의 실천적 변혁은 불가능하다. 그래서 마르크스주의 세계관에서 인간과 인간의 이상, 즉 사회적 · 정치적 · 미학적 · 윤리적 이상을 논하지 않고는 성립할 수가 없다. 여기서 인간이란 사회적 구조 속에 있는 인간, 즉 '주어진 현실 속에서의 인간'[8]이라는 사실을 잊지 말아야 한다.

그렇다면 마르크스는 단지 인간에 대한 관심사와 사회 변혁을 위한 행동을 역설했다는 점이 분명한데, 그 이유는 무엇일까? 한마디로 말한다면, 비인간화에 대해 대항하는 인간과 혁명을 꿈꾸었다고 볼 수 있다. 다시 말해서 인간은 과연 살 만한 가치가 있는가라는 삶의 의미에 대해서 물었을 뿐만 아니라 인간의 행복에 대해서 고민했던 것이다. 물론 그가 말하는 행복은 개인의 행복일 뿐만 아니라 사회적 행복이기도 했다. 개인의 행복은 사회적 행복을 통해서 성취될 수 있다는 것이 그의 생각이었기 때문이다.

그러므로 어떤 의미에서 그는 사회주의적 휴머니즘을 주창했던 것이

6) 같은 책, 41쪽.
7) 코프닌, 김현근 옮김, 『마르크스주의 인식론』, 이성과현실사, 1988, 38쪽.
8) 김창호, 『마르크스의 역사적 유물론과 인간론』, 도서출판 죽산, 1991, 51쪽.

다. 그의 계급투쟁에 대한 웅변적 외침과 인간 억압에 대한 증오는 결국 인간의 인간성과 형제애에서 비롯된 인간에 대한 깊은 애정과 사랑에서 시작된 것이라고 봐야 할 것이다.[9] 물론 그가 말하고 있는 것은 인간의 메시아적 회복이 아니다. 다만 인간의 행복과 인간의 생존 자체를 위험에 빠뜨리고 있기 때문에 개인의 의식 변혁과 사회 변혁을 동시에 꾀하고 있는 것이다.[10]

문제는 의식과 행위 또는 이론과 실천 사이의 묘한 괴리가 철학 안에서 발생한다는 사실이다. 가라타니 고진(柄谷行人)은 그것을 '철학의 문제'가 아니라 '철학자의 문제'라고 꼬집는다. 요컨대 철학자는 진리라는 가치 속에 몸을 숨긴다는 것이다. 오히려 철학자에 의해 진리에 대한 의지는 달라진다. 그렇다면 '진리란 무엇인가' 또는 '무엇이 진리인가'라고 묻는 것은 의미가 없다. '누가 말하고 있는가', 철학의 생산자를 물어야 할 것이다.[11]

왜냐하면 철학적 폭력, 즉 이론과 실천 사이의 괴리를 발생시키는 것은, 그가 말한 것처럼 철학의 문제가 아니라 철학자의 문제이기 때문이다. 마르크스는 이러한 이론과 실천의 거리를 좁히고자 했다. 아니 오히려 실천과 변혁 속에서 철학을 발견하고자 했다. 알튀세르(L. Althusser, 1918~90)가 "그는[마르크스] 철학을 실천했다. 철학은 곧 실천이다.

---

9) 아담 샤프, 앞의 책, 193쪽, 262~271쪽.
10) 아이자즈 아마드, 「제3장 데리다를 화해시키기. '마르크스의 유령들'과 해체적인 정치」, 자크 데리다 외, 진태원 · 한형식 옮김, 『마르크스주의와 해체, 불가능한 만남』, 도서출판 길, 2009, 85~86쪽.
11) 가라타니 고진, 김경원 옮김, 『마르크스 그 가능성의 중심』, 이산, 1999, 86~87쪽.

이론이 아니다"라고 강력하게 말할 수 있었던 것은 그러한 배경에서 이해해야 한다.[12]

이렇듯 마르크스에게 철학의 이론과 실천의 거리를 좁히며 인간이 실천적 철학의 생산자가 된다는 것은 인간의 사회적 존재, 곧 인간의 활동, 의식적인 활동과 연관된다. 인간은 사회적 존재로서 자기창조의 활동적 존재다. 그는 현재 속에서 미래를 실현해가는 생성적 인간, 가능적 인간이다. 따라서 마르크스가 본 인간은 이론적 · 개념적 인간이 아니라 변혁적 인간이다.[13]

지금 이 시대는 이론이 부족한 시대가 아니라 실천과 행동이 결핍된 시대라고 해도 과언은 아니다. 지식과 정보는 숱하게 생산되지만 정작 그것이 사회 변혁의 힘으로 작용하고 있는가 하는 것은 의문의 여지가 있다. 어떤 의미에서는 이 시대는 진정한 철학이 결여되어 있고, 표층만 건드리는 얄팍한 일순간의 처세술과 같은 지식만 난무해서 그럴 수도 있다. 이러한 때에 마르크스가 말하는 인간의 창조적인 활동, 사회 변혁으로서의 철학은 그 무엇보다도 절실하게 요청되는 때라 할 수 있다. 그가 「헤겔법철학비판 서문」에서 밝히고 있듯이 인간의 정신은 바로 이 시대를 움직이게 하는 깊이 있는 철학에서만 발견할 수 있을 것이다.

"철학이 프롤레타리아트 속에서 그의 물질적 무기를 발견하듯이

---

12) 루이 알튀세르, 「철학의 전화」, 루이 알튀세르 외, 서관모 엮음, 『역사적 맑스주의』, 중원문화, 2010, 92쪽.
13) 가조 페트로빅, 박찬표 옮김, 「마르크스의 인간관」, 최장집 편, 『마르크스』, 고려대학교출판부, 1990, 49~52쪽.

프롤레타리아트는 철학 속에서 자신의 정신적 무기를 발견한다. 그리고 사상의 번개가 이 소박한 인민의 대지에 꽂히면 곧바로 독일 인민의 인간으로서의 해방은 완성될 것이다…… 독일인의 해방은 인간의 해방이다. 이 해방의 머리는 철학이고 그것의 심장은 프롤레타리아트다."[14)]

이로 인해 마르크스는 노동자의 의식 변혁과 단결을 촉구하는 선언을 하기에 이른 것이다.

"프롤레타리아들은 공산주의 혁명에서 족쇄 말고 잃을 것이 아무것도 없다. 그들에게는 얻어야 할 세계가 있다. 만국의 프롤레타리아여, 단결하라!"[15)]

씨올은 철학의 주체이자 사회 혁명의 가능성이다!

함석헌은 이론가를 넘어서 철학적 실천가요, 운동가라고 말할 수 있다. 그는 자신의 언어와 행위에 의한 철학적 생산을 통해서 씨올에게 철학적 사유와 철학적 행동이 배태할 수 있도록 힘을 북돋워주었다. 그야말로 그는 스스로가 사상의 넝마주이가 되어서 인간의 혁명과 사회적 혁명을 위해서 불살랐던 인물이다.

---

14) 카를 마르크스, 강유원 옮김, 『헤겔법철학비판』, 이론과실천, 2011, 29~30쪽.
15) 카를 마르크스 · 프리드리히 엥겔스, 강유원 옮김, 『공산당선언』, 이론과실천, 2008, 62~63쪽.

"내 말은 쓰레기통 뒤지는 넝마주이의 말이다."[16]

그는 이처럼 씨울을 위해서 철학과 사상을 집약하고 말과 행동으로 풀어 시대를 호령했다. 그러나 단지 그의 언어와 행위가 곧바로 운동으로 나온 것이 아니다. 씨울은 먼저 생각하고 사유하는 것이 익은 다음에야 행동으로 이어질 수 있는 법이기 때문이다.

"이 시대는 참 봄이 아니다. 겉 봄의 시대다. 오늘날 가장 인기가 있고, 가장 돈을 많이 버는 것은 쇼맨이요, 가장 많이 읽히는 것이 소설이요, 연극이요, 연극 중에서도 연극인 정치뉴스다…… 전쟁 후의 세계는 기술은 발달하고 대신 정신은 후퇴한 것같이 보이기 때문이다. 그렇지만 내 확신에는 변함없다…… **죽어서도 생각은 계속해야 한다. 뚫어봄은 생각하는 데서 나온다…… "생각하는 백성이라야 한다!"** ……생각을 한다. 생각을 하는 것이 사람이니, 무엇을 생각하는 것인가? 생각이 생각을 낳고 생각이 생각을 먹는다. 무엇이 있는 것 같아도 생각에 다 들키면 안개같이 풀어지고, 아무것도 없는 것 같다가도 생각의 칼을 대면 형상이 나온다."[17]

그렇다. 먼저 '생각'이다. '생'은 생생함, 살아 있음을 내포하는 것이요, '각'은 깨달음, 깨우침이다. 그래서 생각은 삶의 현실성을 냉철하게

---

16) 함석헌, 『함석헌전집 2 「인간혁명의 철학」』, 한길사, 1983, 14~15쪽.
17) 같은 책, 11~12쪽, 164쪽.

이성적으로 바라볼 뿐만 아니라 지금 여기서 하는 행동을 늘 새롭게 하는 원동력이다. 그런데 함석헌은 지금 그 생각이 문제라고 말하고 있는 것이다. 가벼운 생각, 그저 지나가는 생각, 생각을 안 하려는 생각, 생각을 멈추려는 생각, 생각을 왜곡하려는 생각 등은 이 시대에 소용이 없다. 오히려 생각은 멈추지 않고, 쉬지 않고 "죽어서도 계속해야 한다." 백성이 살길은 거기에 있으며 혁명은 거기서만 나온다. 혁명이 거저 되는 것 아니요, 생각이 무르익지 않은 데서 나오지 않기 때문이다.

인간이 생각하고 의식을 한다는 것은 생명의 활동이요, 창조적 활동이다. 그래서 함석헌은 생각하는 존재가 진화의 선두에 있다고 말하며 "생명 그 자체가 생각하는 생명"이라고 주장한다.[18] 생명은 진화하면서 현재에서 과거의 기억을 보존하고 미래로 향해 나아간다. 이성의 직관은 사물의 본질을 파악하고, 지성은 도구를 만들어 외부적 환경과 끊임없이 상호적응하면서 살아간다. 의식과 물질의 관계에서조차도 인간은 살아남기 위해서 생각이라는 진화의 생명적 활동을 멈출 수가 없는 것이다.[19]

그러면 왜 인간은 생각하는 생명으로 진화할 수밖에 없는 것일까? 함석헌은 그것이 씨올이 갖고 있는 세계-내-존재로서의 운명으로 말하고 있다.

"오늘의 세계는 뉘 세계인가? 씨올의 세계다. 씨올이 무슨 씨올인

18) 함석헌, 『함석헌전집 5 「서풍의 노래」』, 한길사, 1984, 37쪽.
19) 앙리 베르그송, 황수영 옮김, 『창조적 진화』, 아카넷, 2005, 311~312쪽.

가? 인류의 씨올이요 생명의 씨올이다. 오늘날 세계를 걱정하고 도리를 걱정할 사람은 씨올밖에는 없다. 그들은 세계가 자기네들 안에 있고 자기네가 세계 안에 있음을 몸으로 알기 때문에 스스로 세계의 시민, 우주의 씨올인 것을 잘 알고 있어, 누가 시키기 전에 세계의 운명을 걱정하고 문명의 귀추에 비상한 관심을 가지고 있다."[20]

그러므로 씨올의 사유와 행동은 개인의 지평 안에서만 머무르지 않는다. 나아가 씨올의 혁명은 곧 개인의 혁명이 아니라 사회적 혁명이어야만 한다. 씨올이 품고 있는 새로운 세계관, 새로운 우주관, 새로운 인생관, 새로운 역사관은 인간의 혁명을 가지고 오는 발원이 된다. 그래서 함석헌은 모든 혁명은 "마음의 혁명"이라고 했다. 말이 새로워지는 것, 새로운 정신을 가진 것, 종교 혁명, 인격의 혁명, 혼의 혁명은 결국 나라의 혁명으로까지 이어진다. 개인과 인류가 사는 길은 "나라가 혁명을 함으로 살아날 것이다."[21] 혁명의 주체로서 씨올의 정신은 정치의 정신화를 가지고 오며, 모든 향락주의·이기주의·안일주의를 타파하는 주체가 된다. 이것은 모든 씨올이 자유로운 정신활동을 할 수 있는 기반을 만들고자 함이다.

곧 이 땅의 평화는 모든 구속으로부터 자유로운 정신활동을 가능케 하는 삶이어야만 한다. 정치의 정신화, 문화의 정신화, 교육의 정신화, 종교의 정신화, 경제의 정신화 등 혁명은 모든 면에서 지혜로운 것으로

20) 함석헌, 『함석헌전집 9 「역사와 민족」』, 한길사, 1983, 283쪽.
21) 함석헌, 앞의 책, 『함석헌전집 5 「서풍의 노래」』, 242~247쪽.

정착된다. 그러나 혁명은 결단코 억지로 하지 말아야 한다.[22]

혁명은 생각과 사유, 의식이 열리며 그 정점에서 자연스럽게 일어나야 하는 것이다. 역사적으로 볼 때 우리의 혁명은 늘 그러한 익은 정신이 없이 무리하게 진행되거나 일어났던 것이 사실이다. 극히 일부 계층에 의한 의식의 깨어남으로, 또는 전체의 정신력(精神力)을 무시한 단순히 무력(武力) 혁명으로, 또는 다수의 지지를 얻었다고는 하나 역시 폭력적인 혁명으로 나타난 것은 혁명의 주체가 씨올, 또는 씨올의 정신에 있다고 하는 것을 망각했던 것이 아닌가 싶다. 혁명의 어려운 점이 바로 여기에 있다.

"혁명은 정치가 달라지는 것을 말하는 것입니다. 달라지되 어느한 부분만 아니라 전체를 온통 뜯어고치는 일입니다. 혁명이란 말은 본래 옛날에 한 나라가 망하고 새 왕조가 들어설 때 썼던 말인데, 그 '혁'(革) 자가 그 뜻을 나타냅니다. 혁은 익힌 가죽이라는 글자인데, 짐승의 날가죽 곧 피(皮)를 익혀서 털을 뽑으면 모양이 전연 달라져서 새것이 됩니다. 그래서 '혁'에는 '달라진다, 새로워진다'는 뜻이 붙게 됐습니다…… 혁명은 명(命)을 새롭게 한다는 말입니다. 명은 무엇인가? 천명(天命)입니다. 하늘 말씀입니다. 옛날에는 나라의 임금이 되는 것은 하늘 말씀을 받아서 된다고 믿었습니다…… 그가 하늘 말씀대로 하는 때까지는 임금일 수 있으나, 그 말씀대로 아니 하는 날에는 그 천명은 떠나서 다른 데로 가고, 그것을 새로 받는 사람이

<hr>

22) 같은 책, 246쪽; 함석헌, 앞의 책, 『함석헌전집 9 「역사와 민족」』, 294~302쪽.

임금이 되어 새 나라를 세우게 됩니다."[23]

"혁명은 누구를, 어느 일을 바로잡는 것 아니라, 명(命)을 바로잡는 일, 말씀 곧 정신, 역사를 짓는 전체 그것을 바로잡는 일이다······ 혁명은 죄와 싸우는 일이다······ 혁명은 다른 것 아니고 이 사회 제도를 근본적으로 전체로 고치는 일이다."[24]

이렇듯 혁명은 세계의 일부분이 아니라 전체를 뜯어고치는 일이기 때문에 지난한 일이다. 전체를 혁명한다는 것은 혁명의 주체가 달라지고 정신이 달라져야만 가능한 것이다. 함석헌이 말하고 있듯이, "그때나 이제나 나라의 주체는 민중이요 정치가 달라지는 원인은 민중의 생각이 달라지는 데 있"다.

따라서 사회 변혁과 혁명은 씨올 스스로의 정신에 의한 작용이어야 하는 것이지 어디 다른 데에 있는 것이 아니다. 그것은 씨올의 정신이 사(私)를 위한 것이 아니라 공(公), 즉 인류 전체를 위한 것이라는 운명 공동체와도 연관되어 있다. 다시 말해서 혁명의 목적은 공, 즉 인류 전체를 살리기 위해서 사(私)를 죽이는 것이다.[25] 그리하여 개인의 정신은 곧 공적인 정신, 세계의 변혁을 위한 정신으로 드러나야 할 것이다.

---

23) 함석헌, 앞의 책, 『함석헌전집 2 「인간혁명의 철학」』, 25쪽.
24) 같은 책, 66쪽, 100쪽, 109쪽.
25) 같은 책, 26~30쪽, 124~125쪽.

오늘날 철학은 행동철학이어야 한다!

마르크스와 함석헌의 중요한 공통점은 행동철학에 있다. 19세기와 20세기를 살았던 철학자이자 사상가로서 그들의 철학은 삶의 치열한 고민과 격변 속에서 배태된 철학이었다. 그래서 그들의 언어는 다급하고 다소 감성적이고 수사학적인 분위기를 담고 있는 것이다. 삶의 현실은 급박했고 철학과 언어는 그 현실을 담아내어 민중 또는 씨올을 계몽하고 깨우치기 위해서 마음에 호소하고 행동하도록 고취할 수밖에 없었다. 마르크스는 자본주의 사회 속에서 노동자가 처한 현실(씨올의 현실)을 간파하고 그들의 의식 변혁과 혁명을 강조했다. 잘 알다시피 그가 생각한 관념이란 물질이 의식에 반영된 것에 지나지 않는다는 이른바 유물론 철학이었다.

엄밀한 의미에서 함석헌은 유물론자는 아니었다. 하지만 베르그송(H. Bergson)과 샤르댕의 영향을 받으면서 의식과 물질의 상호 적응과 생성철학을 전개시켰다. 나아가 외부 대상의 물질과 의식의 지속 · 생성 · 변화에 지대한 관심을 가지면서, 사회 · 정치 · 경제 · 역사 · 종교 등에 그 개념들을 두루 적용시킨 관념론적 이상주의자라고 평가할 수 있다. 이에 반해 마르크스는 자신이 헤겔과 같은 관념론자가 아닌 유물론자라고 분명히 말하고 있다.[26]

하지만 마르크스는 사회 변혁과 자본주의를 비판하면서 노동자의 현

---

26) K. Marx, "Letter to Kugelman", 6/3/1868. 재인용. "관념이란 물질 세계가 인간 정신에 반영돼 사고의 형태로 표현된 것일 뿐이다." R.S. 바가반, 정광현 옮김, 『마르크스주의 철학 입문』, 책갈피, 2001, 26~27쪽.

실을 고발했고 이상사회의 도래를 추구했던 헤겔 좌파적 관념론자라고 말해도 지나치지 않을 것이다. 이 두 사람은 분명히 앙시앵 레짐(ancien regime)에 대한 강한 반발과 그에 대한 변혁을 시도한 사람들이다. 그들이 살았던 시대의 의식, 체제, 제도의 앙시앙 레짐에 대해서 혁명이 가능한 주체를 마르크스는 노동자로 보았고, 함석헌은 씨올로 보았다는 점에서 공통점과 차이점을 발견할 수 있다.

그럼에도 그들은 동일자의 밝음에 의해 가려진 타자화된 민중의 의식, 삶의 공간성을 확보하기 위해 분투하고 그 타자에 대한 시공간을 담론화했다는 것에는 부인할 수 없을 것이다.[27] 자본주의와 물질 사회에 대해 민중들의 삶의 공간과 의식이 황폐해져가고 있는 현실에 대해 비판을 하고 그 대안을 민중의 의식 계몽과 행동철학에서 찾았다는 것 또한 둘을 유사한 맥락에서 이해할 수 있을 것이다.

김성수는 함석헌을 평가하면서, "분명하고 치밀한 계산 아래 움직이는 것이 마키아벨리적 인간형이라면, 함석헌은 씨올의 저항을 위해 잘 짜인 어떤 전략이나 전술 프로그램도 갖고 있지 않았다. 전자가 남을 조종하는 데 익숙한 반면 함석헌은 누구에게도 '무엇을 하시오'라는 지시나 명령을 하지 않았다"[28]고 말한다. 일면 타당한 평가라고 생각한다.

그러나 함석헌은 씨올의 저항을 위한 전략과 전술을 만들어주지 않은 것이 아니다. 의식의 계몽과 사회 변혁을 위해서 분연히 일어나 행동할 것을 자신의 강연이나 저술을 통해서 수없이 강조했다. 그런 면에서

---

27) 김성기, 『포스트모더니즘과 비판사회과학』, 문학과지성사, 1991, 34~35쪽.
28) 김성수, 『함석헌평전』, 삼인, 2001, 194쪽.

마르크스와 함석헌의 의식 변혁과 행동철학 153

씨올을 위한 함석헌의 전략과 전술은 다름 아닌 씨올의 정신 계도와 행동 변화라고 말할 수 있을 것이다. "나는 철학을 시작하자마자 왜 내가 존재하는가를 묻는다. ……존재는 나에게 무의 정복으로 나타난다."[29] 베르그송의 존재 물음은 다시 인간의 생명은 진화요 진화는 자유라는 함석헌의 생각과 맞닿아 있다. 생명의 진화와 생성 운동은 의식과 물질의 근본 성격이다.

그런데 함석헌에 따르면 생명의 근본 바탈은 자유다. 그렇기 때문에 인간은 저항하고 혁명을 하는 것이다. 인간의 의식, 정신, 생각은 생명의 반사, 반성 작용이다. 되돌아옴이다. 그래서 그는 혁명(revolution)을 '다시 돌린다' '고쳐 돌린다' '돌아간다'로 풀면서 궁극적으로 맨 처음 원리, 제일 원리도 돌아감이라고 말한다.[30]

마르크스와 함석헌을 동일한 개념으로 평가한다면 '활동적 삶'(vita activa)이라고 말할 수 있겠다. 그들은 의식과 행동을 재생산하는 철학, 삶을 근본으로부터 해석하고 민중과 그들의 삶의 조건을 해방시키려고 자신의 삶을 시대의 운명 속으로 내던진 철학자들이었다. 그런 의미에서 그들은 삶을 관조하지(vita contemplativa) 않고 활동적 삶으로 시대가 안고 있는 과제를 해결하고 바꾸려고 했다(displace). 삶이 있어야 할 위치(place)를 벗어날 때 다른 삶을 대체, 대치시키기 위해 행동하고 그 자리에 새로운 삶을 놓으려고 했던 것이다.

마르크스가 인간의 의식과 행동을 새롭게 옮겨-놓으려고(displace)

---

29) 앙리 베르그송, 황수영 옮김, 『창조적 진화』, 아카넷, 2005, 410쪽.
30) 함석헌, 앞의 책, 『함석헌전집 2 「인간혁명의 철학」』, 94쪽, 114~115쪽, 178쪽.

마다하지 않았던 행동강령은 계급투쟁이었다. 함석헌은 마르크스의 계급투쟁에 대한 논리와 그의 유물론적 변증법의 역사관을 강력하게 비판하면서 마르크스가 역사를 잘못 보았다고 말한다. "역사는 묻고 대답하는 것이지 계급 사이의 문답은 아니다." 더 나아가서 마르크스의 유물론적 변증법이 비과학적이라고까지 비판하는 것은 그가 유물론자가 아닌 관념론자("말씀은 물질에 있을 수 없다. 뜻은 정신에만 있다")라는 것을 반증한다.[31]

정신은 혁명적이라고 말하는 그의 혁명의 골자가 시대를 새롭게 하는 혁명 정신, 새로운 도덕, 새로운 윤리를 세우자는 데에 있다고 할 때 마르크스와 같이 새로운 계급이나 사회구조, 계급투쟁의 혁명이 아님이 분명하다. 여기서 함석헌의 관념철학적 윤리가 드러난다. 그러나 그의 철학은 관념론에만 안주하지 않았다. 간디(Mahatma Gandhi, 1869~1948)로부터 영향을 받은 비폭력철학은 그의 행동철학과 동일한 개념이나 다름이 없다. 비폭력철학이야말로 관념을 넘어선 행동철학이다.

여기서 마르크스와 함석헌은 비록 이념은 같다 하더라도 행동 철학과 실천방식은 확연하게 갈라서게 된다.[32] 게다가 마르크스에게 인간은 자연적 존재이고 인간의 의식은 물질주의적 의식에 지나지 않으며 또한 그의 철학이 비관념적이고 비사변적일 수밖에 없었던 것은 철학과 과학이 자연과 사회의 경험적 현실을 묘사하기 위한 것임을 알아야

---

31) 같은 책, 138~139쪽.
32) 같은 책, 34~49쪽 참조.

한다.

다시 말해서 그의 철학은 추상적이지 않은 구체적 인간의 노동, 산업, 생산이라는 토대 위에서 구축된 경험철학이자 현실의 검증철학이라고 봐야 할 것이다.[33)]

다시 철학의 잰걸음을 위하여

지금 우리 사회는 두 가지 딜레마에 빠져 있다. 하나는 자본주의 사회의 병폐인 물질적 풍요와 그로 인한 소비적·향락적 삶에 경도되어 있다는 것이고, 또 다른 하나는 이성과 정신이 메말라가고 있을 뿐만 아니라 그것을 바로 세우지 못하고 있다는 것이다. 이 둘의 관계는 떼려야 뗄 수 없는 관계에 있다. 따라서 이러한 현실과 상황을 타개해나갈 수 있는 철학적·사상적 자양분이 필요하다고 할 때 마르크스와 함석헌은 제격이다.

오늘 마르크스와 함석헌을 재조명하고 재해석해야 하는 이유가 바로 거기에 있다. 의식과 정신의 깨우침과 더불어 삶의 근본 행동을 달리하도록 만드는 것은 결코 쉬운 일이 아니다. 그것은 반드시 내부의 정신적 밭갈이를 가능케 하는 철학이어야 한다. 현 시대의 철학적 자극과 치료는 그저 잔물결의 피상적 지식으로 될 일이 아니다. 인간의 정신적 바탈을 새롭게 드러내야 할 뿐만 아니라 사회 전체의 변혁을 가져올 수 있는

---

33) 클라우스 호르눙, 안정수 옮김, 『매혹적인 오류, 칼 마르크스의 사상과 그것이 가져온 것』, 문우사, 1982, 108~119쪽.

행동을 유도하는 철학이어야만 한다.

설령 호르눙(Klaus Hornung)이 매우 비판적으로 평가하는 것처럼, 마르크스에게 혁명이란 인간의 해방과 자유의 성취보다도 새로운 세상, 새로운 시대, 새로운 인간의 창조력이라는 오만이었다 하더라도 그가 노동자들에게 하나의 해방철학적 인식, 정신의 해방을 위한 단초를 제공한 것은 부인할 수 없을 것이다.[34]

함석헌은 인간혁명과 철학의 근본을 '저항'에다 두고 있다. "사람은 저항하는 거다. 저항하는 것이 곧 인간이다. 저항할 줄 모르는 것은 사람이 아니다."[35] 시대의 그릇됨과 인간 본질의 퇴락이라는 현실에 대해서 인간은 올바른 시대를 구현하고 인간 본질을 회복하기 위해서 저항하고 혁명해야 한다는 것이다. 당면한 현실을 볼 때에 다시 처음 원리도 돌아가기 위해서 현재를 속이고 있는 온갖 비인간적인 것에 대해서 본질적으로 꿰뚫어보면서 자신의 의식을 변혁하고 행동을 혁명으로 발전시키는 것은 이제 씨을의 과제가 되었다.

마르크스와 함석헌. 이 둘을 비교 분석하는 일이 이 짧은 글로 다 담아내는 것은 역부족이다. 다만 철학이 세계를 해석만 하거나 사변으로 그쳐서는 안 된다는 사실이 더욱 분명해졌다. 그러기에 철학은 소걸음이 아닌 잰걸음으로 가야만 한다. 그들이 살았던 시대만큼이나 이 시대가 그것을 허락하지 않는다. 자본주의 사회는 인간, 시공간, 문화, 자연, 생명 등 모든 것을 상품화하려고 한다. 인간은 기호와 이미지에 포장된

---

34) 같은 책, 106쪽.
35) 함석헌, 앞의 책,『함석헌전집 2「인간혁명의 철학」』, 173쪽.

하이퍼리얼리티를 소비하며 자기 자신마저 소비하는 존재가 되고 말았다. 어쩌면 의식의 변혁도 저항도 혁명도 할 수 없는 상태가 되었는지도 모른다. 그래서 더욱더 삶의 레지스탕스가 절실하게 요청되는 것이다. 이제 선택해야 한다.

저항할 것인가 아니면 순응할 것인가 혁명을 할 것인가, 아니면 자멸을 할 것인가. 그것은 오로지 철학하는 자, 즉 죽어서도 생각하는 자에게 달려 있을 것이다.

함석헌을 유혹한 인문학적 사회
그 이상理想의 트라우마

김대식 대구가톨릭대 대학원 종교학과 강사

"나더러 진찰을 하란다면, 이 나라는 사회의 정신적 기반이 썩었습니다. 어떤 크고 훌륭한 건축이라도 터 위에 섭니다. 터가 만일 꺼진다면 위에 있는 건축은 그대로 있을 수가 없습니다. 우리 사회 전반이 문제투성이란 것은 이 때문입니다."[1]

아니-있는 곳(u-topos),[2] 없이-있는 세계, 그 미지(美地)를 향한 함석헌의 바탈 소리

흔히 이상세계(理想世界)란 존재하지 않는다고 말한다. 상식으로 통하지만, '유토피아'(utopia)란 '어느 곳에도 없다'(ou-topos)는 뜻이 아

---

1) 함석헌, 『함석헌저작집 2 「인간혁명」』, 한길사, 2009, 167~168쪽.
2) 필자는 글의 흐름상 '유토피아'(utopia)를 '이상'(理想), '이상세계'(理想世界)로, 또는 '아니-있는 곳'(u-topia), '아니-있는 세계' '없이-있는 세계' 등으로 풀어서 사용할 것이다.

니겠는가? 그런데 원래 유토피아란 '좋다'라는 뜻을 가진 그리스어 접두사 'eu'와 '장소' '자리'를 의미하는 'topos'의 합성어와도 밀접한 연관성을 갖고 있다. 이 말은 역설적으로 유토피아, 즉 인간이 꿈꾸는 좋은 세계란 그 어디에도 없다는 이중적 의미로 정착된 것이다. 그렇다면 짐짓 미리 포기해버린 없지만—좋은—세계를 상상하는 것만으로도 가능한 세계를 만들어갈 수 있을 것이다.

그러기 위해서는 먼저 혼탁하고 어두운 한국사회의 현실 속에서, 요즈음 우리가 꿈꾸는 이상적인 세계의 모습은 무엇인지 물어야 할 것이다. 이 이상적인 세계를 지금 여기서 진단해보고자 한다면, 세 가지 토포스가 필요한 것 같다.

첫째는 세계 속의 한국이라는 특수한 국가의 토포스, 둘째는 한국이 처한 사회적 현실이라는 독특한 시간을 포함한 토포스, 마지막으로는 지금 우리의 현실을 바라보게 만드는 함석헌의 사상적 토포스가 그것이다. 이 글에서 무엇보다도 역점을 두는 것은 함석헌의 사상적인 자리다.

유토피아는 본래 '역외성'(extraterritoriality)이라는 성격을 지니고 있다. 즉 아니-있는 곳, 또는 없이-있는 세계는 우리 자신과 현상을 응시하게 하고 당연하게 생각했던 그곳이 어디에도 없다는 사실 때문에 낯설게 느껴지는 장소라는 점이다. 그렇기 때문에 오히려 아니-있는 곳은 인간의 상상력을 자극하며 그 상상력은 사회, 권력, 정부, 가족, 종교 등에 이르기까지 광범위한 분야에서 어떤 대안적 삶의 방식을 추구하는 원동력이 된다.[3]

---

3) Paul Ricoeur, *Lectures on Ideology and Utopia*, ed. George H. Taylor, New York:

하지만 리쾨르(Paul Ricoeur)는 인간의 유토피아적 상상력이 정신분열적 태도를 나타내는 것이며, 그 병리적인 태도는 바로 도피에 있다는 말을 했다.[4] 이와 같은 맥락에서 블로흐(Ernst Bloch)는 "유토피아란 '사적인 정서' 상태의 심층부에서가 아니라, (역사와는 독립적으로) 마치 책상 서랍에 갇혀 있는 듯한 '아포리아'에서 가능성을 찾으려는 욕구에서 비롯된 것"[5]이라고 주장했다.

그러나 함석헌이 꿈꾸었던 한국사회의 이상(理想)과 현실을 다루면서, 과연 그와 같은 도피적인 성격이 있었는가를 구체적인 시공간과 추상적인 시공간을 동시에 살펴봄으로써 규명해야만 할 것이다. 물론 이둘의 시공간은 상호 중첩되면서 씨줄과 날줄로 엮인 사상적 역사와 반성적 지향점을 던져줄 것이다. 그것을 통해서 우리는 함석헌이 대안적인 상상력, 또는 상상력을 통한 대안적인 삶을 어떻게 추구하고 말했는가를 앎으로써 향후 사회가 나아가야 할 방향을 그려볼 수 있다고 생각한다.

아니-있는 세계[유토피아]는 지금 여기에 나타나야 하는 것[현재]이다!

함석헌의 이상은, 리쾨르가 비판하듯이, 병리적 도피가 아니라 현재적 삶에 있다. 유토피아는 "생명의 불도가니가 속에 들어와 현재란 것

Columbia University Press, 1986, 16쪽.

4) 같은 책, 1쪽, 17쪽.

5) 에른스트 블로흐, 박성호 옮김, 『희망의 원리 2』, 열린책들, 2004, 973쪽.

으로 된 때만이다." "현재, 현재, 현재란 것은 일찰나 전에도 없었고, 일찰나 후에도 없고, 붙잡을 수도 없고, 볼 수도 없고, 다만 살아 있는 현재다."[6] 더 나아가서 그의 이상 또는 이상적 인간은 자아를 응시하고 자기를 깊이 앎이다. 바깥의 세계로부터 자기로 향하고 껍데기를 벗고 벗겨서 순수 자아에 미치는 것이다.[7]

그리하여 종교도, 가족도, 경제도, 정치도 유토피아적 상상력에 이끌려 인간의 순수 자아에 다다르는 현재적 삶의 참 생명적 존재임을 깨닫는 것이 되어야 한다. 아니-있는 곳은 존재하지 않아서 없음이 아니라 지금의 나의 순수 자아의 현존재를 망각하고, 아직-있지-않은-세계(未來)를 환상으로 보고 있기 때문이다. 그 미래의 곡두를 보거나 환상에 사로잡혀 앞서-이루지 못한 리비도(libido)가 병리가 되고, 트라우마(trauma)가 되는 것이다. 트라우마는 가장 안전했던 나의 과거, 즉 퇴행적 삶의 토포스로 회귀하고 싶어하는 본능을 부추긴다.

그래서 이곳, 지금 아니-있는 곳은 마침내 트라우마의 세계가 되어 보상받고 싶어하는 인간의 욕구와 욕망의 분출로 인해서 의식은 경직되고 조작당하고 만다. 이로 인해 아니-있는 곳은 다시 어디에도 없는 장소, 즉 유령의 도시, 물 없는 강, 백성 없는 군주라는 아이러니가 연출된다(소비주의의 환영은 다시 금욕주의라는 환영으로, 가족이라는 환상은 또 다른 합법적인 모든 종류의 성적 공동체 또는 수도원주의를 꿈꾼다).[8]

6) 함석헌, 『함석헌전집 11 「두려워 말고 외치라」』, 한길사, 1984, 179쪽.
7) 같은 책, 179쪽.
8) Paul Ricoeur, 앞의 책, 16쪽.

그러나 함석헌에게 이상, 즉 아니-있는 곳은 "영원한 현재" "무한한 현재"라는 측면에서 과거와 미래에 대한 리비도적 욕망에서 탈피하는 엄밀한(strenge) 자기성찰과 순수 자아적 삶의 자리를 말한다. 그의 아니-있는 곳은 미래에 도래해야 할 장소가 아니라는 것, 그리고 어떤 공간적 장소가 아니라 바로 인간이라는 심연에서 드러나는 '치열한 자기응시'라는 점이 우리가 추구하며 살아가야 할 인간 정신의 장소라는 것을 암시해준다.

거기에는 리쾨르가 말하는 정신분열증이나 도피적 병리가 있을 수 없다. 현재라는 시간 안에서 자기응시는 주체와 대상, 또는 현재 안에서 아직 오지 않은 세계와 분열되는 것이 아니라, 지금 여기서 자기로 돌아오는 주체적 정신만이 통일되어 있기 때문이다.

삶의 현실과 이상: 이상을 잃어버린 현실, 이상을 외면하는 현실

칸트(I. Kant)가 『순수이성비판』(*Kritik der reinen Vernunft*)에서 일관되게 말하고자 했던 것은 이성의 한계와 가능성이다. 그가 이성의 확장을 금하고 이성의 한계 안에서 형이상학을 논하려고 했던 것은 신적 이성의 맹신을 막고자 한 것이다.[9] 그런데 지금 한국사회뿐만 아니라 세계 곳곳에서 일어나는 현상을 보면 이성의 도구적 사용을 넘어서 이성을 신격화하는 데까지 이르고 있다.

여기서 우리는 한국의 현실을 돌아보면서, 칸트는 분명히 신, 영혼불

---

9) Immanuel Kant, *Kritik der reinen Vernunft*., B25~B26.

멸, 자유를 이성이념으로 보고 "가능한 한계를 넘어선 선험적 용어의 형이상학적 적용을 불신"[10] 했다는 점을 상기해야만 한다. 그뿐만 아니라 오늘날의 정치·경제·종교·과학의 현실 안에 칸트가 이야기하는 도덕적 실천이나 신앙의 여지를 마련하기 위한 이성[11]은 존재하지 않는 점도 분명히 문제로 삼아야 할 것이다.

칸트는 도덕적 인간을 자신의 철학적 이상의 목표로 삼기 위해서 인간의 이성(이론이성, 오성: Verstand)의 한계를 설정하고 종래의 형이상학적 이념에 대한 인식을 포기할 수 있었다. 그런데 우리 사회는 지금 그러한 도덕적 인간의 이상을 꿈꿀 수 있는 현실이 되고 있지 못하다. 정치 현실에서는 사색당쟁과 전쟁의 싸움-터, 갈등의 장소가 돼버림으로써 인간 사회의 이상 구현이 아닌 좀더 본능적인 리비도만을 발산하는 병리적 현상을 목도할 뿐이다. 정치를 경험하는 씨을은 자신의 이성을 건전한 소통과 이해, 그리고 도덕적 이성으로 발전시킬 여지도 없이, 이상마저 빼앗긴 채 불안과 보복 및 보상적 정치 행위만이 존재 이유가 되고 있다.

---

10) 함석헌, 『함석헌저작집 14 「새 시대의 종교」』, 한길사, 2009, 42쪽 참조; 헨리 데이비드 에이킨, 이선일 옮김, 『이데올로기의 시대』, 서광사, 1986, 35쪽; 함석헌도 이성만능주의는 곧 비이성적인 것이며, 따라서 인간은 이성의 자기한계성을 인정해야 한다고 말한 바 있다. 이는 칸트의 비판철학과도 일맥상통한다; 에른스트 블로흐도 칸트의 비판철학에 대해서 물리적으로 주어진 대상 이외의 것들에 대해서 그는 사악한 내용으로 간주했다고 말한다. 에른스트 블로흐, 박성호 옮김, 『희망의 원리 4』, 열린책들, 2004, 2340쪽.

11) Immanuel Kant, *Kritik der reinen Vernunft.*, BXXX.

"저 산과 산 사이에 자리 잡고 있는 폴리스(polis), 즉 정치 세계는 인간적 삶의 기본 구조로서 상호 공존의 협동을 통해 인간 삶의 질을 고양시키는 터전이었다. 그러나 이제 현대의 폴리스는 그 현실에 있어 서로 죽고 사는 경쟁의 싸움터가 되어가고 있다. '정치'란 표현은 더 이상 우리의 본질적 삶의 양식을 가리키는 것이 아니라, 경쟁의 싸움터에서 적자 생존하기 위한 기능, 처세의 기술이 되었다."[12]

"시장성이 모든 가치의 척도요, 부박한 여론의 관심이나 인기가 의미와 중요도의 측량 단위이며, 인간의 만남은 서로 홀로 있음만을 확인해줄 뿐이다. 이곳에서 실용성은 도덕성으로 변신했고, 도덕은 실용주의적 처세술이나 생존의 기술로 전락했고, 윤리학은 살아남은 자의 윤리학으로만 살아남을 수 있으며, 종교는 지극히 현세적인 기복주의의 하수인이 되어버렸다."[13]

남경희가 지적한 맹목적 정치와 자본이성을 뛰어넘기 위해 우리 앞에 던져진 노동과 경제적 이성에 대해서 정치철학자 아렌트(Hannah Arendt) 역시 동일한 비판의식을 지니고 있었다. 그녀는 인간 삶의 실존적 조건으로 개인과 가족의 생명을 유지하고 종족 보존을 위한 노동(labour), 세계성, 또는 인류의 보편적인 가치를 실현하고, 문명적인 삶을 산출하는 활동(work), 인간 상호 간의 의사소통을 위한 행위(action)

---

12) 남경희, 『이성과 정치존재론』, 문학과지성사, 1997, 42쪽.
13) 같은 책, 40쪽.

를 들고 있다.

그런데 우리 사회는 지금 개인과 사회에 대한 불안과 위기에 직면하여 개인 및 가족의 여가를 위한 과다 소비, 자녀의 사교육비 마련과 미래의 노후 대책 마련 등을 위해 소모적인 노동으로 삶을 탕진하고 있다. 그 노동의 목적에는 세계나 인류애를 위한 보편적 가치, 도덕 경제나 분배 정의의 실현은 있을 수가 없다. 결국 인간의 활동과 노동은 사회 공동체의 성숙한 의사소통을 지향하고 그 의사소통을 통해서 이루어지는 사회·경제적 행위라고 말할 수 있는데, 여전히 개인의 실존적 경제 가치에만 몰두해 있는 우리 사회의 리비도적 노동현상은 매우 유감스러운 일이 아닐 수 없다.

종교의 이상은 양심적 사회, 도덕적 인간을 만드는 것이다!

그렇다면 종교적 이성의 현실은 안녕한가? 종교는 인간의 수많은 삶의 파편들을 행복과 자유, 그리고 해방으로 인도하는 사회, 역사적 전통을 통해 인간에게 이상을 제시한다. 헤겔이 말한 것처럼, "종교의 목표란 신이 정신의 총체성으로 의식되는 것"이며 "신은 곧 정신이며 영이다."[14] 우리 한국사회는 여러 신들이 함께 놀이하는 매우 다원적인 종교시장을 가지고 있다.

그런 반면에 우리 사회는 종교로 인해서 절대 정신과 종교인의 정신을 통해서 신이 의식되는 경우는 흔한 일이 아니다. 다시 말해서 종교

---

14) G.W.F. 헤겔, 최신한 옮김, 『종교철학』, 지식산업사, 1999, 43쪽.

또는 종단은 인간에게 삶의 이상을 꿈꾸며 현실을 쇄신하는 자양분을 줄 수 있어야 하는데 오히려 개인과 사회의 갈등의 온상지가 되고 있는 것이다. 마치 종교의 영원한 이상을 버린 듯이 말이다.

헤겔이 "종교는 개인의 참된 의무와 성실을 요구하고 무한하고 절대적인 의무를 야기한다"[15]고 말한 것은 이상이 아니라 현실을 이야기 한 것이다. 즉 그는 종교의 이상을 논하고자 한 것이 아니라 현실적 종교의 모습을 규정짓고 있는 것이다. 그뿐만 아니라 헤센(J. Hessen)도 "종교는 도덕을 실천하고자 하는 동기를 촉진시키고 강화시킨다"[16]고 말하면서 "종교는 도덕에 대해 힘의 증가를 의미할 뿐만 아니라 또한 가치 내용의 증가를 의미한다"[17]고 말했다.

그렇다면 각 종교가 표방하고 있는 신자로서의 도덕적 의무와 성실은 사회적 현실 속에서 무한하다고 볼 수 있는가? 그 무한한 표상을 시민들은 알아차리고 있는가? 혹여 각 종교에게서 기대하고 있는 종교인의 도덕적 의무와 성실, 양심은 포기한 이상이 돼버린 것은 아닌가? 엘리아데(M. Eliade)는 "종교학이 추구하는 것은 결국에는 문화의 창조와 인간의 변형에 있다"[18]고 말한 적이 있다. 이 말의 의미는 곧 종교란 문화의 창조에 이바지해야 한다는 것이고 종교적 체험은 문화적 사상이 된다는 말로 이해할 수가 있다.

사람들은 종교로부터 새로운 문화, 즉 어떤 사회적 무늬가 되어가는

---

15) 같은 책, 52~53쪽.
16) 요한네스 헤센, 허재윤 옮김, 『종교철학의 체계적 이해』, 서광사, 1995, 76쪽.
17) 같은 책, 78쪽.
18) 미르치아 엘리아데, 박규태 옮김, 『종교의 의미와 답변』, 서광사, 1990, 106쪽.

것(文化)과 함께 성스러움, 그리고 선을 보고자 원한다.[19] 종교는 새로운 문화를 창출하는 창조자가 될 수는 없어도 적어도 사회적 무늬를 만들어가는 성스러움과 선의 기준이 되어주어야 한다. 그러나 이제는 종교의 의무, 성실, 신뢰, 문화, 성스러움, 선함 등의 구현은 차치하더라도 종교가 오히려 사회적 무늬를 형성하는 데에 해악을 가져오고 있다는 것은 두말할 필요도 없다.

엘리아데가 말하는 종교의 이상은 다른 것이 아니다. 낙원, 즉 태초의 완전하고 순전한 세계가 인간 존재의 목적이자 목표요, 피난처라면, 그 아니-있는 세계(u-topia)인 창조의 첫 번째 날로 되돌아감이자 우주적 재생을 말하는 것이다.[20] 이것은 헤센의 철학적 시각으로 보면 양심의 실천, 도덕적 의무의 이행을 통한 신에게로의 소급을 말한다고 볼 수 있다.[21] 그러므로 양심적 사회, 도덕적 의무를 행하는 인간이 보편화되는 세계는 종교의 이상이자 이 사회가 꿈꾸는 이상적 사회가 아니겠는가.

암울한 정치경제 현실에서 지식인은 정신적 저항을 해야 한다!

과거 함석헌이 지적했던 자본주의와 국가 사이의 관계에 대한 식견은 기업이 국가를 압도하는 신자유주의의 경제구조와 모순을 정확하게 내다본 것 같다. "현대국가는 예외 없이 기업국가다. 기업의 목적은 다

19) 같은 책, 107~108쪽.
20) 미르치아 엘리아데, 앞의 책, 161~167쪽.
21) 요한네스 헤센, 앞의 책, 81쪽.

만 둘이다. 하나는 사치이고, 하나는 전쟁이다. 사치와 오락을 배격하여 간소한 생활 아니 하고는 전쟁 없어질 수 없고, 전쟁이 있는 한 어떤 부류를 위해 노동력을 착취하는 일은 없어지지 않을 것이다".[22] 금세기 최고의 철학자이자 네오 마르크스주의자인 하버마스(J. Habermas)의 입장은 함석헌의 이와 같은 견해를 잘 뒷받침해준다.

"사회체제들 간의 경쟁은 전 지구적 자본주의의 승리로 결판이 났고, 이 전 지구의 자본주의의 포괄적 그물망은 더 이상 어떠한 출구도 열어두고 있지 않다. 자본주의를 안으로부터 정치적으로 그리고 법적으로 순치(馴致)시키는 일은 여전히, 아니 그 어느 때보다도 더 절박한 현안이지만 이 일은, 자본주의 경제가 더 이상 국제적 체제 안에 포섭되어 있는 것이 아니라 거꾸로 국민국가들을 자신의 명령하에 복속시킨 이후로는, 더 이상 한 국민국가의 틀 안에서는 가능하지 않게 되었다."[23]

마찬가지로 인간과 정치경제적인 현실에 대해서 베르쟈예프(N. Berdyaev)의 목소리는 오늘날의 경제체제와 인간 현실에서도 유효하다. "노예 상태에 대한 승리는 정신적 해방이다. 사회적 해방과 정신적 해방이 서로 제휴해서 나가지 않으면 안 된다."[24] 그가 노예로부터의 해방, 사회로부터의 해방은 곧 인간 정신의 해방이라고 말한 것도 부르

22) 함석헌, 『함석헌저작집 9 「씨올에게 보내는 편지 2」』, 한길사, 2009, 236쪽.
23) 위르겐 하버마스, 윤형식 옮김, 『정치저작집 11 「아, 유럽」』, 나남, 2011, 22쪽.
24) 니콜라이 베르쟈예프, 이신 옮김, 『노예냐 자유냐』, 도서출판 인간, 1979, 155쪽.

주아가 인간의 삶을 좀먹고 있다는 강한 비판에서 출발한 것이다.

"부르주아는 이 세상에 깊이 뿌리를 박고 스스로 서 있는 이 세상에 만족하고 있다. 부르주아는 세계의 허영과 허무함에 대해서 무감각하며, 이 세상의 좋은 것도 무의미하다는 것을 잘 느끼지 못한다."[25] 인간의 삶의 유한성은 물질적 삶의 유한성이라는 사실을 인식한다면 물질과 경제적 능력을 숭배하거나 물질을 벗어난 인간의 자기초월을 두려워할 필요가 없을 것이다.[26]

부르주아나 그와 짝하고 있는 정치 이성의 현실은 그것을 초월하려고 하는 인간의 이성을 억압한다. 이러한 반이상적(反理想的) 억압의 현실 속에서 지식인은 무엇을 해야 하는가? 사르트르(Jean-Paul Sartre)에 따르면, 지식인의 책무는 행동이다. 그 행동은 단순한 행동이 아니라 현재적 행동, 즉 지금 존재하지 않으나 그것이 존재하도록 만들기 위해서 현재 존재하는 것을 끊임없이 부정하는 행동을 일컫는다.[27] 지식인은 현재의 이상을 위해서 자신에게조차도 있을 내면의 이데올로기와 외부 지배자의 이데올로기와 싸워야 하는 사람이다.

그렇기 때문에 지식인은 이상이 도래하지 않은 현재와 이상 사이의 모순 속에서 사는 사람이며, 그 모순을 앞당기기 위해서 분투하는 사람이다. 정치·경제·종교·사회·문화 등 모든 영역에서 인간의 참 이상을 희석시키는 환상과 거짓을 퇴치하기 위해서 자신의 학문적인 방법

---

25) 같은 책, 241쪽.
26) 같은 책, 241~242쪽.
27) 장-폴 사르트르, 박정자 옮김, 『지식인이란 무엇인가』, 도서출판 인간, 1978, 18쪽.

론을 동원하는 자, 그가 바로 지식인인 것이다.[28] 이는 블로흐가 말하는 사회 유토피아의 전망을 가진 사람들이 공유하는 이른바 "권력이나 일상화되어버린 저열한 인간 삶"에 대해서 비폭력적인 정신적 저항이나 현실을 부정하는 것과 일맥상통하는 것이며, 동시에 이 세계를 천국으로 만들려고 하는 열망을 잊지 않는 사람이다.[29]

정치와 종교는 씨올의 바탈을 찾게 해주는 것이다!

그러나 함석헌이 볼 때 정치란 현실 인간의 바탈 속에 있는 더럽고 추한 것들, 또한 관계 속에서 벌어지는 여러 가지 그릇된 것들을 바로잡아 나가는 것이며, 인간의 정신적 무늬를 잘 드러나게 하는 것이다. 종교는 인간의 육체와 정신 두 영역에서 절정에 서는 것인데, 그 종교의 이상은 높은 데를, 거룩한 곳을, 곧음을 지향하는 것이다. 그런 의미에서 정치와 종교는 모두 민족을 개조해야 하는 사명을 가지고 있고 씨올의 바탈을 찾아주어야 할 뿐만 아니라 숨을 새로 쉬도록 [혁명]하는 과제를 안고 있다.

따라서 함석헌에게 정신과 생각, 그리고 종교의 본질은 모두 근원적인 '반성'(reflectere)에 있다. 자신의 근본을 돌아보는 것이다. 종교가 외면당하고 정치는 사리(私利)에 휘둘리는 현상은 자신의 근본으로 돌

---

28) 같은 책, 35쪽, 55쪽.

29) 에른스트 블로흐, 박성호 옮김, 앞의 책, 『희망의 원리 2』, 972~974쪽; 이인호, 「현대정치의 비인간화」, 차인석, 『현대사상을 찾아서』, 문학과지성사, 1976, 217쪽.

아가지 못해서 일어나는 결과다.[30] 그러면 어떻게 할 것인가? 함석헌은 비인간적 삶을 거부하는 생명의 현실이 이상세계의 기초임을 분명히 한다.

"생명의 길은 끊임없는 반항의 길이다. 생명은 스스로 하는 것이다. 생명 있기 전에 무엇이 있었던 것은 아니요, 생명이 다 산 다음에 또 무엇이 있을 것 아니다. 적어도 우리는 그 속에 있기 때문에 그 이외를 생각할 수 없다. 생명이 처음이며 끝이요, 생명이 목적이며 수단이다. 다른 무엇이 또 있어서 생명이 가는 길을 규정할 수 있는 것 아니고, 생명 그 자체가 규정이요 범주다. 그렇기 때문에, 생명은 스스로 하는 것이기 때문에, 되어진 것이 아니라 영원히 되려는 것이기 때문에, 끊임없이 자기부정을 하지 않을 수 없다."[31]

함석헌은 여기서 아니-있는 세계의 생명적 현실을 위해서 '아니오'라고 말할 수 있는, 부정을 말할 수 있는 생명의 반항, 즉 영원한 항의를 말하고 있다. 더 나아가서 그는 아니-있는 세계를 '있음'으로 당겨 현재화하는 추동력의 근원을 믿는 일, 사유와 현실, 그리고 인간 본질의 근원인 정신과 생명을 이상사회의 희망임을 다시 한 번 역설하고 있는 것이다.

---

30) 함석헌, 앞의 책,『함석헌저작집 2「인간혁명」』, 49~99쪽 참조.
31) 같은 책, 125쪽.

현실과 이상의 변증법: 함석헌이 꿈꾼 인문학적 사회, "생각과 정신-가짐"

블로흐는 "만약에 꿈과 삶 사이에 아무런 연관성이 없다면, 꿈은 다만 추상적인 유토피아요, 삶은 오로지 변화 없는 천박함일 뿐이리라. 꿈과 삶 사이의 관련성은 주어진 현실을 전적으로 전복시킬 수 있는 현실적 가능성에 의해서 그 범위가 정해진다"[32]고 말했다. 우리 사회가 처한 여러 현실의 국면들을 볼 때 바로 꿈과 삶 사이, 또는 유토피아와 현실 사이의 거리를 좁히지 못하고 있다. 그로 인해서 씨올은 과거로 퇴행하고 있고, 아직-있지-않은-세계[미래]에 대한 막연한 불안과 위기 때문에 과도한 노동으로 자신(의 인생)을 의지처가 없는 곳에다 무지몽매하게 의탁하고 있다.

인간은 이상이 없을 때 동시에 희망이 없는 삶으로 치달을 수밖에 없다. 희망은 이상이 있을 때에만 불변적인 삶의 푯대가 되어줄 수 있기 때문이다. 그런데 유토피아가 말 그대로 어디에도 없음으로 고착화돼버린다면, 이제는 더 이상 아니-있는 세계를 추구할 수 있는 여지가 사라지게 되는 것이다. 있는 세계[이상]를 이 세계 속에서 찾으려 하지 않고 오히려 상처로 얼룩져버린 지나-간-세계[과거]와 아직-있지-않은 세계[미래]로 삶을 투사하여, 인간 존재의 이익이 이상으로 미화되는 모순이 발생하는 것이다.[33]

---

32) 에른스트 블로흐, 박성호 옮김, 『희망의 원리 1』, 열린책들, 2004, 295쪽.
33) 같은 책, 307쪽.

설령 그렇다 하더라도 중요한 것은 이상을 찾아가려는 '과정'이다. 과정은 그 이상을 품고 있으며 언제든 그것을 드러내려고 하기 때문이다.

"유토피아의 근거이자 상관 개념은 바로 과정이다. 과정은 가장 내재적인 내용을 아직 겉으로 드러내지 않았지만, 항상 그것을 드러내려고 하고 있다…… 유토피아의 배후에 자아와 우리라는 힘이 도사리고 있지 않다면, 희망이란 그 자체가 무미건조한 것이다."[34]

이에 함석헌도 이렇게 말한다.

"참 전체의 운동은 스스로 하는 운동이므로 시간적으로 계속해나가는, 다시 말하면 자라는, 또 다시 말하면 자신(自新)하는 운동이어야 한다."[35]

따라서 현재 아니-있는 세계가 존재하도록 하기 위해서, 나타나-있을-자리[현재]를 주기 위해서는 다시 아직-있지-않음의-세계[미래]로 발-옮김의 용기가 있어야 한다. 다시 말해서 꿈을 향해 미래[있을 세계 혹은 있어야 할 세계]로 나의 의식을 추동시키도록 해야 한다는 말이다. 아니-있는 곳은 현재에서 이루어야 하는 것이지만, 그것은 앞당겨진 현재라는 측면에서 볼 때, 유토피아는 항상 미래적 시간성을 무시

<hr>

34) 같은 책, 276~297쪽.
35) 함석헌, 앞의 책, 『함석헌저작집 2 「인간혁명」』, 42쪽.

할 수 없는 것이기도 하다.[36] 함석헌은 현실에서 이상으로 가기 위한 힘을 "생각"에서 찾는다.

"내가 생각을 하는 것이 아니라, 생각이 나를 낳는다. 붙잡는다. 죽이고 또 살려낸다. 생각은 부활이다. 불사조다."[37]

그의 이상이 종교적 이상이든, 정치적 이상이든 간에, 이상 실현의 단순한 법칙은 '생각'에 있다. 자신의 생각과 마음을 하늘에 맞추고 우리가 처한 현실을 묻고 생각하는 것, 그리고 옛 생각에만 머물지 말고 새로운 생각으로 살아가는 것, 남의 생각이 아닌 내 생각으로 살아가는 것을 유토피아적 전망으로 보고 있는 것이다.[38] 그런고로 마음이란 시간적 지평으로서 자기 생각, 사람 생각, 자연 생각, 이웃 생각, 세계 생각 등의 통일인데, 결국 이 자기 마음의 생각이 인문학[39]적 사회의 기초가 되며 현재적 이상의 모순을 극복할 수 있는 방편이 된다.

───

36) 에른스트 블로흐, 박성호 옮김, 앞의 책,『희망의 원리 1』, 333쪽, 361쪽.
37) 함석헌,『함석헌저작집 1「들사람 얼」』, 한길사, 2009, 299쪽.
38) 함석헌, 앞의 책,『함석헌전집 11「두려워 말고 외치라」』, 341~349쪽.
39) 사실 인문학이라는 개념이 시작된 것은 그리스 시기로 거슬러 올라간다. 키케로(기원전 106~기원전 43)에 의해서 인문학(문법·논리학·수사학·변증론·산수·기하학·음악·천문학을 뜻하는 자유학예studia humanitas)이라는 말이 생겨났는데, 그보다 훨씬 이전에 소피스트들은 그리스 청년들에게 그러한 것을 '기초교양'으로 가르쳤다. 우리는 그들이 교양 있는 시민이 될 수 있도록 교육했다는 점을 높이 사야 할 것이다. 박영식,『인문학 강의』, 철학과현실사, 2011, 15~17쪽.

씨올의 이상은 씨올의 정신 무늬를 형성시켜주는 것이다!

인문학적 이상은 씨올의 이성이 성숙하도록 그림을 그려주는 것(文; 紋)이다. 함석헌이 생각한 이상은 씨올의 주체성과 그 주체적인 행동이었다. 그것은 생각에서 나온다. 그는 인문이라는 것을 "사람의 자기 정신 지음"이라고 생각했다. 따라서 인간의 무늬는 그 속에 담고 있는 인간 바탈이 바깥으로 외화된 것이다. 인간의 속뜻이 바깥으로 드러난 것이라는 말이다.[40]

그런 뜻에서 보면, 그가 "생각하는 백성이라야 산다"고 말한 것은 생각하는 이성적 존재자가 자신을 살릴 뿐만 아니라 세계를 살릴 수 있다는 말로 이해할 수가 있다. 그것의 근본은 오늘날 우리 사회가 경시하는 인문학적 사고에서 출발한다. 일각에서는 인문학이 기업이나 경제와 결합하여 그 효과를 극대화하고 있는 듯이 호도하지만, 이것은 인문학이 갖고 있는 본래성, 즉 인간의 꼴 갖추기와는 전혀 다른 맥락에서 이루어지는 낯선 행보가 아닐 수 없다.

"기업과 인문학의 만남의 양태들이 보여주듯 오늘날 인문학에 대한 수요는, 사회의 인문화와 인간화를 향한 몸짓이 아니라 시장의 논리에 포식되는 방식으로 충족되고, 인문학은 기업 홍보 전략의 일환으로 소비된다. 인문적 소양이 경제의 논리에 포섭되어 기업성장이나 자본축적을 위한 도구로 활용되는 현실에서 우리는 이러한 본말

---

40) 함석헌, 앞의 책, 『함석헌저작집 1 「들사람 얼」』, 33~36쪽.

전도를 분명하게 확인하게 된다."[41]

"상업인문학은 요즈음 경영인문학, 경제인문학, CEO인문학으로
까지 발전하고 있으나 거기에서 말하는 인문학은 인문적 관심과 호
기심을 높인다는 차원이지, 경제와 경영에 대한 인문적·인간적 접근
을 시도한다는 의미는 아니다. 그때의 인문학은 경제·경영·기업·
시장을 위해 소비되는 존재에 불과하다."[42]

이러한 상업인문학과는 달리 함석헌이 꿈꾸었던 인문학적 사회란 정
신, 이성, 생각으로 펼쳐지는 아니-있는 곳이다. 없지만 존재하기를 바
라는 것, 없지만 그 꿈을 그려서 만들어가는 것을 그치지 않는 것이다.
인간이란 불완전하며, 인간의 불완전성은 결국 사회의 미성숙을 고스
란히 드러내고 마는 것이니, 그 사회의 미성숙 상태를 존치하지 않는
것, 그리고 완성될 미래의 성숙된 인간의 모습을 꼼꼼하며 세밀하게 비
판적으로 그려가는 것[人文]이 필요하다.

종교는 '없음'이 아니라 '있음'의 이상세계를 말해주어야 한다!

이와 같은 사회를 위해서 종교적 영역의 신앙이란 반인격적 문화에
대해서 부정하는 태도를 요구한다. 이성적 사회는 끊임없는 부정이기

---

41) 김성보 외, 『사회인문학이란 무엇인가』, 한길사, 2011, 9~10쪽.
42) 박명림, 「왜, 그리고 무엇이 사회인문학인가」, 같은 책, 71쪽.

에 인문은 완전한 인격과 그 인격의 무늬가 형성될 때까지 부정하고 또 부정한다. 우리 사회의 종교에 대한 시민들의 부정적 태도는 종교 자체가 인격의 무늬가 형성되어 있지 않기 때문에 발생한다. 따라서 중세적·근대적 종교의 모습에서 벗어나 새로운 종교의 도래는 인격의 종교로서, "영과 육의 갈라짐, 안과 밖의 막힘이 없"[43]는 것이어야 한다.

또한 "미래의 종교는 인격의 종교, 논리의 종교이기 때문에 맘이 종교요, 맘의 종교이기 때문에 깨달음의 종교다. 능력이나 교리를 인정하는 것이 문제가 아니다. 깨달아서 맘이 변화하는 것이다. 변화하지 않는 것은 신앙이 아니다. 그렇기 때문에 미래의 종교는 노력의 종교일 것이다." 새 시대의 새로운 종교는 예수가 남긴 여러 가지 그림 중의 하나를 그리는 것이다.[44] 이런 의미에서 종교도 거시적 안목에서 보면 인간의 바탈 그림을 그리는 또 하나의 인생 그림인 셈이다.

그 종교의 밑그림은 곧 인문학적 사회를 위한 그림일 터인데, 함석헌에 따르면, 그 사회의 기반은 사랑의 현재성이다. 물론 그것은 그리스도교적 의미에서 사랑이라고 말할 수 있지만, 사랑은 저 피안의 세계를 염두에 둔 도덕적 행위나 그 세계를 거머쥐기 위한 나의 눈가림과 심리적 보상 차원의 위안이 아니다. 사랑의 현재성이란 인간 사랑에 대한 신의 사랑을 현재화하는 것이어야만 한다. 지금처럼 혼란, 불안, 공포, 제멋대로 사는 사회를 구원하는 그와 같은 새로운 계명이 더더욱 필요한 법이다. "사랑은 해묵은 사랑이지만 그것을 실현할 때 언제나 새롭고 놀

---

43) 함석헌, 앞의 책, 『함석헌저작집 14 「새 시대의 종교」』, 67쪽.
44) 같은 책, 73~76쪽.

랍고 찬양할 만하기 때문"[45]이다.

이 종교에서 그리는 인문의 세계 혹은 사람의 그림은 아니-있는 세계를 현실화, 현재화한다. 이런 의미에서 아니-있는 세계는 '아니'가 아니라 '있음'에 강조가 있다. '아니'를 *no*, 즉 '없음'으로 독해해야 할 것이 아니라 '안', 즉 *in*이나 *on*[과정/진행]으로 해석해야 할 이유가 여기에 있다. 왜냐하면 '있는 세계' '있어야 할 세계' '있는 세계로 되어가고 있음'으로 해서 '아니'라고 말할 수 있기 때문이다. 만일 그것을 부정[없음]으로 읽어야 한다면 그것은 반드시 인간의 정신적 성숙과 자기성찰, 그리고 그것을 통해 세워진 세계가 아직 오지 않았고, 도래하지 않았다는 의미에서만 가능하다.

씨올의 혁명의 '때'를 깨우침이 이상사회의 공간성, 즉 미적 현실을 증폭시킨다!

인문학적 사회는 국가, 사회, 종교, 자본 등 전영역에 걸쳐 인간을 위한 이상적 사회의 대안(代案)이 되어야 한다. 앞에서 리쾨르가 말한 것처럼, 유토피아란 인간의 상상력의 힘이자 대안적 삶의 방식을 일컫는다. 그런데 이상화해야 하는 삶의 방식, 인문학적 사회의 근본적인 조건은 무엇일까?

"삶은, 실상은 가림이요, 골라 듦이요, 까다로운 한 조건이다……

──────────
45) 같은 책, 287~289쪽.

삶 중에서도 사람의 삶, 곧 인격은 모든 것을 다 내버린 대신 얻어드는 까다로운 조건이다."[46]

사람의 꼴을 갖춰가는 사회, 그것이 곧 인격적인 사회이고 사람의 무늬가 완성된 것이라고 볼 수 있다. 함석헌에게 정신의 무늬, 사람의 무늬는 결국 인간의 삶에서 배태된 '버린 것' 같지만, 실상은 버린 것이 아니라 아름다운 인격적 존재로서 탈바꿈되는 사회를 사유한 것 같다. 그것은 일종의 철학적 지탱이다. 정신적인 것을 간직하면서 어떤 암흑을 빠져나가는 것인데,[47] 실증적이고 실용적인 것을 중시하는 사회에서 버림을 받을 것 같은 인간의 정신과 철학이 겨우 버텨서 더 맑은 정신의 무늬와 인격적인 무늬를 만드는 것이다. 그러면 인문학적 사회, 즉 인간의 무늬와 사유, 또는 정신의 꼴을 제대로 갖추게 하려면 어떻게 해야 할 것인가? 함석헌은 이렇게 말한다.

"무엇으로 이 맥 빠진 민중을 깨울까? 때로써 알려주어야 한다. "밤이 깊고 낮이 가까 왔으니" "자다가 마땅히 깰 것"을 일러주어야 할 것이다…… 대로써 그 맘을 때리면 깬다…… 때는 끝이요 시작이다. 때는 죽음이요 살아남이다. 때는 심판이요 구원이다. 때는 갈라놓음이요 하나로 만듦이다. 때는 좌우에 날선 검이다. 때는 하나님의 말씀

46) 함석헌, 앞의 책, 『함석헌전집 11 「두려워 말고 외치라」』, 336쪽.
47) 오이겐 핑크, 「현상학에서 인간학으로」, 차인석, 『현대사상을 찾아서』, 문학과지성사, 1976, 190~191쪽.

이요 사자다. 때는 명(命)이다."[48]

문제는 유토피아라는 공간성(topos)이 아니라, 시간성(tempo) 즉 '때'라는 것이다. '때'의 각성이 공간성을 일깨울 수 있고 혁명과 개혁이 가능하기 때문이다. 앞에서 필자는 유토피아를 먼저 내면의 시간성으로, 즉 내면의 정신과 이성의 도래로 읽어야 한다고 말했다. 그 '때'라는 것은 씨올의 깨우침과 매우 밀접한 연관이 있다. '때'를 인식한다는 것은 바로 이상사회의 구원이 이루어지는 순간이기도 하다.

그래서 함석헌은 씨올의 교육, 맨 사람의 교육을 역설했다. 씨올은 '때'를 깨우치고 고난을 당하더라도 고집스럽게 자기 갈 길을 가야 할 사람이다. 씨올은 시대의 혁명을 위해서 씨올을 깨우고, 씨올의 자기교육과 자기훈련을 해야만 한다. 이러한 씨올의 교육은 곧 하늘의 소리를 듣는 하늘교육이며, 이상으로서의 씨올의 세계, 새로운 시대를 낳기 위해서 힘써야 하고 죽을힘을 다해야 하기에 더더욱 요구되는 각성이다.[49]

그러기 위해서 함석헌은, 더 아름답고 매혹적인 인간의 무늬를 발현시키는 인문학적 사회의 도래를 꿈꾼다. 그의 시문학, 그의 수사학적 언어와 산문적 어투, 그의 눈, 귀, 입 등의 감각은 미적 세계를 구현하는 몸이었다. 몸이 아름다우니 미적 세계를 이상화할 수 있었던 것이다. 함석헌의 투박한 듯하면서 뚝뚝 끊어지는 듯하고, 사고의 초월적 비약을 시도하는 듯하면서 논리적 명료성을 잃지 않는 언어미학적 표현들은 종

---

48) 함석헌, 앞의 책, 『함석헌전집 11 「두려워 말고 외치라」』, 338~339쪽.
49) 함석헌, 앞의 책, 『함석헌저작집 14 「새 시대의 종교」』, 306~310쪽; 함석헌, 앞의 책, 『함석헌전집 11 「두려워 말고 외치라」』, 368쪽.

교미학, 환경미학, 사회미학, 정치미학에 이르기까지 폭넓게 전개된다.

이것은 그의 비판적인 사회 인식과 인간 이해, 삶의 현실에 대한 이상으로서의 전반적인 도약을 꿈꾸며 맑은 정신과 사상을 지닌 한 인간이 이 세계의 아름다운 구원(종교적 구원을 포함한)을 열망했기 때문일 것이다. 더 나아가서 그의 미학적인 이상세계는, 마치 빈센트 반 고흐(Vincent van Gogh)와 같이, '삶을 전복시키는 근대의 데카당스(decadence)와 강한 대조를 이루'[50]기 위한 예술적 몸부림이었을지도 모른다.

"삶은 내기다. 으뜸이 되잔 것이 삶의 바탈이요 겨냥이다…… 생은 맹목적인가? 눈이 없을 뿐 아니라, 귀도, 코도, 입도, 몸도, 맘도 없는 것이 생 아닌가? ……삶은 오름이다. 오르고 오름이 옳음이다."[51]

여기서 우리는 함석헌의 초월미학을 발견하게 된다. 그 초월미학은 생의 미학, 삶의 미학, 맹목의 미학, 도덕의 미학을 통해 삶의 현실을 이상화한다. 함석헌에게 미란, 선과도 진리와도 다른 것이 아니다. 오히려 아름다움의 감정은 측은지심으로서의 사랑의 감정으로 포괄한다. 그러면서 그 아름다움은 전체와 조화를 이루고, 무엇보다도 도덕성을 함유하고 자연을 기꺼이 가까이하는 것을 뜻한다.[52]

예술가가 세계를 직관했다 하더라도, 그의 감성의 붓이 어떻게 놀려

50) 발터 니그, 윤선아 옮김, 『빈센트 반 고흐』, 분도출판사, 2011, 14쪽.
51) 함석헌, 앞의 책, 『함석헌전집 11 「두려워 말고 외치라」』, 382~384쪽.
52) 함석헌, 앞의 책, 『함석헌저작집 1 「들사람 얼」』, 119~129쪽.

지느냐에 따라서 예술가가 바라본 사물성, 현실성의 표상이 달라진다. 예술가는 자신의 정신을 물질화하고, 감상자는 물질화된 것을 통해서 예술의 정신을 발견한다. 다시 말해서 함석헌은 말함(Sagen)을 통해서 사물과 현상에 대해서 숨어 있지 않음(aletheia, Unverborgenheit)을 말하고, 세계를 발현시킨 것이다. 그는 새로운 세계, 새로운 이상, 새로운 사회를 발현시킴으로써 위장된 세계, 거짓의 모습, 혼란스런 세계에 대해서 고발하고 빛을 밝힌다.[53]

이러한 이상의 발현은 인간 스스로 '정신'을 갖느냐 갖지 못하느냐 하는 것과 밀접한 연관을 갖는다. 이상의 현실은 인간의 정신의 폭발이요 정신을 갖고 일어섬이기 때문이다. 함석헌은 그러한 이상세계야말로 씨올의 언어와 미가 갖고 있는 힘에서 나온다는 것을 몸소 드러내주었고, 그 정신이 썩어가는 세계에서 버텨주고 번져가는 것을 이상세계 실현의 가능성으로 보았던 것이다.[54]

"정신은 본래 가만 아니 있는 것이다. 죽은 물질로 되는 건축은 가만 있는 것이 그 토대가 되지만, 살아 발전하는 생명의 역사의 토대가 되는 것은 반대로 한순간도 가만 아니 있는 것이어야 한다…… 정신은 본래 혁명적이다. 우리가 살아나려면 강한 혁명을 일으켜야 한다."[55]

---

53) 마르틴 하이데거, 오병남 · 민형원 공역, 『예술작품의 근원』, 예전사, 1996, 92~94쪽.
54) 함석헌, 앞의 책, 『함석헌전집 11「두려워 말고 외치라」』, 354~356쪽.
55) 함석헌, 앞의 책, 『함석헌저작집 2「인간혁명」』, 168쪽.

맨 처음 원리로 돌아가서[혁명] 인간과 세계의 본래성을 회복하는 것이 우리가 바라는 이상세계다. 또한 그 세계를 위해서 지금 아니-있는 세계에 대해서 '아니-없다'고 부정하는 온갖 힘에 대해서 오히려 더 강력하게 '아니'라고 말할 수 있는 것이 생명이고 씨올의 삶의 자세다.[56] 생명은 '아니-하면' 있게 된다. '아니'라고 말하면 '아니-있는 세계'가 현실이 된다. '아니'라고 생각하면 그 이상세계의 생명성을 '안'에 품게 된다. 그러므로 이상세계 구현을 위해서 유일하게 가짐이라는 소유 구조(haben struktur)를 바랄 수 있는 것이 있다면, 그것은 아마도 '씨올의 정신'일 것이다.

함석헌의 미완(未完) 이상사회에서 미완(美完/美豌) 이상사회를 향하여

이상사회 혹은 인문학적 이상사회를 만든다는 것은 어쩌면 지난(至難)한 일인지도 모른다. 노직(R. Nozick)의 말대로 우리가 상상할 수 있는 이상적인 세계는 선택의 세계가 아니다. 다만 "우리 모두에게 좋은 세계여야 한다. 즉 우리 모두에게 상상할 수 있는 최선의 세계(the best world imaginable)."[57]

그러나 그것이 실현될 수 있는가 없는가가 중요한 것이 아니라, 가장 좋은 세계의 상태를 만들어가는 것이 우리의 과제가 아니겠는가. 그는

---

56) 같은 책, 163쪽, 193쪽.
57) 로버트 노직, 남경희 옮김, 『아나키에서 유토피아로』, 문학과지성사, 1983, 368쪽.

계속해서 우리의 이상을 디자인한다. 우위를 다투지도 않으며 다양한 개인들로 구성된 사회로서 타자를 고려할 뿐만 아니라 그의 개성을 존중하고 서로에게 기쁨과 즐거움이 되는 상보적·상호주관적 세계를 구상한다.

더 나아가서 이상적인 사회는 바로 다양한 인간의 무늬가 형성되는 것을 낯설어하지 않는 다원화된 공동체로서 모든 사람이 그렇게 될 수는 없어도, 누구나 거주하고 싶어할 만한 세계, 그리고 저마다 유토피아적 전망을 실현시킬 수 있는 자유로움이 담보된 사회를 실험할 용기가 있어야 한다는 것이다. 유토피아적 꿈을 실험하고 현실화시킬 수 있기 위해서는, 유토피아적 세계를 논하기에 앞서서 유토피아가 될 수 있는 조건과 환경이 무엇인지를 다시 논해야 하는 메타-유토피아 사상이 필요하다.[58]

함석헌의 이상사회를 실험하여 인간 정신의 뿌리-꼴을 찾게 하라!

그런 측면에서 보면, 함석헌의 이상사회, 또는 인문학적 사회는 미완으로서 메타-유토피아적이다. 그것은 반드시 실험해야 하고 현실화시켜야 하는 세계다. 아니-있는 세계는 현실 불가능의 세계가 아니라 가능 세계로서 지금 여기서의 현실에서 실현시켜야 한다. 노직이 말하는 이상사회는 인격과 권리를 존중하고 누구에 의해서도 삶을 강요받지 않고 인간 스스로 삶을 선택할 수 있는 이상적 인간의 실현 장소인 최소

---

58) 같은 책, 377~378쪽, 384쪽.

국가여야 한다. 우리가 꿈꾸는 이상사회가 최소국가이든 최소사회이든 간에 축소된 형태의 공동체에서 인간의 이상을 최상으로 구현할 수 있는 세계는 미래가 아닌 현재여야 한다는 점을 재인식해야 한다.

"우리는 특정의 공동체 속에 살고 있다. 우리의 이상 또는 좋은 사회에 관한 비제국주의적 비전이 제시되고 실현되는 것이 여기서다."[59]

가장 이상적인 사회, 그것은 함석헌이 늘 꿈꾸어왔던 세계임이 틀림없다. 거기에는 단순히 말로서만 옹알이를 했던 수준의 사유들이 아니라, 자신 스스로가 인문학적 소양을 가지고 그 이상사회를 논했다고 볼 수 있다. 그 자신이 동서양의 사상과 종교에 매우 조예가 깊었던 사람으로서, 단순히 그러한 사상을 답습한 것이 아니라 그것을 뛰어넘어 새로운 시대적 사상을 열어 보여준 인문학적 인간이었다. 그 바탕에서 함석헌의 사상이 나왔고, 함석헌이 그린 민족의 이상과 시대의 전망이 나온 것이다.

그러한 지평에서 볼 때 함석헌이 생각했던 인문학적 인간이란 인간의 이성과 정신을 가장 핵심으로 삼는 알짬의 인간을 말한다. 그것은 곧 인간 정신의 뿌리-꼴을 만들어주어야 나라와 민족이 산다는 것을 뼈저리게 깨달은 사상가였다는 점을 보아도 잘 알 수가 있다. 따라서 그 사유의 흐름 속에서 살고 있는 씨올들도 마땅히 그 인간 정신의 가뭇없는

59) 로버트 노직, 앞의 책, 407~409쪽.

(보이던 것이 전연 보이지 않아 찾을 곳이 감감하다.) 뿌리-꼴을 찾아야 할 것이다.

씨올은 망각의 트라우마를 극복하고 이성과 정신을 이상화하기 위해서 꿈틀거려야 한다!

앞에서 말했던 것처럼, 함석헌은 혼탁하고 혼란스러운 세계를 극복할 수 있는 길은 씨올이 생각하고 순수한 정신을 갖고 살아갈 때 가능한 일이라고 보았다. 그 생각과 정신은 곧 이상세계의 현실이기도 하다. 물론 함석헌이 본 생각과 정신이란 현실을 파악하고 꿰뚫는 인간 속에 있는 '알지 못하는 신'과 같은 것이요, "정신의 성운"이요, "영의 설렘"이다.[60]

그런데 오늘날 우리 민족의 현실과 세계의 문제는 바로 그 초월의 정신을 망각하고 물화시키고 있다는 데에 있다. 그럼으로써 인간은 태고의 에덴을 갈망하듯 자신의 트라우마에 운명의 고리를 걸고 헤매고 있는 모습을 보게 된다. 트라우마는 결국 의식과 무의식의 경계를 헤매는 트라우마가 아니라, 이성과 정신, 생각이라는 본연의 의식에 대한 트라우마가 되어야 한다. 떠올리기를 완강하게 저항하는 무의식으로의 본능으로 퇴행하고자 하는 우리 자신의 내면에 있는 이상을 의식으로 올려서 이성화 · 의식화해야만 한다.

함석헌이 꿈꾸었던 유토피아는 공동체, 삶, 타자, 그리고 나와의 관계를 결정하는 공간적인 의미이기보다는 시간 안에서 나라는 인간 의식,

---

60) 함석헌, 앞의 책, 『함석헌전집 11 「두려워 말고 외치라」』, 350~351쪽.

생각, 정신의 흐름이라는 이상에 초점에 맞춰져 있다고 보아야 할 것이다. 다시 말해서 그는 유토피아의 공간성을 무시한 것이 아니라 정신과 생각의 의식적 흐름이라는 시간성에 더 무게를 두어, 그것을 통해서 공간성 안에서 이루어지는 모든 인간과 공동체의 활동(정치 · 경제 · 자연 · 문화 · 기술 · 생명 등)의 희망으로 나아갔던 것이다.

그와 더불어 생각과 의식의 깨침은 어두운 시대의 철학적인 이상으로서, 그 실현의 주체를 씨올에게 두고 있다는 것을 알 수가 있다. 씨올이야말로 어두운 시대의 이상 구현자요, 초월적 삶의 가능성을 담지한 주체가 될 수 있기 때문이다. 그래서 함석헌은 우리에게 말하고 있다.

"생명 자체 안에 희망이 있다…… 희망을 가지는 것이 씨올이다…… 품지 못한 씨올은 씨올일 수 없다…… 사람은 다 씨올이다…… 씨올에는 절대희망이 있다. 오늘 현실의 의미는 우리에게서 인류의 장래를 위한 씨올을 닦아내자는 데 있다."[61]

이상사회는 공간적 · 시간적으로 늘 뒤로 미뤄지는 미완(未完)이기 때문에 모든 인류가 이상사회의 일원이 될 수는 없을 것이다. 설령 그렇다고 하더라도 지금 여기에 남아서 생명으로, 정신으로, 생각으로 버티고 있는 씨올인 우리가 함석헌이 말한 미완(美完/美睆)의 유토피아적 희망을 위해서 꿈을 틔우고 깨치는 꿈틀거림을 오롯이 보여주어야 하리라.

---

61) 함석헌, 앞의 책, 『함석헌저작집 9 「씨올에게 보내는 편지 2」』, 260~262쪽.

"이상적인 것을 지향하려는 인간의 의지는 이 세상의 사회 가운데에서 가장 나은 사회 유토피아뿐 아니라, 이상을 담고 있는 모든 사고에도 담겨 있다. 한 사회에 대한 깨어 있는 꿈들은 하찮은 것이거나 의미 없이 형상화된 것들에 포함되거나, 내재해 있는 것처럼 보인다. 그렇지만 그러한 꿈속에서는 본질적으로 사회적 토대와 결부된 이상적인 무엇이 분명히 형성되어 있다."[62]

참고문헌

에른스트, 블로흐, 박성호 옮김, 『희망의 원리 1』, 열린책들, 2004.

_____, 박성호 옮김, 『희망의 원리 2』, 열린책들, 2004.

_____, 박성호 옮김, 『희망의 원리 4』, 열린책들, 2004.

오이겐, 핑크, 「현상학에서 인간학으로」, 차인석, 『현대사상을 찾아서』, 문학과지성사, 1976.

G.W.F. 헤겔, 최신한 옮김, 『종교철학』, 지식산업사, 1999.

에이킨, 헨리 데이비드, 이선일 옮김, 『이데올로기의 시대』, 서광사, 1986.

Kant, I., *Kritik der reinen Vernunft*, ed. Raymund Schmidt, Hamburg: Felix meiner, 1959.

하버마스, 위르겐, 윤형식 옮김, 『아, 유럽』, 정치저작집 제11권, 나남, 2011.

헤센, 요하네스, 허재윤 옮김, 『종교철학의 체계적 이해』, 서광사, 1995.

사르트르, 장-폴, 박정자 옮김, 『지식인이란 무엇인가』, 도서출판 인간, 1978.

엘리아데, 미르치아, 박규태 옮김, 『종교의 의미와 답변』, 서광사, 1990.

하이데거, 마르틴, 오병남 · 민형원 공역, 『예술작품의 근원』, 예전사, 1996.

베르쟈예프, 니콜라이, 이신 옮김, 『노예냐 자유냐』, 도서출판 인간, 1979.

Ricoeur, Paul, *Lectures on Ideology and Utopia*, ed. George H. Taylor, New York: Columbia University Press, 1986.

---

62) 에른스트 블로흐, 박성호 옮김, 앞의 책, 『희망의 원리 2』, 973~974쪽.

노직, 로버트, 남경희 옮김, 『아나키에서 유토피아로』, 문학과지성사, 1983.

니그, 발터, 윤선아 옮김, 『빈센트 반 고흐』, 분도출판사, 2011.

김성보 외, 『사회인문학이란 무엇인가』, 한길사, 2011.

남경희, 『이성과 정치존재론』, 문학과지성사, 1997.

박명림, 「왜, 그리고 무엇이 사회인문학인가」, 김성보 외, 『사회인문학이란 무엇인가』, 한길사, 2011.

박영식, 『인문학 강의』, 철학과현실사, 2011.

이인호, 「현대정치의 비인간화」, 차인석, 『현대사상을 찾아서』, 문학과지성사, 1976.

함석헌, 『함석헌저작집 1 「들사람 얼」』, 한길사, 2009.

_____, 『함석헌저작집 14 「새 시대의 종교」』, 한길사, 2009.

_____, 『함석헌저작집 2 「인간혁명」』, 한길사, 2009.

_____, 『함석헌저작집 9 「씨올에게 보내는 편지 2」』, 한길사, 2009.

_____, 『함석헌전집 11 「두려워 말고 외치라」』, 한길사, 1984.

실천

평화, 경제, 교육

"무저항주의는 침략적이든 방어적이든
모든 전쟁을 반대하고, 전쟁을 위한 준비도
반대하는 것이다. 자신을 방어한다는 이유로
무기를 들어서도 안 되고 정당방위도 인정되지 않는다.
톨스토이는 특히 기독교인이라면 어떤 상황에서도
악을 행하는 사람의 생명을 해치거나
빼앗을 수 없다고 했다. 평화에 대한 사랑과
인류에 대한 선을 가르치는 종교와 전쟁이
병행하거나 공존할 수 없다고 주장한 이유다.
이러한 톨스토이의 무저항주의에
간디는 평생 잊지 못할 깊은 감명을 받고
이를 비폭력주의로 발전시켰다."

– 이재봉

함석헌의 비폭력사상과 한반도의 비폭력통일

이재봉 원광대 정치외교학과 교수, 평화연구소장

시작하는 글—전쟁은 반드시 없어져야 한다

『사상계』 1965년 1월호에 실린 함석헌 선생의 「비폭력혁명: 폭력으로 악은 제거되지 않는다」는 글을 처음 접한 것은 1990년대 초 하와이 대학교에서 페이지(Glenn Paige) 교수의 비폭력정치학 수업을 들을 때였다. 1980년대 서울에서 대학을 다니면서 그의 책을 몇 권 읽긴 했지만, 10여 년 뒤 하와이에서 박사과정을 밟을 때 평화학과 비폭력정치학을 공부하면서 그의 비폭력사상을 접하게 되었던 것이다.

그리고 1994년 귀국하여 북한 및 통일 문제를 공부하고 강의하면서부터 비폭력통일 방안을 구상하기 시작했다. 북한의 실체를 인정하지 않고 자유민주주의와 자본주의 체제로의 통일만을 고집하면서 북한의 붕괴를 이끌어 흡수통일을 추구하는 것은 묵과하거나 용인할 수 없는 거대하고 심각한 폭력이라고 규정했기 때문이다.

2010년 3월 천안함 침몰 사건이 일어난 뒤부터 남북한 사이에 '전쟁

불사'라는 말이 주저 없이 나오게 되었다. 먼저 이명박 대통령이 전쟁기념관에서 북한에 대한 강경 조처를 발표하며 "전쟁을 두려워하지 않는다"고 발언함으로써 전쟁 분위기를 이끌었다. 군은 대북심리전 방송을 재개하기 위해 군사분계선 주위에 대형 확성기를 설치하고 북한 쪽으로 대량의 전단을 살포하며 한미연합 군사훈련을 대규모로 실시하겠다는 계획을 발표했다.

보수 언론에서는 "싸움꾼들을 요직에 포진시켜야 한다. 침략당했을 때의 응징 전쟁을 안 하는 존재는 국가도, 정부도, 국민도, 인간도 아니다"라는 주장과 "북한이 도발해도 국민이 3일만 참아주면 북한의 핵심 목표를 폭격해 전쟁을 승리로 이끌 수 있다"는 칼럼이 발표되고, "1km 앞에 북 초소…… '사격준비 이상 무!'"라는 현장보고 기사도 실렸다.[1] 나아가 이 대통령은 2010년 8월 통일세 신설을 제안한 뒤 "머지않아 통일이 가까운 것을 느낀다"거나 "통일은 도둑같이 올 것"이라는 등 여전히 북한의 붕괴를 통한 흡수통일을 추구하거나 준비해오고 있다.[2]

함석헌 선생의 말대로 "전쟁은 반드시 없어져야" 한다. 특히 첨단무기가 가득한 한반도에서의 전쟁은 남북한의 공멸을 초래할 것이 분명하기 때문이다. 통일을 추구하는 과정에서 대립과 경쟁도 피하는 게 바람직하다. 폭력과 전쟁을 불러올 수 있기 때문이다. 따라서 비폭력은 단순하게 무기를 쓰지 않는 것을 넘어, 자신과 상대의 대립을 초월하는 것이라고 정의하면서, 경쟁을 피하고 전쟁을 반드시 없애야 한다고 주장

---

1) 『중앙일보』, 2010.5.24; 『문화일보』, 2010.5.25; 『시사인』, 2010.6.5.
2) 『경향신문』, 2010.12.9; 『한겨레』, 2011.6.22.

했던 함석헌의 비폭력사상을 바탕으로 한반도의 비폭력통일을 통한 평화를 모색해보고자 한다.

함석헌의 비폭력사상

함석헌의 비폭력사상은 톨스토이의 무저항주의와 간디의 비폭력주의에 뿌리를 두고 있다. 톨스토이(1828~1910)의 종교관과 무저항정신은 간디(1869~1948)와 유영모(1890~1981)에게 영향을 미치고 간디와 유영모는 함석헌(1901~89)에게 영향을 미쳤기 때문이다.

함석헌은 스승 유영모를 만남으로써 "정신적으로 단층을 이루며 비약"했다고 했는데, 스승이 기본을 세우고 자신이 발전시킨 씨올사상은 백성(民)이 역사와 사회의 바탕이며 주체라는 사고와 인식으로, 여기엔 생명, 사랑, 민주, 평등, 비폭력, 평화 등의 정신을 포함하고 있다.[3] 그리고 함석헌은 1919년 3·1운동 무렵 간디의 이름을 처음으로 들은 뒤, 1924~25년 무렵엔 간디에 관한 책을 읽고 '간디에 대한 마음'이 일어났으며, 1958년 '간디연구회'를 만들었다가 '서리를 맞았다'.

나중에 '우리나라에서 가장 존경받는 외국인'이자 자신이 '3·1운동 이후 그렇게 좋아해온' 간디의 사상과 투쟁방법을 '씨올'에게 알려주지 못한 것을 아쉬워하며, 1981년 『간디 자서전』을 번역하는 동안 "지난 70여 년보다 이 한 해에 배운 것이 더 많다"고 밝혔다.[4]

---

3) 박영호, 『다석 유영모』, 두레, 2009, 46쪽.
4) 함석헌, 「마하트마 간디」, 『씨올의 소리』, 1976년 10월호; 간디, 함석헌 옮김, 『간디 자서전/시민의 불복종』, 삼성출판사, 1982; 함석헌, 『간디의 참모습/간디 자서

함석헌이 흠모했던 간디는 자서전에서 톨스토이가 1905년 발표한 『신의 나라는 그대 마음속에 있다』(*The Kingdom of God is within You*) 라는 책을 통해 "나의 생애에 깊은 인상을 남기고 내 마음을 사로잡았다"고 밝혔다.[5] 또한 함석헌이 '가장 높이던 스승' 유영모는 20대 초에 톨스토이에 심취하여 기성 교회에 나가지 않고 귀농을 기획하며 씨알 사상을 잉태했을 뿐만 아니라, 간디에 대해서도 '미륵불' 같은 존재로 평가하고 그의 영향을 받으며 존경했다.[6] 함석헌의 비폭력사상을 이해 하기 위해서는 톨스토이의 무저항주의와 간디의 비폭력주의를 공부할 필요가 있는 것이다.

무저항주의와 비폭력주의

톨스토이는 1884년 발표한 『나의 종교』(*My Religion*)와 1905년 출판 된 『신의 나라는 그대 마음속에 있다』 등을 통해 그가 믿는 종교의 본질 을 설명하고 삶에 대한 새로운 개념으로서의 기독교를 내세우며 '악에 대한 무저항'을 주장했다. 『성경』「마태복음」제5장 제39절의 "나는 너 희에게 이르노니, 악한 자를 대적하지 말라. 누구든지 네 오른 뺨을 치 거든 왼편도 돌려대라"는 예수의 가르침에 따라 기독교는 모든 형태의 폭력과 전쟁을 불법적인 것으로 본다는 견해를 밝힌 것이다. 이와 아울 러 기독교인을 "이웃과 다투지 않고, 폭력을 사용하거나 공격하지 않으 며, 그와 반대로 저항하지 않고 스스로 고난을 당하며…… 세계를 자유

전』, 한길사, 1983, 36쪽, 47~48쪽.
5) 차기벽, 『간디의 생애와 사상』, 한길사, 1989, 58쪽.
6) 박영호, 앞의 책, 148쪽, 156쪽, 159쪽.

롭게 하는 데 도움이 되는 사람"으로 정의했다.

그러나 톨스토이는 이러한 예수의 가르침을 교회가 인정하지 않고 있다면서 흔히 기독교라 불리는 교회의 신앙을 가질 수 없다고 덧붙였다. 그리고 '무저항의 선구자들'인 퀘이커 교도들과 흑인 해방의 선구자였던 개리슨 등의 활동을 소개하고 인용하며 무저항의 당위성과 도덕성을 강조했다.[7]

여기서 '무저항'이란 말은 『사전』에서 정의하듯 '저항하지 않는 것'으로 오해하기 쉬운데, 악에 대해 무조건 저항하지 않는 게 아니라 악에 대해 악으로 저항하지 않는다는 뜻이다. 『구약성경』(*Hebrew Bible*)과 『함무라비 법전』(*Code of Hammurabi*)에 기록되어 있는 "눈에는 눈, 이에는 이"라는 말처럼 해를 당한 만큼 앙갚음하는 것이 아니라, 악을 오히려 선으로 물리치는 것을 의미한다.

이렇듯 무저항주의는 침략적이든 방어적이든 모든 전쟁을 반대하고, 전쟁을 위한 준비도 반대하는 것이다. 자신을 방어한다는 이유로 무기를 들어서도 안 되고 정당방위도 인정되지 않는다. 톨스토이는 특히 기독교인이라면 어떤 상황에서도 악을 행하는 사람의 생명을 해치거나 빼앗을 수 없다고 했다. 평화에 대한 사랑과 인류에 대한 선을 가르치는 종교와 전쟁이 병행하거나 공존할 수 없다고 주장한 이유다. 이와 관련하여 정부가 군복무를 강요할지라도 단호하게, 그러나 겸손하고 예의 바르게 군복무를 거절하는 게 기독교인의 명예롭고 엄숙한 임무라고

---

7) 황필호 편, 『비폭력이란 무엇인가』, 종로서적, 1986, 121~156쪽; 차기벽, 앞의 책, 74쪽.

여겼다.[8)]

이러한 톨스토이의 무저항주의에 간디는 평생 잊지 못할 깊은 감명을 받고 이를 비폭력주의로 발전시켰다. 간디는 인도 독립운동 초기에 무저항을 '소극적 저항'이라고 불렀지만, 이 말은 '약자의 무기'인 것처럼 오해될 염려가 있어 '진리파악'(satyagraha) 또는 '비폭력'(ahimsa)이라고 고쳐 불렀다. '무저항'이란 말은 저항하지 않는 것으로, 그리고 '소극적 저항'이란 말은 수동적으로 저항하는 것으로 착각할 수 있기 때문에, 적극적으로 저항하되 폭력을 사용하지 않는다는 취지의 '비폭력저항'운동을 전개한 것이다.

간디가 주창한 '진리파악'이나 '비폭력'은 깊은 도덕의식과 종교의식에서 나오는 정신력으로, 그것의 본질은 상대방을 폭력으로 패배시키는 대신 정신력으로 상대방의 마음을 변화시키는 데 있고 스스로 고통이나 고난을 당함으로써 상대방의 마음속에 있는 사랑과 인간적 감정을 불러일으키는 데 있다. "상대방을 해치거나 괴롭히는 게 아니라 성실한 마음과 기사도 정신을 갖고 스스로 고난을 당함으로써 상대방의 양심을 찔러 상대방으로 하여금 잘못을 깨닫게" 하는 것이다. 마음은 난폭한 생각을 삼가고, 혀는 난폭한 말을 삼가며, 손은 난폭한 행동을 삼가야 한다.

따라서 비폭력은 악에 대해서도 분노, 증오, 복수, 공포 등과 같은 강한 격정을 억제하고 선으로 대해야 할 뿐 아니라, 적을 존경하고 사랑해야 하는 거의 초인적 행동이다. 이 때문에 비폭력은 "가장 강력한 폭력

---

8) 황필호 편, 같은 책, 121~156쪽.

에 대한 가장 효과적 방법"으로서 "이 세상에서 가장 위대하고 가장 능동적인 힘"인 것이다.

한편 간디는 무저항이나 소극적 저항을 비겁하거나 무능한 약자의 행위로 간주하며 비겁이나 무능보다는 차라리 폭력이 낫다고 주장했다. 진실을 밝히고 진실대로 행동할 필요가 있을 때 침묵을 지키는 것은 비겁이라고 비판하는 한편, 증오와 폭력을 악으로 여겨 배제하자면서도, 악을 대하면 저항하지 않거나 소극적으로 저항하는 비겁보다는 폭력을 써서라도 적극적으로 저항해야 한다고 주장한 것이다.

간디에 따르면, 무저항이나 수동적 저항은 약자의 수단으로 폭력을 사용할 수 없는 무능이나 비겁을 감추기 위한 것으로, 이는 폭력을 사용하지 않고 상대방을 해치려는 노력이며, 어떤 경우엔 남몰래 폭력을 사용하기도 한다. 직접적 행동이 뒤따르지 않는 비폭력은 아무 의미가 없으며, 차라리 복수와 죽음을 무릅쓴 폭력적 저항이 차선이라는 것이다.

여기서 톨스토이의 무저항주의와 간디의 비폭력주의 사이에 커다란 차이를 발견할 수 있다. 톨스토이는 악에는 악으로 대적하지 말고 자신을 방어하기 위해 무기를 들어서도 안 되며 정당방위도 인정할 수 없다고 했는데, 간디는 불의에 대항할 줄 알아야 하고 비폭력적으로 자신을 방어할 능력이 없을 때는 폭력 수단을 사용하는 데 주저할 필요가 없다고 했다. 행동하지 않는 것은 비인간적이고 비겁할 뿐만 아니라 무능하고 약한 자의 '엉터리 비폭력'은 세상에서 가장 비도덕적이라며 반드시 피해야 한다는 것이다. 따라서 비폭력을 행사할 수 없을 때 폭력은 필요하고 고상하며, 자신을 방어하기 위해서는 폭력을 사용할 용의가 있어야 한다고 했다.

간디는 비겁한 무저항이나 거짓된 소극적 저항보다 정직한 폭력이 더 바람직하고 폭력적 저항보다는 비폭력저항이 훨씬 바람직하다고 하면서, 소극적이거나 수동적 저항과 비폭력저항의 차이는 다음과 같다고 했다.

첫째, 수동적 저항은 악이나 부정에 대해 자신을 방위하는 데 만족하는 소극적 행위이지만, 비폭력저항은 억압당하고 있는 개인이나 집단이 비폭력적 방법으로 억압자의 정서나 견해 또는 기질 등을 시정하고자 애쓰는 적극적 행위다.

둘째, 수동적 저항은 자신에게 약간의 고통을 주더라도 주로 상대방을 궁지에 몰아넣기 위해 상대방을 괴롭히려는 것이지만, 비폭력저항은 자기 스스로 조용히 기꺼운 마음으로 참을성 있게 고통을 당함으로써 상대방의 마음에 감동을 일으키게 하려는 것이다.

셋째, 수동적 저항은 상대방을 공격하려는 관념이지만, 비폭력저항은 사랑을 바탕으로 상대방에게 정중한 경의를 표하고 그의 견해를 존중하는 동시에, 그가 신의와 선의를 가지고 있다고 믿으며 그를 예절 바르고 참을성 있게 대하는 태도다.

넷째, 수동적 저항은 적당한 시기에는 폭력을 사용할 가능성이 있으나, 비폭력저항은 아무리 유리한 상황에서도 폭력을 사용하지 않는다.

다섯째, 수동적 저항은 부정적이거나 일시적인 행위이지만, 비폭력저항은 적까지 포함하는 인류에 대한 영원한 사랑의 표현이다. 따라서 비폭력저항을 실천하려면 상대방에 대한 증오심을 갖지 말고, 자제와 자기희생 등의 훈련을 하며 끝까지 자신이 고통받을 각오를 해야 한다.

비폭력저항과 아울러 간디가 중시했던 것은 시민의 '불복종'과 '비협력'이었다. 불복종은 양심의 질서에 따르기 위해 현실의 권력에 복종하지 않는 것이요, 비협력이란 더욱 바람직한 질서를 확립하도록 돕기 위해 현실의 권력에 협력하지 않는 것이다.

나아가 간디는 세계 평화와 관련하여, 세계가 비폭력을 채택하지 않으면 인류는 자살을 면치 못할 것이라며 비폭력을 통해서만 폭력에서 벗어날 수 있다고 주장했다. 강대국들이 용감하게 무장해제를 하기 전에는 평화가 도래하지 않을 것이라 경고하기도 했다. 핵무기가 파괴할 수 없는 유일한 것이 비폭력이라며, 진정한 비폭력만이 세계의 평화와 질서를 보장할 것이라는 희망을 가졌던 것이다.[9]

함석헌의 비폭력혁명과 평화 및 통일에 대한 인식

앞에서 얘기했듯, 함석헌은 간디를 흠모하며 그의 사상과 투쟁방법에 커다란 영향을 받았다. 그는 1961년 2월 발표한 「간디의 길」이라는 제목의 글에서 간디의 길을 다음과 같이 설명했다.

"그것은 '사티아그라하'다. 진리파지(眞理把持)다, 참을 지킴이다. 또 세상이 보통 일컫는 대로 비폭력운동이다. 사나운 힘을 쓰지 않음이다. 혹 무저항주의란 말을 쓰는 수 있으나 그것은 오해를 일으키기 쉬운 이름이다. 간디는 옳지 않은 것에 대해 저항을 하지 말자는 것이 아니다. 반대로 그는 죽어도 저항해 싸우자는 주의다. 다만 폭력 곧

---

9) 간디의 비폭력주의에 관한 내용은 같은 책, 121~156쪽과 차기벽의 앞의 책 참조.

사나운 힘을 쓰지 말자는 주의다. 그러므로 자세히 말하면 비폭력저
항주의다."[10]

1965년 4월 발표한 「간디의 참모습」이란 글에서는 목적보다 수단의
정당성을 강조했다. 세상엔 목적을 위해서는 수단을 가리지 않는다거
나 목적이 옳으면 수단도 저절로 옳은 것이 된다는 게 상식이지만, 간디
는 목적이 문제가 아니라 수단이야말로 문제라는 점을 분명하게, 그리
고 절대적으로 주장했다고 했다. 술책을 쓰지 않고 진실로 행하면 일이
실패할 것 같지만, 실제로는 그게 결국 이기는 길이요 가장 가까운 길이
라는 것이 간디의 생애를 통해 증명되었다는 것이다.[11]

함석헌은 이에 앞서 1965년 1월 「비폭력혁명: 폭력으로 악은 제거되
지 않는다」는 글을 발표했다. 여기서 "이날까지 이 역사를 이끌어온 것
은 폭력주의였습니다. 그 결과 세계는 오늘에 보는 것같이 이렇게 어지
럽게 참혹하게 되었습니다. 이제 그것이 이 이상 더 나갈 수 없는 막다
른 골목에 빠졌습니다"라고 한탄하며, "우리 생각과 행동과 살림을 근
본적으로 전체적으로" 고치는 '혁명'을 추진해야 한다고 역설했다. 그
러기에 우리가 나아갈 길은 '비폭력혁명'이란 '오직 한 길'밖에 없다는
것이다.[12]

한편 함석헌은 한반도 평화 및 통일 문제와 관련하여 반공정책에 대

10) 함석헌, 「간디의 길」, 『사상계』, 1961년 2월; 함석헌, 앞의 책, 『간디의 참모습/
    간디 자서전』, 한길사, 1983, 11쪽.
11) 함석헌, 「간디의 참모습」, 『사상계』, 1965년 4월; 함석헌, 같은 책, 20쪽.
12) 함석헌, 「비폭력혁명: 폭력으로 악은 제거되지 않는다」, 『사상계』, 1965년 1월.

한 불만에서부터 중립화통일에 대한 구상에 이르기까지, 당시엔 매우 불온하고 위험했던 구상을 조심스럽게 발표했다. 먼저 그는 1960년 4 월혁명 이후 혼란스러운 상황에서 언론이 제 역할을 하지 못한다며 북 한 및 통일에 대한 인식을 다음과 같이 묘사했다. 그가 다음 글을 발표 한 때는 1961년 2월로, 당시엔 북한이 남한보다 정치적으로 더 안정되 고 경제적으로 더 발전되었을 때인데 북한이 잘 못 산다는 왜곡보도를 일삼고 '반공'을 내세워 북한을 적대시하면서 어떻게 통일을 추구할 수 있겠느냐는 한탄이 섞여 있다.

"관이나 민을 가릴 것 없이, 말을 한다면 그저 '반공'이 그 최절정 이요, 사실을 보도한다면 그저 이북에서는 어떻게 살기 어렵다는 것 이니, 그것으로 민중의 마음이 하나가 되고 높아질 수 있을까? 그보 다 높은 이상을 보여주는 것 없이 그저 아니라고만 하는 것이 무슨 힘 이 있으며, 이북이 잘못 산다는 것이 무엇이 터럭만큼인들 이남이 잘 한다는 증명이 될까? 대체 그런 말을 이북 동포를 정말 동포로 사랑 하고 불쌍히 여기는 맘으로 하는 것일까? 그렇지 않으면 무의식적으 로라도 우리의 무능 무성의를 가리고 변명하기 위해 하는 것 아닐까? 이북이라면 적국처럼 생각하면서 무슨 통일을 바랄 수 있을까?"[13]

또한 그는 "이제 우리의 나아갈 길은 간디를 배우는 것밖에 없다고 생각한다"면서 그 이유를 다음과 같이 세 가지로 꼽았다. 첫째, 우리나

---

13) 함석헌, 앞의 글, 「간디의 길」, 『사상계』, 1961년 2월; 함석헌, 앞의 책, 9~10쪽.

라와 인도의 사정이 비슷하기 때문이다. 오랫동안 독립을 잃고 다른 민족의 지배를 받으며 지치고 병든 민족인데, 간디는 삶에 대한 의욕까지 거의 잃어버린 '시체 같은 민족'에 새 정신을 불어넣어 하나로 통일하면서 "손에 바늘 하나 든 것 없이" 순전히 정신의 힘으로 세계 제일의 대영제국을 몰아냈으니 배울 만하다는 것이다.

둘째, 간디가 정치와 종교를 하나로 잘 조화시켜 정치문제를 종교적으로 잘 해결했기 때문이다. 어느 시대에든 역사는 결국 정치와 종교의 싸움인데, 오늘날 인류가 당하는 고민은 종교를 무시하고 사회 문제를 정치적으로만 해결하려 하는 데서 온다. 종교가 국가의 공인을 얻은 대신 모든 문제를 정치에 넘겨주고 현실을 피하며 순전히 저세상만을 위하는 종교로 바뀌어, 인생관이 천박해지고 마침내 대규모의 전쟁이나 학살까지 마음대로 저지르는 세상이 돼버렸다. 이런 터에 간디는 몇백년 동안 식민통치를 통해 '산송장'이 되어버린 2억의 인도인을 단순한 종교심으로 불러일으켜 대영제국의 억압을 물리치고 자유로운 나라의 기초를 닦았으니 인류역사에서 크게 주목할 만한 일이라는 것이다.

셋째, "앞날의 세계를 위한 평화운동" 때문이다. 이제 인류는 극도로 발달해가는 무기로 전쟁을 아주 그만두느냐 또는 전 세계가 아주 망해버리느냐는 위기에 이르렀다. 전쟁을 어떻게 없애느냐 하는 것은 모든 나라 모든 민족에게 가장 크고 급한 문제로, 강대국들이 자신들의 이익을 버리고 현 상태를 바꿀 의지가 부족하지만, 결국 간디가 열어놓은 길을 걷지 않을 수 없을 것이다. 특히 우리나라 문제는 세계 문제로, 함석헌은 세계 죄악의 찌꺼기가 몰려나가는 곳이 한반도라며, 우리나라가 '세계의 하수구'라고 말해왔다. 바로 6·25전쟁이 세계의 쓰레기를 모두 모아다 버린 것인데, 인류가 살아남기 위해 시급히 치워버려야 할 쓰레기를 우리가 짊어지고 있으니, 자신과 상대방을 같이 살리자는 간디의 정신이 필요하다는 것이다.[14]

나아가 함석헌은 1970년대 초 인도를 방문하고 돌아와 한반도의 평화와 통일과 관련하여 두 가지 중요한 시사점을 던져주었다.

첫째, 공산주의도 받아들일 수 있는 자유로운 사회를 만들자는 것이었다. 인도는 당시 캘커타와 케랄라 같은 공산주의 주정부도 포함된 연방국가로 통일을 이루고 있었는데, 북한의 공산주의를 직접 체험하고 남한으로 내려왔던 그가 일부러 케랄라까지 찾아가보고 "무엇이 공산주의냐고 반문할 정도로 아무 이상한 것을 느낄 수 없었다." 게다가 다른 주들에서도 선거 기간 동안 공산주의 선전 벽보가 어지러이 붙어 있는 것을 보았는데, 그게 불법이지만 그렇다고 인도가 '공산당 천지'가되는 게 아니지 않느냐며 공산주의사상을 받아들이고 인정하더라도 문제가 될 게 없다는 점을 시사했다.

둘째, 중립주의를 고려해보자는 것이었다. 인도의 중립주의가 당시 불안한 모습을 보이기는 했지만, 오랜 식민통치를 경험하고 독립국으로 일어서면서도 주관성이 강한 것을 보여주는 한편, 세계 기존질서에 초연하면서 새로운 문명을 지향하자는 정신을 드러낸 것이라고 평가했다.[15]

인도방문 경험을 바탕으로 공산주의사상을 어느 정도 받아들이고 인

---

14) 함석헌, 앞의 글, 「간디의 길」; 함석헌, 같은 책, 9~16쪽.
15) 함석헌, 「새 인도와 간디」, 『아람』, 1974년 3월; 함석헌, 같은 책, 27~28쪽.

정하는 자유로운 남한 사회와 중립주의를 통한 연방제 통일을 조심스럽게 내비친 것이다. 1940년대의 분단과 1950년대의 전쟁을 거치면서 1980년대 말까지 40여 년 지속된 냉전 기간 동안 반공을 국시로 삼아온 남한에서, 특히 남한의 정치사에서 가장 폭압적이었던 1970년대의 박정희 군사독재정권 아래서 초보적으로나마 이러한 구상을 다듬고 발표했다는 것 자체가 매우 주목할 만한 일이다.

남한의 폭력적 통일방안

우리는 1945년 분단된 지 66년이 지났는데도 통일을 이루지 못하고 있다. 남한에서든 북한에서든 남녀노소를 막론하고 "우리의 소원은 통일"이라고 외치면서도 통일을 이루지 못하고 있는 것이다. 남한의 국민이나 북한의 인민이 전쟁에 따른 원한과 적대감을 떨쳐버리지 못했기 때문일 수도 있고, 남북의 지도자들이 겉으로만 통일을 원했을 뿐 속으로는 바라지 않았던 탓일 수도 있다. 주변 강대국들이 통일을 반대하거나 방해했기 때문일 수도 있고, 통일방안이 비현실적인 탓일 수도 있다. 먼저 남한의 통일방안에 내재된 폭력성을 살펴본다.

북한의 실체를 부인하며 남한의 사상과 체제로 통일하는 것만을 고집하는 통일정책

남한에서는 1980년대 말까지 체계적인 통일방안이 없었다. 1950년대 이승만 정부는 '무력 북진통일'을 앞세우며 평화통일을 주장하는 사람을 처형하기까지 했다.

206

1960~70년대 박정희 정부는 '선건설 후통일'을 내세우며 궁극적으로는 '승공통일'을 추구했다. 그 무렵 남한의 국력이 북한보다 뒤지고 정치적으로도 안정되지 않은 상황에서 먼저 경제성장에 치중하여 힘을 기르고 나중에 북한 공산주의를 무찔러 이기는 통일을 이루겠다는 것이었다.

1982년 전두환 정부는 통일헌법을 만들고 남북총선거를 실시하여 통일민주공화국을 세운다는 '민족화합 민주통일 방안'을 발표했다. 남북 대표들이 '민족통일협의회의'를 구성하여 거기서 통일헌법을 마련하고, 확정된 통일헌법에 따라 총선거를 실시하여 통일국회와 정부를 구성함으로써 통일을 이룬다는 내용이었지만, 북한이 받아들일 리 없는 형식적인 구호나 다름없었다.

동유럽 사회주의권이 붕괴되기 시작하던 무렵인 1989년 노태우 정부는 전두환 정부의 '민족화합 민주통일 방안'을 보완하고 체계적으로 다듬은 '한민족 공동체 통일방안'을 내놓았다. 자주·평화·민주의 3대 원칙 아래 공존공영, 남북연합, 단일민족국가의 3단계를 거쳐 통일을 실현한다는 내용이다. 남북 사이의 불신과 적대감, 그리고 이질화 현상 등을 해소하지 않고 통일을 이루기는 어렵기 때문에, 먼저 교류와 협력을 통해 민족공동체를 회복·발전시키고, 과도기적 통일체제인 남북연합을 이룬 뒤, 통일헌법에 따라 총선거를 실시하여 통일국회와 통일정부를 구성함으로써 통일민주공화국을 수립한다는 것이다.

1994년 김영삼 정부는 노태우 정부의 '한민족 공동체 통일방안'을 거의 그대로 받아들여 '한민족 공동체 건설을 위한 3단계 통일방안'을 발표했다. 흔히 '민족 공동체 통일방안'이라고 불리는 이 통일방안은 자주 · 평화 · 민주의 3대 원칙을 바탕으로 화해협력, 남북연합, 완전통일이라는 3단계를 거쳐 통일을 실현한다는 내용이다.

1998년 들어선 김대중 정부는 통일정책을 발표하지 않고 대북정책만 내놓았을 뿐이다. '햇볕정책'으로 널리 알려진 '대북 화해협력 정책'을 펼치면서 남북관계 개선에 힘썼던 것이다. 물론 김대중은 대통령이 되기 오래전부터 통일방안을 구상하고 다듬어오다 1995년 [아태재단]을 통해 발표했다. 널리 알려진 '3원칙 3단계 통일방안'으로, 평화공존, 평화교류, 평화통일의 3원칙을 바탕으로 공화국연합제, 연방제, 완전통일의 3단계를 거쳐 통일을 이루자는 내용이다.

한편 김대중 정부가 공식적으로 통일정책을 발표하지 않고 대북 포용정책을 전개하며 남북관계를 진전시키는 가운데 2000년 6월 가진 최초의 남북정상회담에서 통일에 관해 합의하고 이른바 '6 · 15공동선언'으로 발표했기 때문에, 이를 통일정책으로 간주할 수도 있다. "남과 북은 나라의 통일을 위한 남측의 연합제안과 북측의 낮은 단계의 연방제안이 서로 공통성이 있다고 인정하고 앞으로 이 방향에서 통일을 지향시켜나가기로 했다"는 내용이다.

2003년 들어선 노무현 정부에서도 통일정책은 발표하지 않고, 김대중 정부의 대북정책인 '화해협력 정책'을 계승하며 '평화번영 정책'이라는 이름으로 남북관계를 개선하는 데 중점을 두었다. 물론 2007년 10월 열린 두 번째 남북정상회담에서 이른바 '10 · 4선언' 제1항을 통해 "남과 북은 6 · 15공동선언을 고수하고 적극 구현해나간다"는 것을 발표했기 때문에, 굳이 통일정책을 밝힌다면 "남측의 연합제안과 북측의 낮은 단계의 연방제안"의 공통성을 바탕으로 통일을 지향한다는 점일 것이다.

2008년 출범한 이명박 정부는 1994년 김영삼 정부가 채택했던 '민족공동체 통일방안'을 계승하면서 점진적 통일을 지향한다고 했다. 화해협력, 남북연합, 완전통일이라는 3단계를 거쳐 점진적으로 통일을 실현하겠다는 것이다.

따라서 2011년 현재 남한 정부의 공식적인 통일정책은 1994년 김영삼 정부 때 다듬어지고 발표된 '한민족 공동체 건설을 위한 3단계 통일방안'이다. 이는 화해협력, 남북연합, 완전통일 등의 단계를 거쳐 점진적으로 통일을 추구한다는 것으로 실현 가능성과 관련하여 긍정적으로 평가받을 수 있다. 그러나 마지막 단계인 통일국가의 형태를 "자유, 인권, 행복이 보장되는 민주국가"로 규정하여 북한의 사상과 체제를 인정하지 않고 남한의 자유민주주의와 자본주의 체제로 통일을 이루겠다는 의도를 드러냄으로써 북한의 반발과 비난을 받게 되었다.

특히 김영삼 대통령은 1994년 8월 광복절 경축사를 통해 남북 사이에 체제 경쟁이 끝났다고 선언하면서, "우리의 자유민주주의는 어떠한 희생을 치르더라도 반드시 수호될 것입니다…… 통일을 추진하는 우리의 기본철학 역시 자유와 민주를 핵심으로 하고 있습니다"라고 주장함으로써, 반드시 자유민주주의 체제로 통일이 되어야 한다는 점을 못박았다. 궁극적으로 남한이 북한을 흡수통일하겠다는 의지를 공개적으로 표명한 것이다. 더구나 "통일이 예기치 않은 순간에 갑자기 닥쳐올 수도 있다"는 발언은 겉으로는 흡수통일을 원하지 않는다 하면서도, 속으로는 북한의 조기 붕괴에 따른 흡수통일을 기대하거나 추구하는 것으로 받아들여졌다.

이에 대해 북한은 『로동신문』(1994년 11월 4일)을 통해, 자유민주주의 체제 아래서 하는 통일이 "북과 남의 대결과 충돌, 동족상쟁"을 유발시킬 것이라고 비난했다. 그리고 이러한 통일은 "남조선에 세워진 식민지 파쇼체제를 우리 공화국에까지 확대 연장해보겠다는 것이며, 결국 전쟁으로 '승공통일'의 꿈을 실현해보겠다는 것"이라며, 오히려 "'문민' 독재자는 상종할 대상이 아니라 타도 대상"이라고 강하게 반발했다.[16)]

북한의 붕괴를 통해 흡수통일을 추구하는 통일방침

1990년대 중반 김영삼 정부 시절에 제기된 북한의 붕괴에 따른 흡수통일론이 10년이 흐른 2000년대 중반 이명박 정부에서도 등장하고 있다. 특히 이명박 정부에서는 대통령을 포함해 대북정책을 만들고 집행하는 사람들이 북한을 고립시키고 압박하면 북한이 곧 붕괴될 것이라는 신념을 강하게 갖고 있는 듯하다. 이명박 대통령이 '통일세'를 거론하거나 "통일은 도둑같이 올 것"이라고 말하는 것은 북한이 머지않아 무너질 것이라고 믿기 때문일 것이다.

통일부가 통일재원을 마련하기 위한 방안을 발표할 준비를 하거나 통일의 당사자인 북한이 아니라 한반도 주변 4강과 유럽연합 등을 대상으로 '통일전략 대화'를 추진하겠다는 것도 북한이 얼마 존속되지 못할 것이라고 생각하기 때문일 것이다.

물론 북한이 곧 붕괴되리라는 발상이나 주장은 1990년대 초부터 제기되었다. 1980년대 말부터 동유럽 사회주의체제가 몰락하면서 1990

---

16) 이재봉, 『두 눈으로 보는 북한』, 평화세상, 2008, 447~449쪽.

년 동독이 무너지고 서독에 흡수되자, 정치적으로나 경제적으로나 동독보다 훨씬 못한 북한이 어떻게 유지될 수 있겠느냐는 전망이 나오기 시작했다.

1994년 김일성 주석이 죽자 강력한 카리스마를 갖고 50년 동안 통치해온 지도자가 사라졌으니 북한 체제도 곧 사라질 것이라는 얘기가 나돌았다. 1995년에는 북녘에서 이른바 '100년 만의 물난리'가 일어나 식량난이 세상에 알려지고, 1996년에도 엄청난 수해를 당하면서 굶어죽는 사람들이 속출한다는 소식이 전해지자, 곧 식량폭동이 일어나 북한이 무너질 것이라는 주장이 제기되었다. 미국의회에서는 "북한의 붕괴는 가능성의 문제가 아니라 시기와 방법의 문제일 뿐이다"라는 증언이 나왔고, 이를 받아 남한의 학계와 언론계 일각에서는 "북한은 지금 붕괴하고 있는 중이다"라는 주장까지 나왔다.

1997년에는 황장엽 전 로동당 비서 등 지식인과 외교관까지 북한을 탈출하기 시작했는데, 특히 주체사상을 체계적으로 다듬은 것으로 알려진 황장엽의 망명은 마르크스가 공산주의체제를 탈출한 것과 마찬가지라며 주체사상에 의해 지탱되는 북한이 더 이상 버틸 수 있겠느냐는 전망을 낳게 했다. 그 무렵 김영삼 대통령은 남북 사이에 체제경쟁이 끝났다고 선언하며, 북한의 붕괴를 염두에 두고 "통일이 예기치 않은 순간에 갑자기 닥쳐올 수도 있다"는 말을 공개적으로 했다.

2011년 현재에도 이명박 대통령이 뜬금없이 "통일은 도둑같이 올 것"이라며 다시 공개적으로 북한의 붕괴를 점치고 있다. 문제는 김영삼 정부에서나 이명박 정부에서나 북한에 대해 부정적 인식을 가진 이른바 보수주의자들이 북한의 현실에 대한 객관적이고 과학적인 분석으로 붕괴를 예상하기보다는, 북한은 무너져야 한다는 적개심이나 증오심에 바탕을 두고 어떻게든 흡수통일을 이루고 싶다는 희망사항으로 붕괴를 주장하는 것 같다는 점이다.

그러나 북한이 무너지는 것은 가능성이 크지도 않고 바람직하지도 않다고 생각한다. 먼저 붕괴 가능성이 낮다고 생각하는데, 그 이유를 크게 두 가지만 든다. 첫째, 북한에서 이른바 '빌어먹고 굶어죽는' 상태가 지속되더라도 데모나 폭동 같은 일이 일어나기는 어려울 것이다. 인민들은 경제난이 미국의 경제봉쇄 때문이라는 선전을 받을 테고, 정권에 대한 불만이나 분노가 생기더라도 당과 정부의 통제와 감시 속에서 표출되기 어려울 것이며, 시민사회가 발달하지 않은 터에 집단행동으로 연결되기는 거의 불가능할 테니까 말이다.

둘째, 만약 북한이 붕괴 위기에 처한다면 동맹관계를 맺고 있는 중국이 가만히 보고만 있지 않을 것이다. 김정일이나 김정은이 좋아서도 아니고 북한의 '우리식 사회주의' 체제가 바람직해서가 아니라, 중국 자신의 안보를 위해 자본주의에 대한 완충지대 역할을 하는 북한이 유지되어야 하기 때문이다. 이것이 1950~53년 한국전쟁 때 중국이 '미국에 대항하여 조선을 도운'(抗美援朝) 이유이기도 하고, 1990년대부터 해마다 북한에 막대한 양의 식량과 전력을 지원해온 배경이기도 하다.

나아가 북한의 붕괴는 바람직하지도 않다고 생각하는데, 그 이유를 다음과 같이 네 가지로 정리해볼 수 있다.

첫째, 앞에서 얘기했듯이, 중국은 자본주의권과 사회주의권의 완충지대 역할을 해주고 있는 북한에 대해 '이와 입술처럼 가까운 관계'(脣齒關係)임을 주장하며 개입할 가능성이 매우 크다. 북한이 무너지면 중국을 견제하고자 하는 미국이 남한에 주둔하고 있는 미군을 압록강-백두산-두만강 지역까지 전진 배치시킬 가능성이 큰데 중국이 북한의 붕괴를 지켜보고만 있겠는가.

둘째, 미국이 동북아시아의 안정과 북한 핵무기의 안전한 관리를 이유로 유엔을 앞세우거나 단독으로 북한을 점령하겠다고 주장할지 모른다. 남한은 헌법에 한반도 전체를 자신의 영토로 규정하고 있지만, 북한은 유엔에 가입한 국제법상 엄연한 독립국이니까 말이다.

셋째, 최악의 경우로, 북한 군부 강경파의 결사항전에 따라 제2의 한국전쟁 또는 최소한 게릴라투쟁이 전개될 가능성도 배제할 수 없다. 100만이 넘는 병력과 첨단무기를 가지고 있는 북한 지배층이, 남한 지도자들이 통일이 되면 북한 통치자들에게 응당한 처벌을 해야 한다는 주장을 공공연히 하는 마당에, 붕괴 위기에 처하면 남한에 순순히 투항할 가능성은 거의 없다고 생각한다.

넷째, 흡수통일을 주장하는 사람들이 기대하는 것처럼, 북한이 남한에 고이 접수될 가능성도 있다. 그러나 북한의 붕괴가 외세의 개입이나 무력충돌 없이 남한에 의한 흡수통일로 이어진다 할지라도, 우리는 혼란을 수습하고 탈북자들을 껴안을 수 있는 능력과 의지가 부족한 것 같다. 2010년 현재 2만 명 남짓의 탈북자 가운데 약 80%가 극심한 빈곤으로 정부의 기초생활 보호를 받고 있는데, 이들은 남한 사람들의 편견과 차별, 그리고 냉대 때문에 심리적 고통을 더 심하게 겪고 있다.

따라서 이들 가운데 거의 절반이 현재의 남한 생활에 큰 불만을 품고 있는데, 캐나다나 호주 등 다른 나라로 이민하기를 바라는 사람들도 많고, 합법적으로 북한에 돌아갈 수 있다면 그렇게 하고 싶다는 사람들도 적지 않다고 한다. 이렇듯 2만여 명의 탈북자도 제대로 껴안지 못하는 터에 북한이 붕괴하면 생길 2천여만 명의 '빌어먹을 사람들'을 어떻게 수습할 수 있겠는가. 만에 하나 북한이 붕괴되면 남한도 엄청난 혼란과 어려움에 빠질 것이 분명하다.[17)]

마치는 글—한반도의 비폭력통일을 향하여

함석헌의 비폭력사상과 비폭력혁명은 한반도의 평화와 통일을 위해서도 매우 유효하다. 특히 60여 년이 흐르도록 분단 상태에서 벗어나지 못한 채 또 다른 전쟁의 가능성을 안고 있는 한반도에서는 그의 가르침이 매우 절실하다. 북한 공산주의 체제의 폐해를 직접 경험하고 남한으로 건너왔던 반공주의자가 공산주의사상을 받아들이고 인정해도 문제없을 것이라고 주장했던 점을 깊이 새겨야 한다. 냉전시대엔 미국과 소련 사이에서, 그리고 냉전이 종식된 이후에는 미국과 중국 사이에서 균형 외교를 펴기 어려운 현실에서 그가 조심스럽게 내비쳤던 중립화를 통한 연방제 통일방안을 진지하게 검토해보아야 한다.

중립화 통일방안

2011년 현재 한반도 주변 강대국들의 위상 변화에 따른 국제 정세의 변화는 평화와 통일에 부정적인 영향을 미칠 수 있다. 특히 중국의 급성

<hr/>

17) 이재봉, 「북한 붕괴의 꿈에서 깨어날 수 없을까?」, 『참여자치 전북시민연대』, 2011년 8월.

장에 따라 경제적으로나 군사적으로 미국과 대등하게 되는 시기를 빠르면 2020년 늦어도 2030년으로 잡는다면, 앞으로 10년을 전후하여 미국과 중국이 심각한 갈등을 겪으며 날카롭게 맞서게 될 가능성이 크다.

그렇다면 미국과 중국에 의한 새로운 냉전 체제에 따라 남북한 역시 적대관계로 돌아설지 모른다. 우리가 결코 바라지 않더라도 강대국들의 이익을 위한 영향력 때문에 말이다. 북한은 주체와 자주를 앞세워 중국의 압력을 무시할 수 있을지라도, 남한이 미국의 압력을 무시할 수 있는 의지와 능력을 가지고 있는지 차분하게 생각해보자.

따라서 미국과 중국이 아시아의 패권을 차지하기 위해 한반도에서 첨예하게 대립하기 전에 남북은 화해와 협력을 이루어 적어도 냉전상태로 되돌아갈 수 없을 만큼 통일 기반을 닦아놓아야 할 것이다. 이와 아울러 통일을 이루기 전이든 통일이 된 다음이든 주변 강대국들의 틈새에서 자주를 지키고 평화를 유지하려면 한반도의 중립화를 추구하는 게 바람직하리라 생각한다.

세계화를 지향하면서 중립화를 추구한다는 것은 너무 소극적이라고 비판할 수 있다. 그러나 우리가 아무리 눈부신 발전을 이룩한다 할지라도 20~30년 사이에 주변 강대국들의 영향력을 무시하거나 그들을 앞지를 수 있는 힘을 갖추기는 어렵다. 이를 패배주의적 발상이라고 비판하고 싶다면, 우리의 잠재력과 주변 강대국들의 능력을 비교하며 현실을 냉정하게 생각해보아야 할 것이다.

우리가 통일을 추구하면서 또는 통일을 이룬 다음에, 미국과 중국 가운데 어느 나라와 더 가까이 지내는 게 바람직할지 미리 생각해보자는 사람들이 적지 않다. 둘 중에 꼭 하나를 선택하도록 강요하는 것은 우리가 냉전의 틀 속에서 흑백논리에 익숙해진 탓이다. 둘 다 취하면 줏대나 중심이 없이 여기도 붙고 저기도 붙는 기회주의자라고 비판을 받아왔고, 가운데 서거나 중립을 취하면 좌우파 사이의 회색분자라고 매도당해왔기 때문에 말이다.

미국과 중국 가운데 어느 한쪽에 치우치는 것보다는 중립을 꾀하면서 이른바 '등거리 외교'를 펼치는 게 더 바람직하지 않겠는가. 그래서 미국과 중국이 한반도 또는 동북아시아에서 패권 경쟁을 벌이며 새로운 냉전 체제로 돌입하기 전에, 안으로는 국가연합이나 낮은 단계의 연방제를 추구하고 밖으로는 주한미군 철수와 한반도 중립화를 지향한다면, 주변 강대국들의 방해나 반발 없이 통일을 이루고 자주와 평화를 지킬 수 있으리라고 생각한다.[18]

연방제 통일방안

남북한이 분단된 지 60여 년이 흐르도록 통일을 이루지 못하고 있는 가장 근본적인 이유는 남한과 북한의 사상과 체제가 다르기 때문일 것이다. 다행히 2000년 6월 열린 남북정상회담에서 한반도의 평화통일과 관련하여 다음과 같은 합의가 이루어졌다.

"남과 북은 나라의 통일을 위한 남측의 연합제안과 북측의 낮은 단계의 연방제안이 서로 공통성이 있다고 인정하고 앞으로 이 방향에서 통일을 지향시켜나가기로 했다."

---

18) 이재봉, 「동북아 균형자 역할과 한반도 영세중립」, 『한국동북아논총』, 제12권 제2호, 2007, 81~99쪽.

그러나 역사상 최초의 정상회담 이후 남북 사이의 교류가 여러 부문에서 크게 늘기는 했지만, 10여 년이 흐른 2011년 현재까지 통일에 관한 논의는 전혀 이루어지지 않고 있다. 일종의 과도기적 통일방안이랄수 있는 남한의 연합제안과 북한의 낮은 단계의 연방제안에서 서로 다른 체제를 인정한다는 공통성을 찾고도 이를 진전시키지 못하고 있는 것이다.

가장 큰 이유는 남한 보수계층의 반발과 거부 때문이다. 정상회담 전후로 불거졌던 이른바 남남갈등을 통해 드러났듯이, 국회에서 다수를 차지하던 보수적 정치인과 언론시장을 거의 독점해온 보수적 신문 들이 정상회담에서의 통일에 관한 합의사항에 심한 거부감을 보여왔다. 한 마디로 말해 북한의 실체를 인정할 수 없다는 보수계층의 위세에 눌려 한반도의 평화통일에 관한 논의가 공개적으로 진지하게 이루어지지 못한 것이다. 더구나 북한에서 오래전부터 제안해온 연방제 통일을 지지하거나 긍정적으로 평가하는 것조차 국가보안법 위반으로 처벌받기 쉽기 때문에 진정한 통일 논의가 이루어지기 어려운 실정이다.

통일방안은 적어도 두 가지 조건을 충족시켜야 한다. 한편으로는 바람직해야 하고, 다른 한편으로는 실현 가능성이 높아야 한다. 북한의 실체를 부인하며 남한의 사상과 체제로 통일하려는 것은 가능성이 높지않다. 북한이 도저히 받아들이지 않을 것이기 때문이다. 북한의 붕괴에 따른 흡수통일은 앞에서 얘기했듯 가능성도 높지 않고 바람직하지도 않다. 전쟁에 의한 승공통일은 전혀 바람직하지 않기에 반드시 피해야 한다. 따라서 바람직하면서도 실현 가능성이 큰 통일방안은 2000년 6월 남북정상회담에서 합의한 대로 연합제안과 연방제안밖에 없다.

물론 국가연합이나 연방은 완전한 통일이 아니다. 그러나 우리가 그토록 중시하는 민주주의도 목표를 향한 절차이듯이, 통일도 종점을 향한 과정으로 생각한다면 국가연합이나 연방도 분명히 통일로 볼 수 있다. 특히 나라 밖으로는 국경이 낮아지거나 무너지는 세계화가 진행되고 안으로는 권력이 분산되는 지방화가 추진되는 21세기에, 반드시 체제가 하나로 되어야 하고 권력이 집중되어야 하는 '완전통일'만 고집할 필요가 있을까. 화해와 협력을 바탕으로 갈등과 긴장을 줄이고 전쟁의 가능성을 낮추며 인적으로든 물적으로든 교류를 증진시킨다면 그 자체를 '21세기형 통일'로 간주할 수 있을 것이다.

함석헌의 세계평화운동에 대한 역사인식론적 검토[*]
『함석헌저작집 12 「평화운동을 일으키자」』를 중심으로

황보윤식 전 인하대 사학과 교수, 함석헌학회 총무이사, 농부

들어가며—함석헌의 평화주의와 세계주의사상

『함석헌저작집』(이하, 『저작집』) 제12권은 함석헌이 한반도전쟁이 휴전되고 나서 직후에 쓰인 글(「평화적 공존은 가능한가」, 1959)로부터 시작하여 1984년까지 쓴 글들로 구성되어 있다. 이 책에서는 함석헌의 평화주의와 세계주의사상에 관련된 글을 중심으로 하되, 시대 상황에 따라 내용이 서로 다른 이야기들로 구성되어 있다. 그 대략을 적어 본다.

1960년대 한국과 세계는 정치사회적으로 아주 혼란스러운 시대였다. 이러한 분위기에서 함석헌의 평화주의사상도 나온 게 아닌가 하는

---

[*] 이 원고는 2012년 2월 함석헌읽기(2.9)에서 발표되었다. 그 일부를 수정·보완했다.

생각이 든다. 이제 그의 글들이 나온 시대 배경과 분위기를 보자. 5 · 16 군사쿠데타 직후 쓴 글로, 「한나라의 갈길」(『한국혁명의 방향』, 1961) 이 있다. 이 글은 박정희를 비롯한 5 · 16쿠데타의 주역들에게 경각심을 주기 위해 쓴 글로 보인다. 쿠데타 이후 박정희는 민정이양의 약속을 어기고 집권야욕을 보인다. 결국 기회주의자 박정희는 대통령에 출마하여 당선되고 독재의 길로 들어선다.(1963) 이때 나온 글로, 「호소」(『安島山全書』 출판기념회 강연, 1963.7), 「정의와 진리에 살자」(『思想界』 주최 시국강연회, 1963. 7.22), 「누구 믿을 때 아니다」(구미순방 후, 귀국강연, 1963.11.23) 등이 있다.

또 박정희는 대통령이 된 후, 사회주의식 경제개발 5개년 계획을 발표한다. 자본주의 사회에서 그 자신이 스스로 사회주의식 경제논리를 적용한다. 이는 "잘 먹고 잘살아보자"는 올가미를 씌워 나라사람들의 정신을 혼미하게 만들기 위함이었다. 게다가 박정희는 권력연장을 위해 남북긴장관계를 교묘하게 조장하고 반공적 분단고착화와 함께 독재권력을 만들어간다.

이어 1968년은 국내외에 유난히 전쟁기운이 많았던 시기다. 북조선 인민군 소속 무장유격대(침략을 받은 남한의 입장에서는 공비共匪의 개념으로 쓴다.)의 청와대 기습미수사건(1968.1.21 사태), 북조선의 미군 함대 푸에블로 호 납치사건(1968.1.23.), 베트남에서 한국파월군의 퐁니 · 퐁넛 양민학살 사건(1968.2.12)[1], 소련군 등 바르샤바 조약기구

---

1) 1968년 2월 12일 베트남 중부의 꽝남 성(영어: Quang Nam Province)의 퐁니 마을과 퐁넛 마을에서 비무장 양민(주로 여성과 아이)이 79명이 대한민국 월남 파병군인 해병대에 의해 대량 학살된 사건.

5개국 군대의 체코슬로바키아 침공(8.20) 등이 있었다. 이 시기에 함석헌도 그의 중심사상인 평화문제를 본격적으로 거론한다. 바로 「평화문제에 대하여」(서울 '마음의 광장' 정기 토요집회 강연, 1968.10.5)다.

1970년대로 들어섰다. 박정희는 반공개발독재를 강화하기 위해 노동자의 생존권 투쟁과 지식인의 민주화 요구를 폭력적으로 탄압한다. 특히 1970년의 노동탄압과 인권탄압은 두드러진다. 이에 항의하여 노동자와 대학생이 자결하는 사건이 일어난다. 청계피복 노동자 '전태일 분신자살사건'이 대표적이다.(1970.11.13) 이에 노동계와 지식인이 술렁거렸다. 결국 지식인이 반발했다. 서울대학교 문리대 교수들의 대학 자유화 요구 선언발표가 있었다.(시국선언, 1971.8.19) 이에 자극되어 학생들의 데모도 격렬해진다.

그러자 박정희 독재권력은 서울특별시에 위수령을 발동한다. 그리고 고려대 등 10개 대학에 무장군인을 진주시킨다(10.15) 이에 함석헌의 필봉(筆鋒)도 가만있지를 않았다. 「전태일을 살려라」(고려대학교 노동문제연구소 주최 강연, 1971, 날짜 미상)라는 글이 그것이다.

이어 1972년은 우리나라에 파란만장한 곡절이 많았던 시기다. 그중 분단세력들의 기만적인 7 · 4남북공동성명과 유신체제 발동(10.17)은 이 나라 역사에 오욕을 남긴 사건들이다. 다시 시간별로 보자. 국제적으로 미국은 중국과 핑퐁외교를 전개한다.(1971) 그리고 중국과 함께 '상하이공동성명'을 발표한다.(1972.2.21) 이어 베트남에서 미군이 철수하기 시작한다.(8.11) 미국은 자신들의 외교정책에 한반도(남한)를 이용한다. 박정희에게 남북관계 긴장완화를 압박하는 전략을 취했다. 이에 박정희는 마지못해 남북적십자회담을 평양과 서울에서 개최한다.(8.30, 9.13) 이어 미국은 소비에트 연방과 첫 핵무기제한조치인 전략무기제한협정(SALT I)에 조인한다.(10.3)

이러한 국제정세의 변화가 있자, 권력욕에 불타던 박정희는 이러한 국제 해빙분위기를 역이용한다. 기회주의적 발상이다. 영구총통제 획책이다. 그것이 반동적 '10월 유신'이라는 폭거(暴擧)로 나타났다.(10.17) 이러한 시대상황이 전개되는 분위기가 조성되고 있을 때, 함석헌은 이미 「세계평화의 길」(안양농민교육원 제1차 독자수련회, 1972.1.28), 「평화운동을 일으키자」(『씨알의 소리』 제11호, 1972.5) 등의 그의 평화주의사상의 핵심적 글들을 내놓는다.

1979년은 박정희의 권력 내부에서 자기모순이 터져 나온 해다. 그토록 권력욕에 불타던 박정희의 반공군부독재, 정경유착형 개발독재도 종막을 고하게 된다. 곧 신임하던 중앙정보부장 김재규에 의해 죽임을 당함이다.(10.26) 박정희가 죽임을 당하기 바로 열흘 전에 함석헌은 「웃으며 싸워봅시다」(미주 위싱턴 한인교회 강연, 1979.10.14)를 발표한다. 내용을 보면, 참으로 묘하게 박정희의 죽음을 예고한 듯하다.[2]

1980년은 박정희가 죽고 전두환을 중심으로 하는 신군부세력들이 권력찬탈을 노리고 광주학살사건을 일으킨다. 이에 저항해 광주시민의 민중기의가 일어난다. 곧 '5·18광주시민혁명'이다. 이러한 사회적 아픔을 뒤로 한 채, 전두환은 끝내 통일주체국민회의에서 대한민국 대

---

2) 함석헌, 『함석헌저작집 12 「평화운동을 일으키자」』, 한길사, 2009, 167쪽. 함석헌의 글 중에 ( ) 안은 주석은 글쓴이가 해석한 것이다. 이하 동일.

통령으로 당선된다(8.27) 이러한 험악한 분위기가 있기 전, 함석헌은 종교세력과 결탁한 제2의 시민혁명을 바라는 「오늘 우리에게 4·19는 무엇인가」(CBS 공개강좌, 1980.4.10)를 발표한다.

계속해서 정치적 정통성이 없었던 전두환은 대대적인 박정희식 언론 탄압에 들어간다. 이 때문에 1982년은 전두환 권력의 언론통제와 정치 강압에 의해 사회정서가 얼어붙고 있었다. 전두환은 양심적 민주세력 들을 "반국가변란죄, 국가반역죄" 등으로 조작하여 감옥에 가둔다. 아 람회사건(1981.8) 오송회사건(1982.12) 등이 그것이다. 이러한 시대 상황이 얼기설기 연출되고 있을 때, 함석헌은 비폭력의 참 의미가 담긴 「진실하라, 온유하라, 두려워 말라」(YMCA 간디 34주기 추모강연회, 1982.1.30)를 발표한다. 그리고 함석헌은 아람회사건의 증인(『씨올의 소리』 금산지역 보급책임자였던 정해숙의)으로 법정에 출두하여 『씨 올의 소리』는 공산주의나 반국가 선동과는 무관함을 증언한다.(1982)

5·18광주학살은 정권을 탈취하려는 나쁜 군인들에 의해 저질러진 씻을 수 없는 비극적 대학살이다. 그런데 이 민족대학살에 미국이 묵계 적으로 개입했다는 사실이 지식인들의 폭로에 의해 세상에 알려진다. 그것은 광주학살의 만행을 저질은 군인들의 광주이동이 한국군의 전시 작전권을 가지고 있는 주한미군의 감호 아래 일어났다는 사실이다. 이 것을 대학생들이 감지하게 된다.

이에 분노해 대학생들의 반미분위기가 고조된다. 반미분위기는 친미적 전두환의 군부독재에 대한 반발로 나타났고, 미국에 대한 저 항으로 나타났다.(1980~83) 곧, 광주 농민의 미국문화원 방화사건 (1980.12.9)과 부산 대학생들의 미국문화원 방화사건(1982.3.18), 그리고 강원대 학생들의 성조기 소각사건(1982.4.22), 대구 미국문화원 방화사건(1983.9.22) 등 반미운동이 각지에서 계속 터져 나왔다. 이러한 반미분위기가 감돌 때, 함석헌은 「씨을과 새 역사의 지평」(명동 가톨릭문화회관, 1983.2.22), 「큰 도둑과 작은 도둑」(미국순방 중 수난자가족돕기회, 1983, 겨울), 「새 세대에게 주는 말」(고려대학교 개교 79주년 한국사상강연회, 1984.5.3) 등의 강연을 하면서 당시의 신군부 독재권력에 대해 강하게 비판했다.

　이상의 글들을 살펴보았을 때, 함석헌의 글은 논리적으로 전개한 글도 있지만 대개 강연내용을 정리한 탓에, 글의 내용들이 논리적 설득보다는 수사학적인 주장을 많이 하고 있다. 즉 동양적인 설법의 특징인 직관적이고 감성적인 내용이 많다. 그런 탓인지는 몰라도, 이야기의 서론 부분에서는 핵심을 비껴나는 말이 많이 나온다. 그러다가 강연을 마치는 시간이 다가오면, 마지막 부분에서 주제에 가까운 내용으로 서둘러 결론을 내리는 경향이 있다. 어떤 글은 두서가 없는 경우도 있고 또 어떤 때는 글의 내용들이 예언자적 자세를 취하기도 한다. 또한 『저작집』 제12권의 주제는 "평화운동을 일으키자"인데 함석헌의 평화사상 및 세계주의 사상과 무관한 글들도 많다. 그리하여 글쓴이는 나름의 틀을 만들어 함석헌의 평화주의사상과 세계주의사상, 그리고 비폭력주의사상을 끄집어내어 그의 사상을 역사인식론적으로 재구성해보고 이를 완결하는 운동이 '세계평화운동'임을 밝혀보고자 한다.

함석헌의 전쟁인식

함석헌은 그의 '평화주의'사상을 말하기에 앞서 국가에 대한 개념, 전쟁에 대한 개념인식을 먼저 하고 있다. 함석헌은 인류가 전쟁을 하게 되는 원인을 분석하면서 인류평화가 왜 필요한지를 설명한다. 그래서 여기서는 먼저 함석헌은 역사적으로 인간들이 저지르는 전쟁의 배경을 무엇으로 보고 있는지, 그리고 인지가 발달된 현대에서까지 전쟁이 일어나는 원인은 어떻게 인식하고 있는지를 살펴본다.

함석헌이 보는 전쟁의 종류

"월남사건도 그렇고 헝가리 사건도 그렇고 티베트 사건도 그렇다. 냉전이니 지역전인 하는, 전에 없던 괴물은 실은 세계전쟁을 피하자는 수작이다. 전쟁이 터져 나오도록 일을 만들면서도, (큰)전쟁을 해서는 아니 되겠기에 하는 임시방편의 꾀맴이다. 그것은 다 강대국이 약소국을 시켜서 하는 것이다. ……이런 상태가 계속되면 될수록 국민의 부담은 점점 늘어가고 문화의 발달은 방해를 받는다."[3]

이 글은 1959년 『현대사상강좌』 제1권(현대인의 세계관)의 「평화적 공존은 가능한가」라는 글에서 나온 내용이다. 여기서 함석헌은 전쟁 유형을 두 가지로 분류하고 있다. 하나는 근대 이전의 '국가형 전쟁'(세계전쟁)과 현대 이후의 '국지형 전쟁'(지역전쟁)이다. '국가형 전쟁'은 20

---

3) 같은 책, 16쪽.

세기 제1, 2차 세계대전을 말하고, '국지형 전쟁'은 제2차 세계대전 이후 냉전시대에 벌어지고 있는 오늘날의 전쟁 형태를 일컫는다. 함석헌은 국지형 전쟁, 곧 세계적 전면전이 아닌 지역전쟁의 원인에 대해 강대국이 배후에서 자국의 이익과 이념의 확장을 위해 조정하기 때문이라고 인식했다. 곧 오늘날(1959)에 지구 곳곳에서 일어나는 전쟁의 성격은 강대국의 패권주의가 빚어낸 냉전이요, 지역전이라는 생각이다. 강대국이 벌이는 지역전은 또 다른 지역전을 만들어내면서 이 지구는 끊임없는 전쟁의 도가니 속에 빠져든다고 보았다. 그래서 더 이상의 '꼬리 무는 전쟁'은 즉시 폐지하지 않으면 안 된다는 생각을 가지고 있었다.

함석헌은 또 전쟁 그 자체에 대해 이렇게 생각했다.

"전쟁은 필연적인 것이 아니며, 사람이 하는 일 중에 가장 어리석은 것이 전쟁이다. 사람은 천성적으로 전쟁을 싫어한다. 전쟁은 감정의 산물이요, 그릇된 교육의 산물이다. 국가와 왕이 전쟁을 통하여 나라를 일으켰다."[4]

곧 전쟁은 근대 이전 고대 또는 봉건시대 왕들이 영토 확장과 인구획득의 목적에서 일으켰다고 보고 있다. 따라서 국민의식이 확장되고 문명이 발달한, 게다가 세계가 하나로 되고 있는 오늘날에는 전쟁이 필요 없는 행위라고 확신한다. 그 이유로 인간의 본성을 들었다. 인간은 전쟁을 본질적으로 싫어한다는 속성을 가지고 있기 때문이란다. 그런데 국

---

4) 같은 책, 22쪽.

가와 권력자들이 그들 개인의 욕망을 충족시키기 위해 전쟁을 만들었다는 인식이다.

이어 함석헌은 전쟁이 없어야 인류가 문화발달을 할 수 있다는 인식을 가지고 있었다. 전쟁이 끝나야 인간이 인간다울 수 있는 문화의 발전이 있게 된다고 생각했다. 곧 전쟁이 없을 때 문화가 발전했다고 주장함으로써 인간이 벌이는 전쟁은 "문화발전의 차단 내지 저해요인"이라는 생각이다. "전쟁이 완전히 멈추기만 하면 문화가 어떻게 놀라운 형세로 향상해가는가 하는 것은 옛날 아테네의 실례를 보면 알 수 있다. 그들은 '페리클레스(Pericles, 기원전 495년경~기원전 429) 시대'라는 불과 20여 년밖에 안 되는 평화 동안에 오늘에까지도 그 빛이 사라지지 않는 문화를 쌓아올릴 수 있었다"[5]는 생각이다.

때문에 평화의 적은 전쟁이고, 전쟁이 없는 평화시대에만 문화의 꽃을 피웠다고 생각했다. 함석헌이 말하는 그리스의 페리클레스가 이룬 업적 중 오늘날까지 우리에게 영향을 미치는 문화의 꽃은 '민주주의의 원형'이다. 함석헌은 바로 그리스에서 발생한 이 민주주의를 곧 평화의 상징으로 보았고 전쟁이 없을 때 발생한 대표적인 문화 발달로 보았다.

함석헌이 본 전쟁의 배경과 원인

이렇게 함석헌은 전쟁의 유형을 세계전쟁과 지역전쟁으로 나누고, 지역전쟁의 원인으로 강대국의 패권주의(곧 강대국의 이익 추구)를 들었다. 이어서 전쟁이 일어나는 배경과 이유를 네 가지로 요약하고 있다.

---

5) 같은 책, 16쪽.

첫째, 인구증가에 따른 생활물자의 부족. 둘째, 지배자의 권력욕. 셋째, 양육강식에 의거한 생존경쟁사상. 넷째, 종교이기주의 등이다.[6]

그러나 앞의 전쟁배경에 대한 네 가지 이유는 '국가형 전쟁'에 해당되고 오늘날의 지역형 전쟁에는 잘 해당되지 않는다고 본다. 어찌했든 그가 분석한 네 가지 전쟁배경론은 전근대적 전쟁의 배경으로는 매우 타당한 논리다. 게다가 함석헌이 "일본이 만주사변을 일으킨 것은 인구의 증가 때문이다"라고 주장하여 '인구증가에 따른 식량부족'을 전쟁의 배경으로 본 것은 매우 일반론적이다. 역사적으로 국가형 전쟁은 어느 지역에서나 그 배경은 인구증가 때문이었다.

예를 들면, 중국역사에서도 중화민족과 이민족의 싸움은 식량을 둘러싼 농경민족과 유목민족 사이의 전쟁이었다. 또 중국 송대는 식량생산 확대책과 함께 인구증가책의 일환으로 북방민족을 공격하여 이들을 이주시키기도 했다.[7]

둘째 함석헌은 전쟁의 원인으로 지배자의 권력욕을 들고 있다. "나라 안에 평화가 지속되면 민권이 향상되고 혁명의 가능성이 있다. 따라서 지배자는 민력소모 차원에서 국민의 주위(시선)를 밖으로 돌려 권력의 안정을 찾으려 한다."[8] 이러한 함석헌의 주장은 국가형 전쟁이 빈번하던 시대에서 흔하게 찾을 수 있다.

역사적으로 권력자들, 특히 독재형 권력자들은 자신의 권력을 유지하고 정권기반을 확고히 하기 위해 전쟁을 수단으로 삼는다. 일본의 경

6) 같은 책, 23~26쪽.
7) 황보윤식, 「북송대의 호구증가와 사회변화」, 박사학위 논문, 2001, 176~177쪽.
8) 함석헌, 앞의 책, 『함석헌저작집 12』, 23쪽.

우, 16세기 도요토미 히데요시(豊臣秀吉, 1536~98)는 당시 혼란하던 일본의 전국시대를 통일하고, 정적(政敵)들을 사지(死地)로 몰기 위해 이웃 조선을 침략하는 전쟁(1592~98: 조선에서는 이를 임진왜란이라 한다.)을 일으켰다.

현대에 들어와서는 제2차 세계대전 때 이탈리아의 무솔리니(Benito Mussoli, 1883~1945)와 독일의 히틀러(Adolf Hitler, 1889~1945)와 같은 파쇼(fascio)형 독재자들이 이에 해당한다. 유럽에서 18세기 자본주의 생산양식이 나오고, 자본주의가 갖는 상품의 대량생산과 판매시장의 개척이라는 모순은 1929년부터 발생하는 1930년대 경제공황을 만들어낸다. 이 때문에 세계경제는 그 수요와 공급의 순환질서가 무너진다.

이에 대한 타개책으로 식민지를 많이 가지고 있던 선발자본주의 국가인 영국과 프랑스는 블록 경제(Bloc economy)로 불황을 타개해나간다. 그렇지만 식민지가 적은 후발자본주의 국가인 독일과 이탈리아, 일본은 실업자 구제책으로 군국주의화 한다. 곧 전체주의화한다.

그러나 이들 군국주의 국가들은 이내 국내문제에 봉착한다. 군인세력의 비대와 불만이다. 그래서 이들 파쇼 국가들은 국내문제를 해결하기 위해 그 해답을 외부로부터 가져오고자 했다. 이것이 이웃 약소국에 대한 침략으로 나타났고, 제2차 세계대전으로 확전되었다.

함석헌은 전쟁의 배경 중 세 번째 요인으로, 양육강식에 의거한 "생존경쟁논리"를 들었다.[9] 그러면서 함석헌은 다윈의 『종의 기원』에서

---

9) 같은 책, 24쪽.

나오는 진화론을 역사가나 철학자들이 당시 유행하던 민족주의사상에 대입하여 이데올로기화하는 바람에 "생물의 진화요인인 생존경쟁"의 논리가 특정 민족의 우월론적 '약육강식의 논리'로 잘못 변질되었다고 비판했다. 함석헌은 "생물은 결코 생존경쟁하면서 진화하는 것은 아니다" "동족 사이에 서로 살겠다고 남을 죽이는 것은 인간에게만 있는 일이지 동물에게는 없다"고 지적한다.[10] 이렇게 함석헌은 '약육강식론'(弱肉强食論)은 다윈의 생존경쟁론에 근거한 진화론을 19세기 민족주의와 결합시켜 잘못 생성된 파쇼들의 이데올로기라는 인식을 하고 있었다.[11]

함석헌은 전쟁발생의 넷째 배경으로 "종교적 이기주의"를 들고 있다. "단순한 민중을 밀어 전쟁을 하도록 하는 것은 종교다. 옛날의 전쟁은 곧 신들의 전쟁이었다."[12] "세계구원을 목적하는 기독교까지도 제1차 세계대전 때에 영국의 교회는 영국의 승리를 위해 빌었고, 독일의 개신교는 독일의 승리를 위해 설교했으며, 프랑스의 가톨릭은 프랑스의 승리를 위해 미사를 올렸다." "그러나 이것은 잘못이다. 즉 사람에 의하

---

10) 같은 책, 24쪽.
11) 김영호 교수는 함석헌의 이러한 주장을 근거로 그를 사회진화론자로 보고 있다. 그리고 동아시아에서 이 진화론을 혼동하여 마치 사회진화론이 사회악인 것처럼 오해하는 것은 잘못이라는 지적이다. 사회진화론의 오해는 중국의 근대화운동가인 캉유웨이, 량치차오 등이 일본에서 진화론을 접하는 과정에서 사회진화론이 마치 우승열패, 약육강식론을 뒷받침하는 사상으로 오해하게 되었다고 한다. 김영호, 「함석헌의 사회진화론—함석헌은 사회의 진화를 주장하지 않았는가」, 『생각과 실천』, 한길사, 2009, 281~292쪽.
12) 함석헌, 앞의 책, 『함석헌저작집 12』, 25쪽.

여 신이 타락한 결과다"[13]라고 설명하면서 옛날 국가형 전쟁은 종교적 이기주의가 빚어낸 전쟁이었다고 인식했다. 종교적 이기주의는 "비뚤어진 감정에서 나온 것이며, 그 책임은 민중에게 있는 것이 아니라 일부 적은 수의 지배자, 특권계급에게 있다"[14]는 주장이다.

이러한 주장의 좋은 예는 중세 유럽 11세기 가톨릭 십자군의 중동아시아 이슬람 공격에서 보여주고 있다. 중세 유럽, 십자군의 침략전쟁(이를 유럽 역사에서는 십자군운동[Crusades, 1096~1291]이라고 한다. 그러나 필자는 이것은 잘못된 개념이라고 생각한다. 종교운동이 아닌 종교침략전쟁이었다)은 가톨릭 교황(당시 교황 우르바누스 2세 Urbanus II, 재위 1088~1099)의 잘못된 '종교적 이기주의'에서 빚어진 타종교에 대한 학살전쟁이었다는 게 글쓴이의 생각이다.

이와 같이 전쟁은 특권계급의 권력욕과 자기이익, 그리고 종교적 이기주의에 충실한 결과물이었다. 이외 함석헌은 국가형 전쟁을 부추기는 위 네 가지 요인에다 '과학'의 발달을 결부시켰다. 함석헌은 이 과학의 발달로 전쟁도 확대일로에 놓이게 되었다고 보았다. 곧 "과학의 본래 정신은 다른 데 있는데 정치 및 군사권력이 이를 악용했기 때문에 세계전쟁으로 확전되었다"[15]는 거다. 동시에 전쟁의 책임은 국가권력을 장악한 일부 권력자들에게 있지만, 간접적인 책임 또한 민중(국가구성원)의 성숙하지 못한 평화사상에도 있다는 인식을 하고 있다. 하여 민

---

13) 같은 책, 26쪽.
14) 같은 책, 26쪽.
15) 같은 책, 27쪽.

중들이 평화사상을 확고히 가진다면 전쟁의 시발도 쉽지 않을 것으로 보았다. 그러면 민중의 의식을 어떻게 성숙시킬 것인가라는 질문에 "과학과 종교가 밀접한 관계를 갖는 것"이라고 답변했다.[16)]

함석헌은 과학에 대하여 많은 이야기를 한다. 그는 앞으로 과학은 더욱 발달하게 된다고 보았다. 그리고 과학이 발달하면 할수록 전쟁은 일어나지 않는다는 생각을 가지고 있었다. 그것은 국가형 전쟁의 배경으로 꼽았던 인구증가에 따른 식량부족 현상을 과학이 해결할 수 있다고 보았기 때문이다. 그래서 함석헌은 인류가 전쟁에 악용되던 과학을 인류의 평화를 위해 써야 한다고 주장한다. 즉 과학이 산업혁명을 가져오고, 산업혁명(자본주의 생산양식)으로 시민계급이 등장하면서 봉건적 귀족사회를 붕괴시켰듯이 전쟁의 모순을 과학이 해결할 수 있다고 보았다. 그래서 함석헌은 "전쟁에 쓰던 힘과 시간과 연구를 과학을 통한 자연 개척에 쓰자"고 했다.[17)]

함석헌 인식의 오류와 사상의 재발견

그러나 이러한 함석헌의 생각에서 우리는 두 가지 문제점을 발견할 수 있다. 그에게 가상질문을 해본다. 첫째, 함석헌은 과학의 발달로, "산업혁명이 귀족사회를 종결시켰다"고 하여 우리가 사는 사회가 양질의 사회로 발전한 것처럼 인식하고 있다. 그러나 산업혁명의 결과로 생성된 자본주의생산양식은 오히려 빈부의 격차, 권력과 자본의 힘이 지배

---

16) 같은 책, 27쪽.
17) 같은 책, 28쪽.

하는 사회를 만들어냈다. 곧 악화(惡貨)를 구축했다. 이 결과는 또 다른 세계전쟁을 일으키게 만들었다. 세계대전을 이끌어낸 제국주의, 파쇼주의는 모두 과학의 발달에 의한 산업혁명의 발생과 산업혁명의 결과로 생성된 자본주의 경제질서가 빚어낸 결과가 아니던가.

과학의 발달로 이루어진 자본주의 특징은 대량생산체제다. 대량생산체제는 필연적으로 생산자원의 확보와 상품시장의 개척을 필요로 한다. 이러한 자원 확보와 시장 개척을 위한 국가 간 경쟁은 결과적으로 전쟁을 수반하게 마련이다. 또 중심부 자본주의국가들은 주변부 자본주의 국가의 잉여자본을 착취하기 위하여 WTO체제에 의한 FTA 자유무역체제를 재생산해냈다. 곧 자본약소국에 대한 '보이지 않는 손'을 펼치면서 새로운 경제전쟁을 일으키고 있지 않는가?

둘째, 함석헌의 '과학과 자연'을 연결시키는 사고에서도 문제점이 발견된다. 함석헌은 "과학에 의한 자연개척으로 식량문제를 해결"할 수 있다고 생각했다.[18] 자연개척, 곧 자연정복사상(세계복음주의에 의한)은 그리스도교의 외연사상(外延思想)이다. 함석헌은 그리스도교가 과학을 이용한 자연개척이 현재 우리가 생존해 있는 이 사회를 어떻게 만들어내고 있는지에 대해 예상을 못 했던 것 같다. 그리스도교사상에 의한 자연정복주의는 반성할 여지가 많다고 본다. 곧 성서적 세계관은 인간이 이 땅의 주인이고 자연과 동·식물은 인간을 위해 만들어진 하찮은 존재이며, 자연은 인간중심으로 정복해야 할 대상으로 보고 있다.

---

18) 같은 책, 28쪽.

여기서 끊임없이 다른 종교와 마찰을 일으키고 정치와 결탁하여 특히 중동아시아의 이슬람국가들을 침략해 들어갔다. 그리고 최근에 한국 땅의 일부 그리스도교인(개신교)들이 불교도의 성전인 불당에 난입하여 불상을 훼손하는 일이 있었다. 이것은 그리스도교의 세계정복과 자연정복주의의 발현 때문이다. 또한 자연정복주의는 오늘날 지구상의 자연환경과 생태계의 파괴를 불러일으켰다. 이 탓으로, 인류는 기상이변과 기후변화로 인류의 생존에 위기를 맞고 있다. 이것은 곧 인간(특히 그리스도 신교를 믿는)이 만들어낸 인위적 위험이 아니던가. 자연은 정복 대상이 아니고 공존의 상대이라는 사실을 몰랐던가.

이러한 문제점의 지적과 가상질문에 대하여 함석헌은 책 속에서 답변한다. 그의 답변 속에서 우리는 다시 그의 사상을 재발견하게 된다. 모든 종교가 종파 중심적·광신적 태도를 보였기 때문에 과학에 접근하려는 노력을 하지 않았다. 그러나 이제는 하나의 세계로 가고 있다. 하나의 세계에는 종교 또한 하나의 종교로 갈 수밖에 없다. 하나의 종교는 하나의 사상을 추구하게 된다. 그렇게 되면 편파적·광신적이 없는 하나의 사상은 심리학·사회학·생물학·물리학·화학 등 현대과학에 접근할 수밖에 없다. 종교와 과학이 하나가 될 때, 인간의 마음이 달라진다.[19]

그래서 다음과 같은 인식을 보이고 있다.

---

19) 같은 책, 28~29쪽.

"지금까지의 전쟁은 방안이 좁았기에 시야가 좁았기 때문이다. 그런데 이제 나라가 세계로, 세계는 우주로 나가고 있다. 삶의 무대가 넓어졌다. 그래서 삶의 시야도 넓어졌다. 도덕·교육·종교 모두의 시야가 넓어졌기 때문에 싸울 필요가 없어진다. 전쟁이 소용없는 시대가 되었다. 그래서 종교도 정복주의적 자기종파 중심적 종교가 아닌 새 종교, 그리고 전쟁에 봉사하는 과학이 아닌 새 과학이 필요한 때다."[20]

이렇게 함석헌도 그리스도교의 정복주의적·자기종파중심적 사고가 잘못되었음을 인정하고 있다. 또한 과학도 평화를 지향하는 과학으로 나갈 것이라고 예언했다. 그래서 사람 마음이 평화롭게 되고 편안해지면 사람과 사람 사이의 문제, 사람과 자연 사이의 문제도 모두 없어진다고 생각했다.[21]

함석헌의 평화인식

이렇듯 함석헌은 전쟁의 원인과 전쟁의 형태들을 설명했다. 전쟁의 원인은 국가주의에 있다고 보았다. 그래서 전쟁을 막기 위해서 가장 먼저 할 일은 국가주의를 타파해야 한다는 생각이다. 그러면 국가주의를 타파하기 위해서는 어떻게 해야 할까? 그는 평화운동을 일으켜야 한다

---

20) 같은 책, 31쪽.
21) 같은 책, 29쪽.

고 인식했다.

이 장에서는 함석헌의 평화주의사상을 사회진화론과 결부하여 살펴본다. 그리고 함석헌은 인류가 평화운동을 해야 하는데 이를 방해하는 세력들이 있다는 생각이다. 평화운동의 방해세력은 누구이며 이를 어떻게 극복할 것인가를 살펴본다.

사회진화로서 평화운동

평화는 알파요 오메가다

함석헌은 평화주의사상을 펼 때, 우리나라 문제에서 출발하여 세계문제로 이끌어간다. 곧 "평화는 인류의 자유의지를 통한 윤리행동"라고 강조하면서 우리나라에서 평화운동이 없는 이유를 공산주의의 평화정책 때문으로 보고 있다. 곧 "누구보다도 세계평화를 부르짖어야 할 우리나라에 평화운동이 도무지 없는 것은 놀랄 일이다."[22] 그 이유를 함석헌은 "공산진영이 속으로 침략주의를 숨기고 평화주의를 선전하기 때문에 남한이 공산진영의 평화전략에 넘어가지 않으려고 평화운동을 못하고 있다"[23]는 인식을 가지고 있었다.

이러한 인식의 토대 위에 함석헌은 공산주의의 평화공세 때문에 평화운동을 안 한다는 것은 어리석은 짓이라고 비판했다. 즉 "공존(共存)만이 생존(生存)" "평화만이 유일한 공존"[24]이라는 주장을 했다. 그리고 평화공존은 "자연현상이 아니고 인류의 자유의지를 통해 오는 윤리

22) 같은 책, 17쪽.
23) 같은 책, 17쪽.
24) 같은 책, 17쪽.

행동"이라고 평화 자체에 대한 개념적 설명을 했다. 여기서 우리는 함석헌의 평화사상의 핵심을 발견한다.

인간이 평화운동을 해야 하는 것은 그것이 인간이 "자유의지를 통해 오는 윤리행동"이기 때문이다. 함석헌은 또 평화의 본질에 대해 『중용』의 '화'(和＝平和)로 풀이했다. 그리고 화는 알파요 오메가다(Alpha and Omega)[25] 라고 주석을 달았다. 그의 주석을 인정하자. '화'가 알파요 오메가라면 '화'는 곧 '천지창조주'(天地創造主;「요한묵시록」, 제1장 제8절)와 같은 존재가 된다. 그렇다면 함석헌은 평화를 창조주의 '본모습'으로 인식했다고 볼 수 있다.

그러면 평화 자체인 창조주로부터 태어남을 받은 인간임에도 평화공존을 못 하는 이유는 무엇일까? 함석헌은 주저 없이 대답한다. 그것은 '국가주의의 폐단' 때문이라고. 즉 국가는 도덕적 존재가 아니기 때문이란다. 그러면 함석헌이 말하는 도덕적 존재란 무엇인가. "남에 대한 믿음이 인격이고, 양보는 미덕이다. 믿고 양보하는 것은 양심이다. 양심은 인격의 본질로 도덕적 존재만이 갖는다.

그런데 개인은 도덕적 존재이지만, 국가는 도덕적 존재가 아니[26]기 때문이라는 거다. 곧 함석헌은 인간은 양심을 가진 도덕적 존재이고, 양심을 가진 도덕적 인간만이 '평화적 공존'이 가능하다고 보았다. 그런데 국가는 양심이 없는 존재다. 도덕적 존재가 아니다. 따라서 국가끼리

---

25) 같은 책, 45쪽.
26) 같은 책, 18쪽.

는 평화적 공존이 불가능하다는 인식이다.

함석헌은 또 말한다. "제2차 세계대전 이후 평화를 지향하는 국제회의가 많이 있었으면서도 인류가 평화를 만들어내지 못하는 이유는 어디 있는가. 그것은 강대국의 이익 때문이다."[27] 이제까지 '강대국의 이익' 때문에 인류사회는 평화의 시대를 갖지 못하고 있었다는 인식이다. 맞는 말이다. 우리는 19세기 열강들의 태도나 20세기 선진 강대국들을 보면 알 수 있다. 강대국들은 인도주의니 민주주의니 세계평화를 늘 부르짖는다. 그리고 그 명분을 가지고 자유와 평화를 위한 국제회의를 자주 갖는다. 그러나 국제회의에서 토의되는 사안들이 자국의 이익과 상충할 때는 그들은 인도주의니 민주주의, 세계평화를 결코 말하지 않는다. 이는 강대국들이 갖는 일반적 통상법칙이다.

함석헌은 또 자국의 이익을 챙기는 강대국들은 서로의 필요에 의하여 '세력균형주의'로 나간다고 보았다. 세력균형주의는 겉으로 보기에 힘의 균형에 의하여 전쟁이 없는 상태를 만드는 것처럼 보일 수 있다. 곧 평화를 위한 필요한 정치이념처럼 보인다. 그러나 함석헌은 세력균형을 통한 평화유지는 늘 전쟁의 위험성을 내포하고 있다고 생각했다. 즉 세력균형은 힘이 있는 강대국끼리만 가능하다. 곧 무기에 의존한 무력국가를 유지해야만 한다.

때문에 세력균형의 경우, 어느 한쪽의 힘이 약하게 되면 다른 무력국가는 필연적으로 힘이 약해진 국가를 공격하게 마련이다. 이 때문에 무력을 바탕으로 한 세력균형주의는 평화의 충족보다는 필연적 전쟁을

---

27) 같은 책, 18쪽.

가져오게 된다는 인식이다.[28]

　그래서 함석헌은 인류가 평화사회를 만들려면 세력균형주의를 배경으로 하는 무력국가를 버려야 한다는 생각이었다. 그러면서 함석헌은 국가에 대한 시대개념을 다음과 같이 인식하고 있었다. 그는 1950년대를 기준으로 국가의 양태를 과거와 현재로 나누었다. 과거는 국가라는 존재 때문에 "피의 신성, 전통의 신성이 강조되고 이를 통해 국가가 국민을 단속했다".[29] 또 "국가가 있었기에 인류향상에 공헌했고 문화도 발달했다"[30]고 국가존재를 긍정적으로 인식했다.

　그러나 함석헌은 국가존재의 필요성은 인정하면서도 한편으로 국가존재에 대한 부정적 인식도 함께 가지고 있었다. 그가 부정하는 국가는 바로 '국가지상주의'를 강조하는 국가다. 즉 국가지상주의라는 것은 국가가 목적이고 국가 자체가 정의(正義)라고 했다. 그래서 개인은 국가를 위해 존재해야 했다. 국가가 전쟁을 하면 그것을 당연시했다. 이 때문에 무력국가가 정당시되었다[31]는 생각이다.

　이어서 함석헌은 이러한 과거 국가개념은 시대가 발전해오면서 그 성격과 내용도 변화한다고 인식했다. 곧 현재로 내려오면서 가치기준에서 국가보다 개인이 더 중요하게 되었다는 생각이다. 따라서 국가는 국가이익보다는 개인의 가치추구에 더 충실해야 한다는 인식이다. 이

---

28) 같은 책, 20쪽.
29) 같은 책, 22쪽.
30) 같은 책, 214쪽.
31) 같은 책, 20쪽, 214쪽.

러한 국가에 대한 인식 아래, 함석헌은 인간의 본질에 대하여 언급했다. "인간의 본질은 평화적이고 자유로운 존재다."

따라서 "인간의 처음 사회는 평화로운 공동체였다. 힘의 강제가 필요 없었다. 전쟁이 필요 없는 시대였다."[32] 그런데 이러한 인간의 본질이 국가라는 기구에 의해 억눌러 있었다는 생각이다. 그런데 국가에 의한 개인이 억압되던 정서는 시간이 흐르면서 변하게 되었다고 인식했다. 그것은 "문명의 발달, 교통·통신의 발달" 때문으로 보았다. 이 탓으로 민권이 신장되고 지역적(지구를 전체로 볼 때)으로 누려왔던 국가주의와 민족주의가 희석되었다. 곧, 지역적 개념인 국가와 민족이라는 개념 대신 세계와 '세계시민'이라는 개념과 함께 세계주의가 생겨났다는 인식이다.

그래서 함석헌은 세계주의, 세계시민사상이 발생한 이상, "정치·경제가 국제 간 협력 없이는 불가능하게 되었다고 한다. 여기에 문화와 풍습까지 경계가 무너지고 세계화되고 있다"[33]는 인식이다. 이러한 세계 사회의 흐름으로 국가개념은 희박해지고 개인의 가치가 더 소중한 시대로 가고 있다고 한다. 그래서 함석헌은 개인의 가치가 국가의 이익보다 더 소중한 시대에는 전쟁이 아닌 평화가 필요하다는 인식과 함께 세계평화주의를 제창하고 세계 단위의 평화운동을 주창했다.(1959)

사회진화로서 평화운동

함석헌은 평화운동을 해야 하는 이유를 사회진화에서도 찾는다.

---

32) 같은 책, 20쪽.
33) 같은 책, 22쪽.

"인류가 항상 제자리를 지킨다는 것은 진화를 모르고 변동을 인식하지 못하는 어리석음이라 할 것입니다. 삼강오륜을 찾고, 임금을 찾고, 약육강식을 찾고, 우생학적인 생존경쟁을 찾는 것은 오류입니다."[34]

이렇게 함석헌은 '관념의 진화'를 주장했다. 함석헌은 이런 '관념의 진화'라는 가설을 세워놓고 인간 사고의 시대적 변화(진화)라는 논리를 만들어냈다.

옛 선(善: 하향식 충효론忠孝論)과 오늘의 선(善: 수평적 공존론共存論)은 다르다. 곧 도덕관념도 진화(진보)하기 때문이다. 마찬가지로 소수가 전체를 지배하는 힘의 철학은 의미를 상실하고 새롭게 진화했다. 곧 사랑의 철학으로 변이(變移)다.[35] 무력의 철학시대는 전쟁이 주를 이루었지만, 사랑의 철학시대는 평화가 주를 이룬다고 했다. 곧 '관념의 진화'를 설명한 셈이다.

이렇게 '관념의 진화'라는 대전제를 설정하고 난 뒤, 함석헌은 우리 민족을 뒤돌아본다. 한국인의 사고도 전쟁에 의한 흡수통일의 시대는 지나갔고, 민중에 의한 평화통일의 시대가 오고 있음을 알아야 한다고.[36]

이러한 기조 위에 함석헌은 평화운동은 '가능, 불가능'을 따질 성질의 것이 아니라고 말한다. "평화운동은 하지 않으면 안 된다"는 필연성

---

34) 같은 책, 34쪽.
35) 같은 책, 35쪽.
36) 같은 책, 36쪽.

을 강조한다. "여러 운동 중에 평화운동이 따로 있고 여러 길 중에 평화의 길이 따로 있는 게 아니다. 삶의 꿈틀거림이 곧 평화운동이요 평화의 길이다"라는 설명이다. 곧 평화운동은 당위요 의무라는 그의 주장이다.

또 역설적으로 평화운동은 긴장과 전쟁의 위협 속에서 가능하다는 생각을 보이기도 했다. 평화의 나라에서는 평화운동이 필요 없다는 그의 생각이다. 그래서 전쟁의 위협이 늘 도사리고 있는, 특히 분단의 한반도에서 평화운동이 필요하고 또 일어나야 한다는 인식이다.[37]

평화운동의 방해세력

함석헌은 국가주의를 부정하는 입장에서 '나라'와 '국가'를 구분지어 설명한다. 나라는 사회적 의미의 전통적 나라를 말하고, 국가는 정치적 의미의 근대적 국가라는 설명이다. 곧 함석헌이 말하는 '나라'는 인간성(인정과 의리)과 종교 신앙에 근거를 둔 관습법(불문법)으로 유지되는 전통사회를 말한다. 그리고 전통사회= '나라'를 이끄는 지도자는 폭력을 모르는 성군 타입의 족장이거나 덕망을 갖춘 자라고 했다.

함석헌은 전통적 사회, 곧 '나라'에서 근대적 '국가'로 타락하게 된 원인에 대해서 다음과 같이 분석한다. 함석헌의 말을 요약하여 인용해 보자.

"역사의 시간이 흐르면서 교통과 통신의 발달로 사회관계가 복잡해진다. 이러한 문명의 발달은 개인적 자각을 일으킨다. 개인적 자각

37) 이상 같은 책, 58~59쪽.

이 일어나면 지능적 교만을 지닌 어떤 존재가 나오게 마련이다. 이 어떤 존재는 지배욕을 발동시켜 권력을 탐하여 나라를 도둑질하고 국가로 만든다. 지금까지 우리는 나라를 도둑질하여 국가로 만든 자를 역사적으로 영웅(英雄)이라 불러왔다. 이들 정치적 영웅이 복잡해진 국가사회에서 자신의 권력을 방어하기 위한 수호수단으로 성문법(成文法)을 만든다. 그리고 정치적 영웅들은 이 성문법을 가지고 인민을 강제하고 압박했다."[38]

함석헌은 성문법에 근거하여 인민을 강제-이를 권력자들은 질서를 위한 통제라는 개념으로 사용하고 있다-하는 것을 폭력, 또는 폭력주의라고 정의했다. 이 폭력주의가 존재하는 사회를 함석헌은 고대국가로부터 시작된 국가라고 개념(근대국가)을 붙였다. 곧 전통사회의 '나라'가 고대사회에 들어와서 '국가'라는 양태로 변했다는 인식이다.

이와 같이 함석헌은 고대국가 이후 나타나는 정치적 영웅을, 참된 사회질서를 가지고 있던 '나라'를 도둑질한 권력자라고 불렀다. 그리고 권력자들은 정치·종교·도덕이 일치되어 있던 전통사회에서 정치와 종교·도덕을 분리시켰다. 이어 법을 만들고 힘을 소유했다. 이 탓으로 정치적 분쟁이 야기되었다. 정치적 분쟁을 통해 권력을 장악한 자들은 종교와 도덕을 무시하고 노골적인 권력정치를 행사했다. 종교와 도덕을 분리했다는 말은 씨올을 무시했다는 말이다. 함석헌은 바로 씨올을 무시하는 정치를 정부지상주의, 국가지상주의라는 개념

---

38) 같은 책, 49~50쪽.

을 붙였다.

  함석헌은 이 국가지상주의를 부추기는 세력들이 바로 인류의 평화운동을 방해하고 있다고 인식했다.[39] 함석헌은 냉전 때문에 아시아와 아프리카에서 종족끼리, 나라끼리의 전쟁이 빈번하게 지역전이 일어난다고 인식했다. 20세기 2차 대전 이후의 냉전과 지역전을 부추기는 세력은 미국과 소련(오늘날 러시아)이라고 지적했다.[40] 이 지역전은 "큰 나라가 시킨 전쟁이다, 큰 나라들은 전면전쟁 대신 무기와 돈을 대주며 대리전을 벌인다."[41] 그 이유는 냉전의 두 축을 이루는 미국과 소련이 그들 세력권(자본주의 내지 공산주의)의 확장과 돈 버는 목적이 있기 때문이라고 인식했다.

  그래서 함석헌이 볼 때, 약소국가들에게 지역전을 벌이게 하는 미국과 소련은 19세기 제국주의나 20세기 전체주의보다 "더 악질적인 제국주의"일 수밖에 없다.[42] 이어 함석헌은 평화운동의 방해세력으로 넷을 꼽았다. 강대국의 권력자, 독점자본가, 약소국의 권력자, 씨을들의 민족감정이다.[43]

  함석헌은 강대국의 권력자를 폭력조직인 군대를 지니고 과학과 정

---

39) 같은 책, 49쪽, 311쪽.
40) 같은 책, 48쪽.
41) 같은 책, 49쪽.
42) 같은 책, 49쪽.
43) 같은 책, 51쪽.

보기술을 독점하고 있는 정치세력으로 보고 있다. 곧 막강한 군대, 첨단의 과학을 독점하고 있는 강대국의 권력자가 '힘의 강제'를 통해 평화운동을 방해하고 있다고 보았다. 그리고 강대국의 권력자 뒤에는 이들을 조정하는 독점자본가가 있다는 인식이다. 이들 독점자본가는 판매시장의 확대를 위해 시장의 영역을 두고 경쟁을 한다. 여기서 시장의 국경선이 생긴다. 그래서 시장국경선을 놓고 정치권력을 배후에서 조정하여 전쟁을 부추긴다는 생각이다. 이 생각은 설득력이 매우 크다. 미국의 이라크 침략(2003), 한미FTA 체결은 좋은 예라 할 수 있다.

함석헌은 또 평화운동의 방해세력으로 '약소국의 권력자'를 들었다. 약소국의 권력자들은 권력연장과 독점을 위하여 제 민족과 인민을 속이면서 강대국의 권력자에 빌붙어서 강대국의 요구를 들어준다고 인식했다. 함석헌은 이러한 약소국의 권력자를 '전쟁의 청부꾼'이라고 불렀다. 이렇게 강대국에 아부하면서 약소국인 자국의 권력을 탐하는 전쟁의 청부꾼이 있는 한 약소국끼리의 전쟁은 불가피하다고 보았다. 이러한 약소국의 권력자가 강대국 권력자의 비위를 맞춰가며 자국의 이익을 배반하는 힘의 법칙이 존재하는 한 평화운동이 일어나기 어렵다는 생각이다.

이러한 함석헌의 주장은 오늘날 한반도의 남북관계에서도 잘 드러나고 있다. 이른바 "뼛속깊이 친미주의자"인 이명박이 남한의 수장이 되면서 남북관계는 끊임없는 긴장관계를 계속했다. '연평도피격사건'에서 보는 바와 같이 전쟁 직전까지 왔다갔다. 이는 민족의 이익보다는 강대국 미국의 이익을 대변했기 때문이다. 그리고 '한미FTA'의 날치기

비준통과(2011.12.22)와 발효는 남한의 경제적 이익보다는 미국의 경제적 이익이 더 크다. 나아가 한반도 제주 강정의 해군기지 건설 또한 한반도의 군사적 이익보다는 동북아에서 패권을 지속시키려는 미국의 군사적 이익에 더 힘이 실리고 있다.

또 함석헌은 씨올들의 민족감정을 평화운동의 방해요소로 들었다. 그는 씨올들의 민족감정이 나쁘다는 것이 아니라, 씨올들이 가지고 있는 민족감정을 권력자들이 전쟁의 수단으로 악용하기 때문에 나쁘다는 인식이다. 때문에 씨올들의 좋은 민족감정이 오히려 평화운동에 방해된다는 생각이다. 그래서 함석헌이 국가주의와 민족주의를 타파해야 한다고 주장하는 이유가 여기에 있었다. 국가주의는 무력을 바탕으로 하기 때문에 평화를 위협하는 요인이 되고, 민족주의는 권력자들이 악용해 전쟁으로 몰고 갈 위협을 안고 있기 때문에 타파되어야 한다는 인식이다.

이러한 인식은 타당한 논리를 갖는다. 그 사례를 우리는 여러 곳에서 볼 수 있다. 하나는 제2차 세계대전 때 독일의 히틀러가 유대인을 학살하는 데 민족과 인종주의를 이용한 점. 둘은 근래 한국에서 박정희가 민족주의를 정치에 악용하여 '민족중흥'이라는 기치(旗幟)를 걸고 부패자본주의를 조장하고, 남북관계를 긴장시키고, 나라사람들을 기만한 점이다.

함석헌은 이렇게 세계 단위 평화운동의 방해요인을 지적한 다음 우리나라에도 평화운동의 장애요인이 있다고 주장했다. 그것 또한 네 가지로 지적하고 있다. 1) 남북의 긴장상태를 조장하는 권력과 자본, 2)

한반도 주변 강대국의 야심가들, 3) 약육강식을 주장하는 무리들, 4) 우리 민중의 도덕수준이다.[44]

함석헌은 남북의 긴장상태를 만들어내는 무리로 '권력과 자본'을 들었다. 곧 권력과 자본은 남북의 대립과 갈등을 교묘하게 이용하여 공존과 평화를 파괴하는 주범으로 보았다. 그래서 인간의 갈등과 대립으로 반사이익을 얻는, 권력과 자본의 결합체를 "정치업자 또는 전쟁업자"라고 불렀다.

따라서 함석헌은 늘 주장한다. 한반도의 "평화상태는 남북이 통일한 상태다." 그러기 위해서는 남북이 함께 평화적 통일운동을 일으켜야 한다. 평화적 통일운동은 권력과 자본이 결합된 정치업자가 아닌 '평화의 민중'이 해야 된다고. 그런데 민중중심의 평화운동은 희생이 따른다는 인식을 가지고 있었다. 그 이유는 무엇 때문일까. 다음에서 우리는 함석헌의 이러한 인식이 옳았다는 생각을 갖게 되었다.

함석헌이 이 글을 쓴 시기가 1972년이다. 1972년은 미국이 냉전체제를 헐고자 중국(중공)과 평퐁외교를 시작한 해다. 그리고 미국은 남한의 박정희에게도 북한과 대화를 하도록 압력을 가했다. 이렇게 해서 남북관계에도 해빙 기운이 보이기 시작했다. 그러나 함석헌은 두 정치집단의 권력에 의한 남북화해 제스처는 분단고착을 불러오는 거짓된 '통일계략'으로 보았던 것 같다. 곧 정치권력은 그들의 속내를 드러내지 않고 자신들의 권력유지라는 정치적 계략을 숨기고 남북통일을 표면적으

---

44) 같은 책, 60쪽.

로 내걸었다고 보았다.

우리는 함석헌의 생각을 '7·4남북공동성명'(1972)에서 입증할 수 있다. 7·4남북공동성명은 분명 거짓이었고 남북고착화의 음모였음이 드러났다.[45] 아마도 함석헌은 이것을 이미 예상했는지도 모른다. 그래서 정치세력이 아닌, 민간 차원의 통일운동을 강조했던 것 같다. 그리고 민간 차원의 통일운동은 희생이 따를 것이라고 예견했다.

함석헌의 예견은 한 치의 오차도 없이 적중했다. 1989년 3월의 작가 황석영(3.20), 목사 문익환, 학생 임수경의 방북사건(3.25)이 그것을 입증하고 있다. 이들은 북한을 방문하고 와서 곧바로 공안당국에 체포되고 감옥에 갔다. 통일정책에 정치적 음모가 없다면, 평양을 방문한 이들을 굳이 감옥에 보내야 할 이유가 없기 때문이다. 이렇듯 정치권력은 민간 차원의 통일운동을 못 하게 하고 있다. 지금도 시뻘겋게 활개를 치고 있는 남한의 '국가보안법'은 민간차원의 통일운동을 못하게 방해하고 있는 악법으로 유명하다.

그렇지만 함석헌은 민중의 희생이 따르는 평화운동일지라도 남북의 분단권력들이 부르짖는 통일정책이나, 허황된 흡수통일론보다는 낫다는 생각을 늘 가지고 있었다. 이렇게 함석헌은 우리나라 평화운동의 방해세력으로 가장 큰 존재는 남북의 긴장관계를 정치에 이용해 먹는 두 정치집단의 권력으로 보았다. 그리고 이를 이용하고 있는 또 다른 세력은 자본가라는 생각이었다. 이들은 늘 정치세력과 흥정하면서 남북긴

---

45) 황보윤식, 「6·15남북공동선언의 의미와 국가보안법 철폐의 필연성」, 『人文硏究』33·34合集, 仁荷大學校人文科學硏究所, 2003.12, 108쪽.

장관계를 조성하고 자본축적에만 열을 올린다는 생각이었다. 그래서 남북의 평화운동은 자본과 결탁한 '전쟁의 권력'(남북의 분단권력)이 아닌 깨어 있는 '평화의 민중'이 일으켜야 한다는 인식이었다.[46]

    함석헌은 한반도 평화운동의 또 다른 방해세력으로 강대국의 야심가들을 들었다. 함석헌은 "지금 세계정세가 어려운 것은 강대국 때문이다. 이들 강대국의 잇속 때문에 세계는 평화주의를 찾지 못하고 있다"는 인식을 하고 있었다. 그러면서 함석헌은 역설적으로 말한다. 즉 "강대국이 있기 때문에 평화주의가 있을 수 없다는 말은 틀린 말이다."[47] "지금은 강대국이 사라지는 시대다."[48] "앞으로, 다가오는 나라는 하나의 나라다. 지역자치사회가 대세를 이루어갈 것이다." "앞으로는 국가지상주의, 정치만능주의가 없어진다"[49]고 예견했다. 그러면서 함석헌은 잊지 않고 이 권력숭배의 정부지상주의가 멸망할 시기에 이르렀다고 단언했다.

    그렇기 때문에 한반도의 평화운동은 '가능하다'라는 인식을 가지고 있었다. 따라서 늦지 않게 하루라도 빨리 한반도 평화운동, 곧 통일운동을 일으켜나가야 한다는 주장이다. 그는 또 통일 이후 한반도의 정치형태에 대해서도 생각을 하고 있었다. 통일된 한반도의 나라 형태는 "평화중립주의"라고 했다. 즉 한반도는 "나라와 민족이 크지 못하고 지정

---

46) 같은 책, 61~62쪽.
47) 같은 책, 64쪽.
48) 같은 책, 63쪽.
49) 같은 책, 64쪽.

학적으로 위치가 나쁘고, 그리고 천연자원도 많지 않다. 이런 나라에서는 '평화중립주의'가 좋다"[50]는 생각이다. 곧 '평화적 중립주의'를 통일운동과 통일조국 이후의 전략으로 제시했다. 이것은 통일운동이 아직도 몸부림치고 있는 강대국의 방해를 받지 않기 위함인 동시에 함석헌의 평화주의사상을 담은 내용으로 생각된다.

함석헌은 또 한반도 평화운동의 방해요인으로, 인간의 본성을 '악하다'고 본 무리들을 들었다. 인간을 악한 존재로 보고, '생존경쟁의 약육강식'을 정치철학으로 삼는 무리들 때문에 인류는 전쟁분위기를 조장하고 실제 전쟁을 일으켰다는 인식을 했다. 이러한 무리들을 함석헌은 '강대국의 야심가'라고 불렀다. 함석헌은 이들 야심가들이 한반도의 남북관계를 긴장관계로 만들어냈다고 보았다.

그리고 한반도의 분단세력들은 강대국의 야심가들이 파놓는 긴장관계를 악용하여 권력을 유지하고 있다는 인식을 했다. 이 두 세력(강대국의 야심가와 한반도의 두 분단세력) 때문에 한반도의 민중들이 평화운동을 일으키기가 어렵다고 보았다. 함석헌은 인간의 본성은 악하지 않고 착하다는 성선설(性善說)을 지지한다.[51]

그리고 지식인들이 다윈(Charles Robert Darwin, 1809~82)의 진화론을 잘못 해석하여 '생존경쟁에 의한 약육강식'이라는 정치철학을 만들어냈다고 비난했다.[52] 그래서 "악한 것은 정치이지, 인간의 본성이

50) 같은 책, 62쪽.
51) 같은 책, 66쪽.
52) 같은 책, 64쪽.

아니다."[53] "정치가 있기 이전에 사회가 있었고 문화가 있었다. 종교도 있었고 시도 음악도 있었다. 따라서 인간의 본성은 평화적이다"[54] 라고 말한다. 이렇게 인간의 본성이 착(평화적)하기 때문에, 착한 본성에 따라 한반도의 평화운동은 가능하다는 논리를 펴고 있다.

함석헌은 한반도의 평화를 방해하는 네 번째 요인으로, 우리 '민중의 도덕수준'을 들었다. 함석헌은 우리 민중의 현재 도덕수준은 역사적으로 만들어졌다고 한다. 그래서 역사적으로 형성되고 축적된 한민족의 도덕과 기질이 골수에 박혀 있다는 생각이다. 그러면 이 골수에 박힌 한민족의 도덕수준이 뭔가.

"우리(한민족―글쓴이 해석)는 이기주의 병, 당파주의 병이 골수에 든 사람들이다."[55]

"이조시대의 병 아직도 아니 떨어져 당파주의는 종교·교육·경제·예술·정치를 초월해 모든 데서 지배의 술잔을 들고 있다."[56]

"백성의 뜻이 발표되지 못한 것이 우리 정치가 이렇게 된 큰 원인입니다. 왜 그런가 하니 당파싸움 때문에 그렇게 된 것입니다."[57]

---

53) 같은 책, 66쪽.
54) 같은 책, 66쪽.
55) 같은 책, 67쪽.
56) 같은 책, 68쪽.
57) 같은 책, 129쪽.

이렇게 한민족 민중들이 갖고 있는 망국적 도덕수준을 이기주의와 당파주의를 들었다. 특히 당파성을 강조했다.

그렇지만 함석헌은 이를 극복할 역량을 우리 민족이 가졌다고 주장했다. 그의 이론은 이렇다. "나는 비관하지 않는다. 병이 들었지만 병이 생리(生理)의 본질은 아니다. 타락이 됐지만 타락이 정신의 바탕이 아니다."[58] 역사의 전개는 논리적 계산이 아닌 비약으로 발전해왔다. 우리 민족은 3·1운동, 8·15 해방, 4·19혁명의 경험이 있다. 그래서 낙망할 것 없다.[59] 즉 함석헌은 역사적으로 우리 민족이 당파의 병, 타락의 병이 들었지만 당파가 인간 생리의 본질이 아니고, 역사의 전개는 비약적이기에 민중에 의한 또 한 번의 평화통일운동을 일으킬 가능성이 있다고 생각했다. 그러면서 다음과 같이 본질적으로 분열과 타락이 없는 씨올에 의한 평화운동방법을 제시했다.

씨올에 의한 평화운동의 방법

어쨌든 지금까지의 이야기를 종합할 때 함석헌은 한민족 평화운동의 주체세력은 정치세력이 아닌 평화적 민중집단이어야 한다고 말한다. 그래서 믿을 것은 민중이고 "믿지 못할 것은 정치"라고 했다.[60] 함석헌은 평화적 민중집단 곧, 씨올은 누구인가에 대하여 다음과 같이 말한다. "이것을 할 자는 종교가도 과학자도 정치가도 아니다. 일반 보통의 씨

---

58) 같은 책, 68쪽.
59) 같은 책, 69쪽.
60) 같은 책, 69쪽.

올이다. 씨올 중에서도 후진국, 약소민족 등 세계바닥의 씨올들이다."[61] 곧 평화운동의 주체는 사회의 기득권층이 아니라, 사회에서 소외를 당하는 일반 민중 곧 씨올이라고 했다.

그리고 함석헌은 씨올을 다음과 같이 정의한다. "씨올이 씨올 대로만 있으면 죽은 것이요, 피어나서 잎이 되고 꽃이 되고 열매를 맺어야만 비로소 산 씨올이다." 그리고 씨올이 "잎이 되고 꽃이 되고 열매를 맺는" 것을 중화(中和)라 했다.[62] 곧 씨올을 곧 평화의 본질로 보았다. 그래서 함석헌은 "씨올은 말하자면 내재의 평화, 극소세계의 평화다. 본질적인 평화다. 씨올의 바탈이 평화요, 평화의 열매가 씨올이다. 그러므로 씨올의 목적은 평화세계 이외에 있을 수 없다"[63]고 강조했다. 따라서 평화운동의 주체는 씨올=평화를 억압하는 정치(국가주의)는 될 수 없다는 논리다.

그리고 씨올이 전개해야 할 평화운동의 방법으로 다음 세 가지를 제시한다.

1) "웃으며 싸우자."[64]
2) 사랑으로 해야 한다.[65]
3) 즉시 해야 한다.[66]

---

61) 같은 책, 48쪽.
62) 같은 책, 41쪽.
63) 같은 책, 46쪽.
64) 같은 책, 169~210쪽.
65) 같은 책, 186쪽.
66) now here, 같은 책, 189쪽.

인간은 본성이 착하므로, 비폭력으로, 그리고 웃으며 평화롭게 한다면 평화운동이 반드시 성공할 수 있다는 인식이다. 그리고 평화에서 가장 소중한 것은, "지금이 언제든지 가장 중요한 시간" "네 옆에 있는 사람이 가장 중요한 사람" "그 사람에게 최선을 다해주는 것이 가장 좋은 일"[67]이라고 함으로써, 평화운동은 지체할 것이 못 된다는 생각이다.

또 함석헌은 정치권력이 만들어낸 민족주의 · 국가가주의가 타파될 때, 한반도의 통일을 위한 평화운동이 가능하고, 민족의 통일도 가능하다고 보았다. 이어 인류의 평화도 온다는 생각이다. 결국 함석헌은 인류평화를 방해하는 이념은 '국가지상주의'요, 방해세력은 국가지상주의를 붙들고 있는 정치가로 보았다.[68]

이어 함석헌은 국가지상주의를 타파할 대안을 제시했다. 국가지상주의를 타파할 수 있는 대안을 알아보기 전에 먼저 함석헌이 말하는 국가지상주의를 만들어낸 정치가들이란 누구인가. 함석헌의 이야기를 들어보자.

함석헌은 정치가에 대하여 이렇게 말한다. "정치가들의 목적은, (인류)전체가 사는 데 있지 않고, 문화가 발달하는 데 있지 않고, 자기 이익을 챙기는 데 있다. 그래서 서로 갈라 싸움을 붙인다." "싸움을 붙여놓고 명군(名君), 영웅(英雄), 영도자(領導者) 노릇을 한다."[69] 결국 함석헌 입장에서 정치가를 제 잘난 척하는 "자기이익만을 챙기는 존재"로

---

67) 같은 책, 189쪽.
68) 같은 책, 70쪽.
69) 이상 같은 책, 70쪽.

인식했다. 그래서 "정치가는 자기이익의 창출을 위해 전쟁을 만들고 상벌을 만들고, 차별을 만든다. 전쟁, 상벌제도, 차별주의는 모두 평화와 무관한 짓거리다. 이것이 이제까지 인류역사의 줄거리다. 이제 이러한 평화를 방해하는 정치적인 것에서 벗어나야 할 때다"[70]라고 평화운동의 시기가 바로 지금이라고 인식했다.

이렇게 함석헌은 우리 사회에 만들어진 정치제도, 곧 상벌제도, 계급제도, 수취제도, 징발제도 등이 모두 정치적 지배자들이 자기이익을 위해 마련한 제도라는 인식을 가지고 있었다. 참으로 명쾌한 역사인식이다. 그러니까 전쟁 또한 정치가들이 그들의 이익을 위해 일으킨다는 설명이다. 곧 정치가는 전쟁을 통하여 영토를 확장하여 경제 이익을 창출해내고, 경제 이익 창출을 위한 '말하는 기계' 곧 노예를 확보한다. 그러고는 국가구성원인 씨올의 사회안정망과는 무관하게 저들은 향락주의에 빠진다고 비난했다.[71]

이러한 정치가의 타락은 산업혁명과 함께 19세기 제국주의를 가져왔고 아시아와 아프리카에 대한 영토침략(전쟁)으로 나갔다. 미국의 번영, 일본의 경제대국도 이러한 제국주의적 기업주의에서 나왔다고 보았다. 제국주의 국가들은 또 전쟁을 일으키게 위하여 무기산업을 건설한다. 자본과 결탁한 권력(실용주의)[72]은 그들의 이익을 위하여 인

---

70) 같은 책, 70쪽.
71) 같은 책, 71쪽.
72) 바로 이러한 기업주의와 결탁한 정치가(국가주의)들은 부와 권력을 독점하여
   애국주의를 선전하여 긴장분위기를 조장하고, 향락주의를 선전하여 민중의 정

민들에게 애국주의를 고취시키고 늘 긴장분위기를 고취시킨다. 특히 박정희, 전두환이 그랬고 지금은 이명박이 그러하고 있다. 또 이들은 나라사람들에게 사치와 향락주의를 부추겨 인민들의 영혼을 부패하게 만든다.[73)]

이에 대하여 함석헌은 직접적으로 언급은 안 했지만 여기서 말하는 "민중의 정신 약화"라는 말은 아마도 3S 정책(영화, 스포츠, 섹스)을 통한 비교육적·비인격적 사회풍조를 만들어나가는 게 아닌가 하는 생각이 든다.

바로 이러한 정치가들이 만들어 낸 이념, 곧 애국주의, 향락주의는 불구의 정신과 영혼의 피폐를 만들어내는 주범이 된다. 따라서 애국주의는 평화주의 대신 국가주의에 대한 광적 신도를 만들어내고, 향락주의는 극단적 이기주의자로 만들어 사회무관심을 유도시킨다. 그래서 그 책임은 향락주의와 애국주의로 사회풍토로 만들어가는 정치, 곧 정치가에 있다.

이러한 애국주의·향락주의는 직간접으로 '정치적 권력에 충성'시키는 맹목적의, 무비판적인 우민(愚民)을 양산하는 반공교육과 같은 못된 이념교육이다. 이렇게 정치가들이 직간접적으로 권력에 충성하는 우민을 양산시키는 박정희 시기의 「국민교육헌장」은 또 하나의 '보이지 않는 국가폭력'이었다고 할 수 있다. 그리고 이러한 국가의 합법적 국가폭력을 포함하여 애국주의·향락주의 등 '보이지 않는 국가폭력'

신을 약화시킨다. 이것이 오늘날 자본과 결탁한 실용주의 정치다. 같은 책, 71쪽.
73) 같은 책, 71쪽.

등이 내재하는 것을 함석헌은 이념적으로 "국가주의 또는 국가지상주의, 정부지상주의"라고 표현했다.

따라서 함석헌이 지적하듯이 "예나 지금이나 세계혼란의 책임은 정치에 있고 그 정치 뒤에는 폭력주의 · 강제주의사상이 서 있다. 그것이 국가주의다"[74] 라고 개념을 정리했다. 이렇게 함석헌은 정치가와 그에 의하여 조장되고 있는 '국가주의'가 인간을 평화가 아닌 폭력(전쟁 등)으로 이끄는 주범이라고 인식했다.

함석헌은 또, 한 국가 안의 '정부'는 하나의 권력기구일 뿐이지 정부 자체가 '국가'가 아니라고 생각했다. 즉 '나라'라는 존재는 국가구성원과 일체감을 갖는 '전체적'이지만, 정부는 '나라'의 전체에서 하나의 부분에 해당하는 집단으로 통치를 명분으로 하는 이기주의적 이익집단이라고 단언한다. 그래서 평화의 대적(大敵)은 이기주의, 분리주의, 차별주의, 집단주의, 민족주의, 국가주의라고 보았다. 즉 정치와 정치가에 의하여 조장되고 포장되는 이기주의, 집단주의, 민족주의, 국가주의 등이 모두의 종합체를 바로 '국가지상주의'로 표현했다.[75]

그리고 늘 이야기하듯이 그는 국가주의시대가 지나갔다고 단언한다. "국가가 인민을 위해 존재하는 것이지 인민이 국가를 위해 존재하는 게 아니다."[76] 국가가 인민을 위해 존재하는 시대가 도래하는 만큼 이제 새로운 국가관 확립이 필요하다고 인식했다. 함석헌이 생각하는 새로

---

74) 같은 책, 72쪽.
75) 같은 책, 72쪽.
76) 같은 책, 214쪽.

운 국가관은 그의 글을 종합적으로 판단하면, 국가지상주의가 존재하지 않는 지역평등과 지역자치의 '나라공동체'이며 '평화공동체'다.

그래서 함석헌은 다음과 같이 새로운 국가관 확립을 위한 선결과제를 제시한다. 그가 제시하는 선결과제들은 외형적 조건들이다. 곧

1) 세계의 모든 씨올이 손을 잡는다. 그리고 씨올들이 각자 국가의 국경을 없애야 한다.[77]

2) 씨올이 새 종교를 가지고 과학화를 하여야 한다. 그래서 씨올이 갖고 있는 미신(迷信)을 버려야, 국가의 정보독점에 의한 미혹(迷惑)으로부터 완전히 자유로워질 수 있다.[78]

3) 중앙집권적 관리 시스템에서 지역자치적 관리 시스템으로 전환되어야 한다.[79]

이러한 외형적 조건을 충족시키면서 우리나라에서부터 국가지상주의를 타파하는 평화운동을 일으켜야 한다고 함석헌은 생각하고 있었다. 그리고 평화운동은 정신적 변화운동으로부터 먼저 시작되어야 한다는 생각이었다. 곧 1) 전체의식을 가질 것. 2) 정신적 평화운동일 것. 3) 비폭력이어야 할 것. 4) 우주사적 비전을 가질 것 등이다. 이제 함석헌이 주장하는 평화운동을 하기 위한 정신적 변화는 어떤 것이어야 하

---

77) 같은 책, 52쪽.
78) 같은 책, 53쪽.
79) 같은 책, 64쪽.

는지에 대하여 그의 주장을 들어보자.

첫째, 평화운동은 전체의식이다. 우리 민중은 전체의식이 강하지 못하다. 늘 이 나라의 소수 권력숭배자들은 외세에 빌붙어서 이데올로기 명분을 빌려 선전과 폭력을 앞세워 인민에게 압제를 가하는 집단주의 세력이다. 이를 물리치기 위해서는 전체의식을 가져야 한다. 전체의식이 없으면 도덕인간, 정신인간이 아니다. 우리 민족이 분열된 것은 전체의식이 부족했기 때문이다. 전체주의(민족통일 – 필자 주)를 살리려면 권력집단주의를 물리쳐야 한다. (남북분단의) 폐쇄주의를 극복하려면 남북 사이에 교통을 열어야 한다. 곧 개방정책을 써야 한다[80]고 평화운동으로서 전체의식을 강조했다.

둘째, 평화운동은 정신운동이다. 즉 정치운동은 겉치레다. 그러나 평화운동은 속마음이다. 그래서 평화운동은 정치운동과 달리 결과에 상관하지 않는다. 평화운동은 신념이다. 신념은 무조건 긍정하는 태도다. 신념에는 허망한 것이 하나도 없다. 신념에는 강함이 있고 포용이 있다. 이것이 평화주의정신이다. 정치운동은 제도요 결과다. 그래서 자신의 이념에 맞지 않으면 세포분열을 계속한다. 분열은 결코 평화운동이 될 수 없다. 그래서 평화운동은 정치운동으로는 안 되고 정신운동으로만 가능하다[81]고 정신적 평화운동을 강조했다.

셋째, 평화운동은 비폭력이다. 우리 역사에는 침략적 영웅주의가 없다. 그래서 우리 민족은 평화민족이다. 따라서 평화주의는 우리 민족의

---

80) 같은 책, 75쪽.
81) 같은 책, 76~77쪽.

바탈이다. 평화주의에 의거하여 일제의 폭력적 탄압으로부터 3·1운동을 이끌어냈고, 해방 후에는 독재권력의 강압적 폭력으로부터 4·19시민혁명을 이끌어냈다. 이 두 운동의 공통점은 폭력적 권력에 대하여 비폭력평화운동으로 저항했다는 점이다. 이렇듯 함석헌은 평화운동은 비폭력이어야 한다[82]고 함으로써 평화운동의 핵심적 방법론으로 비폭력을 강조했다.

"왜 비폭력이어야 하는가?"라는 질문에 대하여 함석헌은 다음과 같이 답변한다. "씨올은 폭력수단이 없기 때문에 폭력의 최고고지를 점령하고 있는 정치세력과는 폭력경쟁을 할 수 없다. 또 폭력경쟁은 악당들이나 하는 짓거리다. 또 하나의 이유는 권력과 상대하여 토론이나 설득은 불가능하다. 그러니 그들이 무기를 쓰지 못하도록 하는 수단은 비폭력뿐이다.

또 다른 이유는 권력자도 인간이기 때문에 그들의 인간성과 양심을 불러일으키는 수단으로 비폭력이어야 한다. 즉 지배자의 가슴속에 잠자고 있는 양심을 깨우기 위해 비폭력이 필요하다. 또 비폭력운동은 영웅주의가 아니다"라고 비폭력 실천이 필요한 이유를 설명한다.[83]

넷째, 평화운동은 세계적 비전을 갖는 일이다. 지금 지구는 인위적 위험에 처해 있다. 핵무기(핵발전소 포함 – 필자 주), 독가스, 세균무기 등으로 인간생명의 씨가 지구에서 멸망할 위기에 처해 있다. 이러한 지구 멸망의 위기에서 벗어나기 위해서는 지구단일의 평화기구를 세우는 일

---

82) 같은 책, 80쪽.
83) 같은 책, 53~54쪽.

이다. 곧, 지구 단일의 평화기구 설치운동은 평화주의의 실천운동이면서 세계적 비전이다.[84] 이렇게 평화운동은 지역적이 아니라 세계적이어야 하고, 세계 단일의 평화운동기구가 필요하다고 역설한다.

이와 같이 함석헌이 말하는 평화운동의 방법은 전체의식을 갖는 일, 정신운동일 것, 비폭력이어야 할 것, 그리고 세계적 비전으로 할 것 등이다. 이중 가장 핵심적 평화운동의 방법론은 '비폭력 평화운동'이며 그 실천적 방법은 세계 단일의 평화운동기구를 설립하는 일이다. 바로 함석헌의 이러한 주장을 실천하기 위하여 지난 4월, 2012년 함석헌학회 정기총회(4.6)에서는 (가칭)〈함석헌평화동산/세계평화센터〉 설립을 위한 추진위원회를 구성하기로 결의한 바 있다.

함석헌의 역사인식의 오류와 대안

여기서 잠시 함석헌의 평화주의정신과 관련하여 그의 역사인식에 대하여 살펴보자. 앞에서 설명한 것과 같이 그는 한민족의 도덕수준이 타락한 것은 우리 역사 속의 '당파성' 때문이라고 인식한다. 그리고 역사의 발전을 '비약적'이라고 설명한다.

그러나 우리 민족을 '당파성 민족'으로 본 것은 일제 어용학자들의 논리이지 우리의 논리가 아니다. 파쟁성(派爭性)을 강조하는 '당파'(黨派)라는 말을 지어낸 것, 역시 일제 어용사학자들의 식민지사관에서다. 이는 이미 1970년대 후반에 서울대 이태진(李泰鎭) 교수가 붕당정

---

84) 같은 책, 81쪽.

치론(朋黨政治論)를 제기함으로써 식민사관의 당파성이론은 잘못되었음이 입증되었다.[85] 곧 붕당정치는 당파성에 기인된 것이 아닌 중소지주층의 지식인화가 가속화되는 정치운영방식이었지, 분파적 요인을 만들어낸 정치질서가 아니었다.

또 함석헌이 역사의 발전을 비약으로 보는 인식에도 문제가 있다. 역사는 비약적 발전이 아닌 계기적이면서 병렬적으로 발전한다는 생각이다. 계기적으로 발전하는 역사적 상황들이 축적되어 새로운 역사적 사실을 만들어낸다. 즉 역사발전은 그 자체가 합법칙성을 갖는다. 예를 들면 박정희가 헌법을 유린(3선개헌, 유신체제 등)하면서까지 독재권력을 연장해갔다. 이것은 분명 민주적 질서를 파괴하는 행위다.

이 민주질서에 엇나가는 독재행위는 결국 권력 내부의 모순을 만들어냈다. 이 모순에 의해 박정희는 죽임을 당하고 군부독재권력의 막을 내린다. 박정희라는 민주주의의 걸림돌이 제거되었지만 민주주의는 즉각적 · 비약적으로 발전하지 못했다. 신군부에 의한 독재반공권력이 다시 등장했다.

여기서 군부권력과 인민 간의 모순이 발생했다. 곧 5 · 18광주민주화운동(1980)과 6 · 10항쟁(1987)이다. 신군부 독재권력은 인민들의 저항을 만나게 된다. 그럼에도 역사의 시간은 즉각적인 민주정권을 수립하지 못했다. 노태우와 김영삼이라는 완충적 권력이 나온 뒤에야 비로소 김대중, 노무현 등 민주정권이 수립된다. 곧 모순의 극복과 계기적 발전이다. 그러나 또다시 민중을 우민으로 보는 이명박의 토목건설을

---

85) 이태진, 『조선시대 정치사의 재조명』, 범조사, 1985, 14쪽.

배경으로 하는 독재적 토목권력이 들어섰다. 역사가 갖는 비약적 발전의 시간주기를 몇 년으로 볼 것인지에 따라 문제가 달라지겠지만, 결코 역사는 비약적 발전을 하지 않는다는 생각이다.

함석헌이 말하는 3·1운동 또한 일제 외세권력의 탄압과 한민족의 수난 사이에 발생한 모순에서 기인한다. 4·19혁명 역시, 이승만 반공 독재와 민중들의 민주정치의 요구 사이에서 발생한 모순에서 기인했다고 본다. 이렇게 역사적 발전은 지배자(권력자)와 피지배자(구성원) 사이에서 발생하는 내부 모순(또는 외부 권력자의 압력에 따른 외부 모순)을 극복과정을 거쳐 개혁적 발전과 수평적 발전이 병렬적으로 교차하면서 점진적 발전을 해나가는 법칙을 가지고 있다.

위와 같은 논리를 인정한 바탕 위에서 함석헌의 역사인식을 보았을 때, 민중의 파쟁성론과 역사의 비약적 발전론은 오늘의 생각에서 맞지 않는다는 생각이 든다. 즉 우리 민중의 도덕수준은 일제에 의해 조장된 당파성에 의하여 오염되지 않았다는 사실이다. 곧 당파성은 우리 역사 속에서 있지 않았다. 그래서 타파 대상이 아니다. 또 함석헌은 우리 역사가 갖는 '비약적 발전성'이라는 특성 때문에 오늘날 분단의 현실에서도 비약적 평화운동이 가능하다고 했다.

그러나 역사발전 법칙으로 볼 때, 비약적인 평화운동은 있지 않을 것이라는 생각이다. 평화운동이 있다면, 지금 우리 민족이 당하고 있는 민족 내적 모순과 민족 외적 모순에 대한 극복운동이 남북체제를 인정하는 바탕 위에 '중립적 평화운동'으로 점진적 발전을 하게 되리라는 생각이다.

함석헌의 세계인식

함석헌이 앞의 글에서 계속 강조하고 있는 부분은 근대주의에서 나온 민족주의, 국가주의를 극복하고 평화주의로 나아가야 한다는 논리다. 그런데 이 평화운동은 지구의 지엽적 운동이 아닌 전체적 운동이어야 한다는 인식을 하고 있다.[86] 그래서 함석헌이 즐겨 쓰는 용어는 전체주의와 세계주의다. 함석헌이 말하는 '전체주의'는 20세기 전반기 독일·이탈리아·일본 등 파쇼국가가 가졌던 획일적 '전체주의' (fascism, 社會帝國主義, Social Imperialism)개념이 전혀 아니다. 지역적, 민족국가적 개념을 탈피하는 '타자와 공존'이라는 대명제를 갖는 세계주의를 말한다.

그러면 함석헌이 세계주의를 인식하는 사고의 원동력을 그의 글을 통하여 살펴보자.

"원래 인간세계는 하나다. 그리고 그런 생각을 가졌다. 그런데 과학이 발달하면서 개개의 물질을 다루면서 우주정신, 통일정신이 없어졌다. 극도의 현실주의와 이기주의로 흘렀다."[87]
"그런데 지금은 세상이 달라졌다. 이제는 과학이 세계의 통일성을 주장한다. 그래서 앞으로 인류는 종교와 과학이 하나 된 믿음에서 하

86) 함석헌, 앞의 책,『함석헌저작집 12』, 83쪽.
87) 같은 책, 84쪽.

나 되는 우주적인 정신을 등뼈로 삼고 새 문화를 지어가리라. 정신의
세계에서는 종파주의와 국가주의가 없어지게 된다."[88]

이렇듯 함석헌은 인간의 본래 모습은 지역적 분열이 아닌, 전체적 하
나였다고 인식했다. 그래서 오랜 세월 많은 분열과 전쟁으로 고통을 받
아온 우리 인류는 이제 '애초 하나였던 인류'의 본 모습으로 돌아가야
할 때라는 생각을 가지고 있었다.

함석헌은 인류가 분열하고 싸우게 된 원인을 그의 글에서 종합하면
세 가지로 정리된다.

1) 정치 면에서, 영웅주의가 나오면서 자기 영역을 가지게 되었다.[89]
2) 여기에다 인간의 인지의 발달과 함께 과학이 발달하자, 권력자
들이 과학을 독점·이용하게 되었다. 그리고 과학의 독점을 통하여
무지한 인민들을 유혹시켰다. 이를 통하여 국가지상·민족지상이라
는 배타적인 국가주의를 만들게 되었다.
3) 종교 면에서도 종교가들이 제각기, 유일한 정통성을 강조하면
서 교조주의적 종파주의에 집착했다.[90]

결국 함석헌은 인류가 분열하고 전쟁을 하게 된 핵심 원인으로 '정치적
영웅주의'와 '종교적 종파주의'를 들었다. 그리고 함석헌은 다가오는 인

---

88) 같은 책, 85쪽.
89) 같은 책, 50쪽.
90) 이상 같은 책, 85쪽.

류세계는 민족과 언어의 차별이 없는 하나의 사회라는 생각을 가지고 있었다. 그래서 정치도 종교도 하나가 되어, 차별 없는 평등한 하나의 정치, 하나의 종교가 이성을 지닌 인류사회의 모습이 될 것임을 예언했다.[91]

그러나 지금 평범한 우리의 생각으로는 인류 전체가 하나의 정치와 하나의 종교로 되리라는 것은 요원하다고 본다. 그렇지만 한편으로 유럽에 유럽연합(EU; European Union, 1993.11)이 성립되고, 아프리카에 아프리카연합(African Union, 2002.7), 아메리카에 남미국가연합(Union of South American Nations, 2008.5)이 성립된 점, 그리고 동아시아연합이 구상되고 있는 것을 보면 하나의 세계가 될 수 있다는 가능성도 발견하게 된다. 일찍이 함석헌은 이러한 인류의 하나 되는 모습을 예견하고 있었는지도 모른다.

나아가 함석헌은 인류가 하나 되는 세상으로 가고 있다고 내다보았다. 그래서 오늘의 세계가 혼돈되어 불확실성의 시대로 치닫고 있는 것은 정신적·물질적으로 인류가, 세계가 하나로 통일되기 위한 몸부림으로 보았다.[92] 그래서 "경쟁주의는 서로 망하는 일"이라고 인식했다.[93] 우리가 살길은 세계가 하나 되는 일이다. 세계가 하나가 되려면 세계혁명을 해야 한다. 세계혁명의 길은 곧, "전쟁의 중단이다. 무기를 버리는 일이다. 국경선을 없애는 일이다."[94] 그리고 "세계가 하나 되는

---

91) 같은 책, 85쪽.
92) 같은 책, 86쪽.
93) 같은 책, 88쪽.
94) 같은 책, 88~89쪽.

평화운동은 하나의 문화를 닦는 일이다. 곧 "문화의 배타성을 버려야 한다"[95]는 인식을 가지고 있었다.

이렇게 함석헌은 세계가 하나 되는 길은, 개인주의도 영웅주의도 민족주의도 제국주의도 아닌, 곧 파쇼주의적 획일성과 관료주의적 경직성이 없는 세계주의라는 논리를 폈다. 또 세계가 하나 되기 위해서는 인류에 대한, 심지어 지구에 생존하는 모든 생명체에 대한 온전한 사랑(참사랑)을 가져야 한다는 인식도 하고 있었다. 바로 참사랑에 의한 하나의 인류가 되기 위하여 이제까지 거짓과 가짜들이 이 세상에서 판(주름)을 쳐왔다고 함석헌은 보았다.[96] 그리고 함석헌은 예언자적 자세로 말한다. "정치적으로 종교적으로 하나 되는 이 역사운동에 참여하는 자는 살 것이요, 그것을 모르거나 거부하는 자는 망할 것"[97]이라고.

이어 지구는 "과학의 발달로 우주시대가 왔다. 우주시대에 지구에서 싸우는 것은 우스운 일이다. 우주로 가기 위해 온 인류가 협조하는 사상이 일어나게 될"[98] 거라는 예언도 했다. 인류가 서로 협조하는 일은 먼저 전쟁, 곧 폭력을 배격하는 일이다. 폭력을 배격하는 일은 세계평화주의를 일으키는 일이다.[99] 세계, 곧 전체를 사랑하지 않는 평화운동은 무의미하다[100]는 생각을 거듭 강조했다.

---

95) 같은 책, 89~90쪽.
96) 같은 책, 261쪽.
97) 같은 책, 85쪽.
98) 같은 책, 89쪽.
99) 같은 책, 206쪽, 261쪽.
100) 같은 책, 261쪽.

함석헌의 평화주의, 세계주의사상 그리고 비폭력주의사상

이상과 같이, 『함석헌저작집 12 「평화운동을 일으키자」』을 중심으로 함석헌의 전쟁에 대한 인식, 평화에 대한 인식, 세계주의에 대한 인식을 역사인식론적으로 살펴보았다. 이를 통하여 함석헌의 평화주의사상, 세계주의사상, 비폭력주의사상이 도출되었다. 이를 다시 정리해본다.

평화주의사상

함석헌은 "평화는 인류의 자유의지를 통한 윤리행동"이라고 인식했다. 또 인류의 본래 모습은 하나요, 전체다. 그런데 영웅주의가 나타나 힘의 논리로 권력을 장악하고 권력유지를 위한 제도와 기구를 만들어 이를 통한 폭력을 행사해왔다고 인식했다. 바로 권력으로 힘으로 나라 사람인 인민을 억압하는 형태, 곧 합법적 국가폭력을 권력유지 수단으로 삼는 정치이념을 국가지상주의라고 했다. 함석헌은 이 "국가지상주의가 몰락하고 있는 중이다"라는 주장이다.[101]

그래서 국가는 인간의 생존을 위한 필수조건이 아니다. 다만 생존에 필요한 수단일 뿐이다. 국가는 그 자체가 하나의 제도에 불과하다. 그런데 국가가 마치 최고가치인 것처럼 폭력을 휘두르고 있기 때문에 국가는 근본악이라는 인식이다.[102]

때문에 평화운동의 중심은 중앙권력의 축소로부터 시작해야 한다.

---

101) 같은 책, 310쪽.
102) 같은 책, 311쪽.

이를 가지고 그의 생각을 유추하건대, 중앙권력의 축소 작업은 중앙집권 통제 시스템에서 지역관리의 자치 시스템으로 전환이다. 그리고 다시 지역자치에서 '자연주체공동체'로 가는 일이다. 따라서 함석헌의 평화주의사상의 알짬은 중앙집권적 권력유지와 자국의 이익을 위해한 전쟁을 일삼는 국가지상주의를 배척해야 하는 일이다.

한편 함석헌은 평화주의를 주장하면서 한반도의 평화에 대하여 '평화중립주의'를 제창했다. 곧 함석헌은 한반도에서 평화운동의 당면과제는 한반도의 통일이라고 보았다.

"어느 민족이든 역사적 현재의 명령에 복종하는 민족은 살아납니다…… 우리의 역사적 현재의 명령이 무엇이냐. 다른 것이 아니라 끊어진 허리를 이어라, 둘로 갈라진 것을 하나로 만들어라!"[103]

그러면서 함석헌은 한반도 평화운동의 이념은 민중중심의 '평화중립주의'여야 한다는 인식이다.[104] 곧 한반도의 평화운동은 평화중립사상에 의거한 정치가가 아닌 민간 중심의 평화적 통일운동이어야 한다는 거다. 그런 후에 평화운동의 최종 목적인 세계주의로 가야 한다는 생각이다.

---

103) 같은 책, 139쪽.
104) 같은 책, 62쪽.

세계주의사상

함석헌은 앞에서 살펴본 바와 같이 앞으로 지구는 "하나의 세계가 된다. 자치적 지역주의시대가 열린다"는 예언을 했다. 이러한 예언을 통하여, "앞으로 세계의 시급한 문제는 세계적인 평화기구를 세우는 일이다"라고 생각했다. "인류는 같은 운명공동체다. 살아도 같이 살고 죽어도 같이 죽고, 국민, 민족이 다 운명공동체입니다." "그래서 우리는 모두 연대책임을 져야 한다. 지금 정치가는 옛날 정치가의 책임도 져야 한다. 좋고 나쁘거나 옛날 일도 책임을 지는 것이 문화민족이다"[105] 라고 주장했다. 이는 곧 '인류가 하나'라는 생각을 갖고 있기 때문에 나온 생각이다.

'하나의 인류'를 생각하는 함석헌의 사상이 바로 획일성과 통제성을 핵심으로 하는 전체주의가 아닌 '타자와 공존'을 전제로 하는 전체주의, 곧 세계주의사상이다. 함석헌의 말하는 세계주의사상의 내용은, 정치 면에서 국가주의와 민족주의를 부정한다. 종교 면에서도 세계가 하나의 종교를 가지는 것을 말한다. 사회 면에서 평화운동의 주체인 씨올의 과학화를 추구함을 말한다. 그리고 문화 면에서는 민족적·지역적 배타성을 벗고 다양한 문화가 인정되면서 이것이 전체인류 문화가 되어야 한다는 인식이다.

그리고 함석헌은 세계가 하나가 되려면 '세계혁명'을 해야 한다는 생각을 가지고 있었다. 함석헌이 말하는 세계혁명은 곧 평화운동을 일으키는 일이다. 함석헌이 말하는 세계혁명=평화운동의 핵심은 모든 인류가, 그리고 모든 국가가 "전쟁의 중단이다. 무기를 버리는 일이다. 국

---

105) 같은 책, 144~145쪽.

270

경선을 없애는 일이다." 그리고 전쟁을 없애려면, 정치가나 민중이나 개인주의 · 영웅주의 · 민족주의 · 제국주의를 담은 국가지상주의를 배척해야 한다는 논리다. 곧 지역 개념인 국가주의를 배척해야 전체적 세계주의가 된다는 생각이다.

그리고 세계주의를 실천해나가는 방법은 인류뿐 아니라, 지구에 생존하는 모든 생명체에 대한 온전한 사랑(참사랑)을 펴야 한다는 주장이다. 이제까지 참사랑에 의한 하나의 인류가 되기 위하여 거짓과 가짜들이 판(주름)을 쳐왔다고 함석헌은 인식한다. 그리고 지금 우리가 사는 이 경쟁하고 분열하고, 피터지게 싸우는 오늘의 현실은 세계가 참사랑에 의한 하나의 인류가 되기 위한 준비과정이라고 했다.

비폭력주의사상

함석헌의 평화주의사상과 세계주의사상의 핵심을 이루는 내용은 비폭력주의에 있다. "민주주의 시대의 책임은 나 자신, 여러분 자신에게 있지, 한두 사람이 책임질 수 없다. 일이란 앞뒤가 있어야지. 민중 전체의 의견을 들은 다음에 해야지"[106] 라고 말함으로써 인류 전체의 '폭력 없는 연대책임론'을 강조했다. 함석헌이 비폭력을 주장하는 생각의 배경에는 "씨올은 폭력수단이 없기 때문에 폭력의 최고 고지를 점령하고 있는 정치세력과는 폭력경쟁을 할 수 없다. 또 폭력경쟁은 악당들이나 하는 짓거리다"[107] 라는 데 있다. 곧 폭력성을 담고 있는 일체의 정치적

---

106) 같은 책, 151쪽.
107) 같은 책, 148쪽.

인 작태를 부정했다.

따라서 역사적 현실에 대한 책임은 우리 모두에게 있기(연대책임) 때문에 정부가 잘못을 하면, 역사에 대한 연대책임을 우리 모두가 져야 한다는 인식이다. 그래서 정부가 잘못하면 그 책임도 우리에게 있기 때문에 정부의 잘못을 보면 우리는 저항을 해야 한다는 인식이 함석헌이 사고다. 그래서 함석헌은 정부나 국가가 폭력을 휘두르면 씨올(민중)은 저항을 해야 한다는 생각이다.

그러나 저항의 형태는 반드시 평화적 비폭력이어야 한다는 주장이다. 그리고 그는 비폭력운동의 모범을 간디에서 찾고 있다. 간디가 한 말 "Truthful, Gentle and Fearless"(진실하라, 온유하라, 두려워말라)[108]을 비폭력사상의 핵심 내용으로 삼고 있다. 다시 말해서 권력의 탄압과 폭력, 사회의 부정과 부패, 인격적 불평등 대우에 대한 저항은 곧 진실되게, 온유하게, 당당하게 항의하는 일이다. 이것이 함석헌이 말하는 비폭력에 대한 정의(定義)다.[109]

이렇게 『함석헌저작집 12』에 나타난 함석헌의 핵심사상은 평화주의, 세계주의, 비폭력주의다. 그리고 그 실천운동으로써 평화주의운동, 전체(세계)주의운동의 핵심적 방법론은 인간성을 파괴하는 폭력이 아닌 비폭력주의다. 지금 〈함석헌학회〉에서는 2012년 4월 정기총회에서 (가칭)〈함석헌평화동산/세계평화센터〉 설립을 위한 추진위원회를 구

---

108) 같은 책, 105쪽.
109) 같은 책, 143쪽.

성하기로 결의하고 그 세계평화기구 설립을 추진하고 있다. 이러한 움직임이 결실을 맺어 함석헌의 생각했던 세계 단일의 평화기구가 세상에 탄생했으면 하는 바람이다.

왜 남북경제협력이 필요한가[*]

박영일 인하대학교 경상대학 국제통상학부 교수

우리나라의 역사적 과제 세 가지

"모든 일에는 뜻이 있다. 모든 일은 뜻이다. ……치르고 나면 뜻을 안다…… 뜻 품으면 사람, 뜻 없으면 사람 아니다. 뜻 깨달으면 얼, 목 깨달으면 흙. 전쟁을 치르고도 뜻도 모르면 개요 돼지다. 영원히 멍에를 메고 맷돌질을 하는 당나귀다."

"남한은 북한을 소련·중국의 꼭두각시라 하고, 북한은 남한을 미국의 꼭두각시라 하니 남이 볼 때 있는 것은 꼭두각시뿐이지 나라가 아니다. 우리는 나라 없는 백성이다."

"형제 싸움에 서로 이겼노라니 정말은 진 것 아닌가."

"우리나라의 역사적 숙제는 세 마디로 말할 수 있다. 하나는 통일정

---

[*] 이 글은 함석헌평화포럼 주최 '함석헌과 간디를 생각하며—방향 잃은 민족공동체 어디로 가나, 위기의 진단과 대안'이라는 주제로 열린 학술발표회(향린교회, 2011.2.11) 발표를 위해 준비했던 것이다.

신이요 하나는 독립정신이요 또 하나는 신앙정신이다."[1]

전쟁의 위험으로부터 평화와 안정을 지켜내는 길

작년 11월 북한이 민간인 거주지역인 연평도를 포격하여 사상자를 낳고 국민의 재산이 불타는 전후 최악의 상황을 겪었다. 한국전쟁이 발발한 지 60년이 지나 처음으로 휴전상태가 실제 전쟁위험으로 나타났다. 다행히 전면적인 무력충돌만은 피할 수 있었지만 그 충격은 쉽게 가시지 않을 것이고, 가파른 대치와 위기국면 또한 지속될 것이다. 두 차례의 남북정상회담으로 일상생활에서 잊혔던 전쟁의 공포가 우리의 삶을 위협하기에 이르렀다.

한반도 상황이 이렇게 된 직접적인 책임은 북한의 무도한 도발에서 비롯됐다. 하지만 그에 못지않게 남북관계를 파탄시킨 이명박 정부에도 일정한 책임이 있다. 냉전체제가 붕괴된 후 비교적 안정적으로 관리됐던 남북관계가 이명박 정부에 들어서 급격히 악화됐다는 점에서 현 정부의 책임도 크다. 이는 이명박 대통령 자신이 "국방과 안보에 대한 국민 불안과 실망을 가져온 점을 반성해야 할 부분"이라고 인정한 바 있다. 사태가 이렇게까지 악화된 것에 대해서는 훗날 반드시 책임을 물어야 할 것이다.

그러나 지금 당장 해야 할 더욱 시급하고 중요한 일은 현재 고조된 무

---

1) 함석헌, 「생각하는 백성이라야 산다―6·25싸움이 주는 역사적 교훈」, 『사상계』, 1958년 8월호.

력대결과 전쟁위험을 어떻게 관리하고 해소할 것이냐다. 이 글을 쓰고 있는 순간 남북 당국자가 고위급 군사회담을 위한 실무적 절차를 논의하고자 이틀 동안 만났으나 결렬됐다는 소식이다. 실낱같은 희망은 역시나 깨지고 말았다. 사실 처음부터 큰 기대를 했던 것은 아니다. 그 만남이 남북 당국의 주체적인 의지의 발로가 아니었다. 미국과 중국이 주도하는 대화 분위기에 떠밀려 하는 수 없이 시늉만 내는 만남이라는 판단이었기 때문이다.

현재의 남북한 정권은 우리 민족의 평화와 안정을 지켜내고 통일과 번영을 이룩하기에는 너무나 무능하고 무모하다. 상호 불신만이 팽배하다. 한국정부는 북쪽이 평화공세를 펴고 있지만 무도한 도발을 되풀이할 것이라고 생각하고, 북쪽은 남한이 압박을 가해 체제붕괴를 꾀하고 있다고 여기고 있다. 한편으로 대화를 이야기하지만, 다른 한편에선 전쟁분위기를 조성하고 무력안보를 과시하는 데 여념이 없다. 그러나 그들의 오기, 기세싸움에 맡기기에는 그 귀결이 너무나도 가공할 민족의 파멸이고 민족의 삶의 터전인 한반도의 폐허다. 작은 대립과 기세싸움이 무력분쟁으로, 더 나아가서 국지전이나 대규모 전쟁으로 비화할 소지를 배제할 수 없기 때문이다.

이 글은 우리가 '지금 여기'서 우리 민족의 평화와 안정을 지켜내고 궁극적으로는 평화적 통일과 번영을 위해 무엇을 해야 하는가를 경제를 잣대로 고민하고, 북한에 대한 남한의 적극적인 경제협력이 유일한 길임을 주장하고자 한다.

첫 단추부터 잘못 낀 이명박 정부의 대북정책

우리 민족의 화해 · 협력, 한반도의 평화는 민족의 절대적 명제다. 한국의 어느 누구도, 흔히 말하는 보수나 진보를 막론하고, 한반도에서 평화를 깨뜨리고 북한과 어떤 형태의 무력충돌이나 크든 적든 전쟁을 원하는 자는 없을 것이다. 또한 북한의 무력도발을 원천적으로 막기 위해서도 안정적인 평화체제의 구축이 필요하다.

동서냉전이 끝나고 한반도에서도 1991년 「남북기본합의서」 채택으로 남북한 간 체제경쟁은 끝이 났다. 기본합의서는 7 · 4남북공동성명에서 천명한 자주 · 평화 · 민족대단결이라는 조국통일의 3대 원칙을 재확인하고 남북한이 상대방의 실체를 인정하고 군사적 침략이나 파괴 · 전복 행위를 하지 않으며 상호 교류 협력을 통한 민족 공동의 번영과 점진적 · 단계적 통일을 실현할 수 있는 기틀이 되었다. 1993년 북한이 핵확산금지조약(NPT)을 탈퇴한 이후 남북관계가 경색되었다.

그러나 북핵문제 해결과 남북 화해 · 협력을 북미회담(뒤이어 '6자회담')과 남북회담의 역할분담과 투 트랙 접근이라는 실용주의적 접근으로 남북화해 분위기가 조성되었다.

1995년 북미 간 제네바합의 이후로는 국제사회에서도 한국이 한반도 상황의 핵심적인 '관리자'로 인식되었다. 이미 남북한 간 체제경쟁은 끝났으며 한국이 주도권을 쥐었다는 인식이 지배했다. 특히 2000년 6월 남북정상회담과 '6 · 15공동선언'의 채택으로 남북문제는 어떻게 화해 · 협력 정책을 효과적으로 추진하여 평화통일을 달성할 것인지가 가장 중요한 관심사였다.

그런데 이명박 정부가 들어서고 3년이 지난 오늘날 한반도는 다시 일촉즉발의 전쟁위기를 맞고 있다. 한국은 한반도의 책임 있는 '관리자'의 위치에서 북한과 똑같이 말싸움이나 하는 처지로 추락했다. 우리 운명을 결정할 한반도문제에 대해서 남북한 모두 '말발'이 서지 않게 되었다. 대신에 미국과 중국이 한반도 상황을 공조하여 관리하겠다고 세계인에게 선언하기에 이르렀다(1월 미중 정상회담). 상황이 이렇게 악화한 근본 원인은 북한 체제의 불안과 이에 기인한 북한의 핵개발이지만, 이명박 정부의 비전 부재와 잘못된 판단, 무능도 큰 몫을 하고 있다.

따라서 한반도의 평화와 안정을 위해서는 북한의 변화에 못지않게 이명박 정부의 대북정책이 근본적으로 변화되어야 한다. 이명박 정부의 대북정책은 첫 단추부터 잘못 끼웠다. '비핵·개방·3000'을 내세워 북한의 자존심을 건드렸다. 그런가 하면, 남북정상이 합의한 사항을 일방적으로 폐기하고 쌀·비료 등 인도적인 대북지원규모를 줄이면서 북한의 굴복만을 요구했다. 천안함 사태 이후에는 북한붕괴론에 기대어 노골적으로 대북제재와 압박을 강화해왔다.

남북관계와 통일문제는 운동경기처럼 한쪽이 이기고 다른 한쪽이 지는 승패의 게임이 아니다. 북한체제가 붕괴한다고 해서 한국이 승리를 자축할 입장이 못 된다. 쌍방이 모두가 이기거나 지는 게임인 것이다. 북쪽이 붕괴하면 남쪽이 북쪽을 껴안아야 하고, 그 파장이나 영향으로 남쪽도 막대한 희생과 부담을 감내해야 한다.

우리가 평화를 절대 가치로 본다면 인내심을 가지고 뭐든지 해야 한다. 북한체제도 인정해야 한다. 북한체제를 인정한다고 해서 이념적으로 북한을 좋아하는 것은 아니다. 북한체제의 인정하느냐 마느냐의 문제는, 북한체제의 호·불호의 가치판단과는 무관하다. 국민 모두 알고 있다. 북한체제는 나쁘다는 점을. 바람직하지 않다는 사실을. 인민을 굶기고 기본적인 인권을 탄압하며 세습독재로 정권을 유지하기 때문이다. 이런 북한을 좋아하고 찬양할 사람은 아무도 없을 것이다.

문제는 북한이 나쁘다고 해서 우리가 할 수 있는 일이 무엇이냐는 점이다. 냉정하게 말하면, 심지어 우리는 북한의 무력도발에 보복할 수 있는 권한조차 지니지 못하고 있다. 우리가 독자적으로 육해공군 통합작전을 수행할 수 없기 때문이다. 이명박 정부는 말로는 강력한 보복을 외치면서 작전통제권의 인수를 오히려 늦추고 있지 않은가. 역설적이지만, 이명박 정부의 이런 자세가 북한의 연평도 포격을 불러온 것은 아닐까. 또한 무력보복이 가능하다 할지라도 한반도를 둘러싼 현 동북아체제에서 과연 우리가 미·중·일·러의 이해관계가 그려놓은 힘의 균형을 깨뜨릴 수 있겠는가. 불행하지만 우리가 할 수 있는 것은 거의 없다.

연평도 사건 이후 이명박 정부가 전쟁도 불사할 것처럼 강경한 언사를 사용하고 무력안보를 과시했다. 그렇다고 저자는 정부가 전쟁을 추구한다고 생각하지 않는다. 그것은 일차적으로 자신의 지지세력, 그리고 국민에 대한 국내용 제스처에 불과할 것이다. 이런 점에서 이명박 정부는 위험천만한 안보무능정권이다. 북한으로부터 위협을 감소시키기는커녕 오히려 부추기면서, 그에 상응하는 안보태세도 갖추지 못하고, 자신의 지지층만 결집시키고 있으니 말이다.

선택 범위가 극히 제한된 상황에서 북한의 무력도발을 진정으로 막으려면 결국 평화체제를 구축하는 수밖에 없다. 형제애와 민족적 선의에 입각하여 인내심을 가지고 대화와 협력을 통해 꾸준하게 신뢰를 구축해가야 할 것이다.

우리 사회의 일각에서는 대북관계에서 민족적 우애를 이야기하면 북한 체제를 감싸는 것으로 오해하는 경향이 있다. 그러나 우리는 엄연히 한 핏줄을 이은 형제다. 언젠가는 통일되어야 할 단일민족의 통일국가였음을 한시라도 잊어서는 안 된다.

진정 이명박 정권이 북한의 변화와 한반도의 평화를 원한다면 일방적으로 굴복을 요구할 것이 아니라 쌍방향적으로 관계를 개선해야 한다. 북한의 진정성을 요구함과 동시에 자신도 진심으로 진정성을 보여야 한다. 그 길이 바로 북한이 간절하게 필요로 하는 경제협력이다.

대북제재 · 압박정책은 바람직하지도 현실적이지도 않다.

이명박 정부의 대북제재 · 압박정책이 왜 바람직하지도, 현실적이지도 않은지를 그 정책의 몇 가지 귀결을 상정하여 논증하고자 한다. 이하에서는 이명박 정부가 그렇게 중요시하는 경제적 이해관계에 초점을 맞추고자 한다. 현재 우리 사회는 모든 분야에서 심지어 학술 · 문화에서까지 경제적 잣대나 미끼가 지배하고 있다. 마르크스에 대해 혐오감을 느끼는 보수주의자들이 경제를 기준으로 모든 것을 결정하는 것이 어쩐지 부자연스럽지만. 어떻든 북한의 경우도 경제적인 고통은 정치군사적 내부 통제력을 약화시킬 것이다.

〈표 1〉 북한 대외무역, GDP에서 차지하는 중국, 한국의 비중 　　　　(단위: 100만 달러)

	2003	2004	2005	2006	2007	2008	2009
GDP(UN 추계)	11501	11168	13031	13764	4375	13337	n.a.
대외 무역	3115	3554	4057	4346	4738	5635	n.a.
대중	1023	1385	1580	1700	1974	2787	2681
대한	724	697	1056	1350	1798	1820	1679

출처: 이석, 「대북경제제재의 효과: 남북교역, 북중무역으로 대체 가능한가」, 『북한경제리뷰』, 2010년 5월호.

〈표 2〉 북한의 대중적자와 남북교역으로부터 외환수입 추이 　　　　(단위: 100만 달러)

		2003	2004	2005	2006	2007	2008	2009
대중 적자	석유 수입 포함	232	214	582	765	811	1279	1095
	석유 미포함	112	75	384	517	529	865	n.a.
남북교역	실질교역 흑자	169	168	221	326	500	440	333
외환수입	관광관련 수입	13	15	14	12	20	20	0
	개성공단 임금	0	0	3	7	14	(30)	(40)
	계	180	180	233	341	534	(490)	(373)

＊ ( ) 안의 숫자는 정확한 숫자가 공개되지 않아 개성공단 노동자 수와 평균임금(1인당 $85)
　을 고려하여 추계한 것임.
출처: 〈표 1〉과 같음

　　먼저 북한 대외거래의 현황을 살펴보고 대북봉쇄정책이 북한경제
에 미칠 영향을 살펴본다. 한국은 북한의 두 번째 교역상대국으로 남북
교역은 북한 대외거래의 20~38%, GDP의 13% 정도를 차지하고 있다
〈표 1〉. 북한의 최대교역국은 중국으로 대중무역은 북한 대외무역의
32~49%, GDP(이하 추정치)의 15~20%를 차지하고 있다. 한편 2000
년대 북한의 대외거래에서 남북교역의 흑자, 대중무역의 적자가 주목
된다〈표 2〉.

　　즉 남북교역에서 일반교역 및 위탁가공교역의 흑자와 개성공단 임

금, 금강산관광사업 등 경제협력에서 벌어들인 달러를 바탕으로 북중무역을 확대해온 것이다. 따라서 대북제재로 남북교역을 중단시키면 북중무역이 침체되고 북한경제에 상당한 고통을 안겨주게 될 것이다.

요컨대 남북교역 중단⇒외화수입 감소⇒대중 수입 감소⇒경제상황 악화의 경로를 밟게 된다. 특히 자립능력이 현저하게 부족한 상황에서 북한경제는 중국의 정책에 의해 크게 영향을 받는다. 더욱이 중국은 석유 등 북한경제의 핵심적 전략물자를 독점 공급해왔다. 따라서 대북제재 효과는 중국의 정치적 선택을 고려하지 않으면 안 된다.

이러한 경제상황을 바탕으로 대북봉쇄정책의 효과를 점검해보자.

첫 번째 시나리오는 북한이 한국의 요구에 굴복하는 경우다. 핵무기를 포기하고 이명박 정부의 '개혁·개방 3000' 정책에 충실하게 따르는 경우다. 이것은 더 이상 바랄 것이 없이 최상의 경우다. 그러나 이 경우는 북한 체제의 자기부정을 의미하는 것으로 가능성 제로다.

두 번째 시나리오는 중국이 정치적 고려가 없이 순전히 경제적 기준에 의해서 중립적인 입장을 취할 경우다. 이때는 남북교역 및 경제협력의 중단으로 북한의 외환 가득이 어려워 대중무역이 침체하고 북한의 대외거래 전체에 문제가 발생할 것이다. 그러나 북한경제의 자립능력이 부족하고 중국의 경제 지원에 의존하는 상태에서 현실적으로 기대하기 어렵다.

세 번째 시나리오로서 중국이 북한을 적극 지원하는 경우로서 현 상황이다. 당연히 한국의 대북제재효과는 반감된다. 대신에 북한경제의 중국에 대한 의존도는 심화될 것이고 북한의 주체성은 상당히 훼손될 것이다. 이것은 장기적으로 한국에도 적지 않은 부담이다. 북한을 중국으로 떠밀어내게 되어, 민족경제의 통합에 부정적으로 작용할 것이기 때문이다. 불행하게도 이런 상황이 이미 돌이킬 수 없을 정도로 심각하게 나타나고 있다. 2009년 7월 랴오닝성 '연해벨트 개발계획'과 8월 지린성 '창지투(長吉圖) 개발개방 선도구 계획'이 발표되고, 북중 간에 단동-신의주, 훈춘·투먼-나선지역 연계개발 협력사업의 일환으로 나선지역 1호 부두 사용권을 획득했고 북한 내 각종 인프라 건설 및 북·중을 연결하는 도로건설과 압록강대교가 착공되어 북한이 중국경제권으로 편입되고 있다.

마지막 시나리오는 중국이 한국의 대북제재에 동참하는 경우다. 결론부터 말하면 이 경우도 현실적이지 않다. 한·중 양국이 북한 대외무역의 약 80%, GDP의 약 35%를 차지하기 때문에 북한 경제는 심각한 위기에 빠질 것이다. 나아가 북한체제의 붕괴까지도 상정해야 할 것이다. 여기서 명심해야 할 점은 북한체제의 붕괴가 곧바로 흡수통합으로 이어지는 것은 아니라는 점이다.

북한정권이 무너지더라도 100만이 넘는 북한 군대가 있기 때문에 붕괴 후에도 (새 지도부가 구성되든 여러 집단이 난립하든) 후계정부가 승계할 것이다. 그들의 동의 없이는 한국은 북한에 진입할 수가 없다. 말하자면 북한의 신 지도부(주민 또는 군대)의 마음을 얻지 않고는 흡수할 수 없다. 그들이 남한에 의지하려는 뜻이 있느냐 여부가 관건이다. 따라서 그들의 마음을 얻으려면 남북관계가 개선되고 화해·협력이 선행되어야 하는 것이다.

그렇지 않다면, 설령 북한이 망한다 해도 새로운 지도부가 자체적으로 살아가겠다면 어떻게 할 것인가. 중국에 의존해서라도 자체적으로 살아가겠다면 한국으로선 아무런 방책이 없다. 현재 북중 간 경제교류의 확대·심화는 바로 그 가능성을 높이는 것이다. 따라서 흡수통일을 공공연하게 말하는 것도 무모한 짓이고 그런 뉘앙스를 풍기는 정책을 공공연히 내세우는 것도 서투른 정책이다.

또한 설혹 흡수통합이 된다 하더라도 다음 절에서 상세하게 논의하는 바와 같이 남한에도 막대한 부담이 뒤따르기 때문에 우리 민족에게 큰 재앙이다.

한편 북한경제가 심각한 타격을 입고 극심한 혼란을 겪는 상황이다. 북한당국은 인민들을 대상으로 제재에 따른 위기감을 고취하고 체제 결속에 온 힘을 다 쏟을 것이다. 하나는 대미, 대남압박을 위해 한반도의 정치·군사적 긴장을 고조시켜 공공연하게 각종 위협수단을 동원할 것이다. 연평도 사건이 바로 이에 해당한다고 하겠다. 문제는 이 과정이 지난 연평도사건에서와 같이 남북당국 간 기세싸움 형태를 취해, 자칫 잘못하다가는, 남북 간 국지적인 무력대결, 더 나아가서는 전면전으로 비화할 가능성을 배제할 수는 없다는 사실이다.

다른 하나는 중국으로부터 지원을 확보하기 위한 수단으로 대남 대결정책과 다른 한편에서 중국의 권유·압력으로 대화공세에 나서는 경우다. 미중 정상회담 이후 북한의 적극적인 대화공세가 바로 이런 상황이다. 미중 양 정상이 6자회담 재개를 위한 전제조건으로 남북대화의 진전을 촉구했기 때문에 대남 대화를 제의한 것으로 보인다. 동시에 북한은 지금까지 적대적 무시정책을 취해온 미국과 일본의 관심을 환기하여 전체적인 제재 국면을 흔들 수도 있을 것이다. 이 경우에는 한국이 국제적인 대북 대화 국면에서 소외되는 상황도 상정할 수 있다.

통일비용 · 편익으로 본 화해 · 협력의 필요성

설혹 흡수통일이 된다 하더라도 북한의 붕괴는 남북한 모두에게 커다란 재앙이라는 점을 경제적으로 분석한 글이 있어 이를 수정 · 보완하여 소개하고자 한다.[2] 남북통일을 위해서는 남북교류를 확대하고 신뢰를 쌓아야 하고 경제협력, 평화공존과 군축, 통일에 대한 접근 등 단계적 과정을 거쳐야 한다. 역사적으로도 막강한 경제력을 지녔던 독일의 경우에 통일 후 20년이 지난 현재까지도 통일로 인한 갈등을 완전히 해소하지 못하고 있다.

예를 들어 동독 주민의 2등 국민화, 경제통합을 위한 엄청난 통일비용으로 독일의 경제가 휘청거렸다. 그런데 현재 한국의 경제력과 사회경제시스템으로 북한 붕괴상황을 관리할 수 있겠는가.

일반적으로 국가 간 경제통합은 당사국들이 경제적 편익과 비용을 추계하여 양측이 실행할 만한 경제적 유인이 있을 때 합의와 합법적인 절차에 의해서 추진된다. 그러나 남북한 경제통합은 합리적이고 순차적인 단계나 절차를 밟을 게제가 아니다. 화해 · 협력을 통한 관리가 없다면, 통일은 내부에 강력한 추진세력도 없이 어느 날 갑자기 올 것이다.

따라서 남북한 경제통합은 경제적 편익과 비용과는 무관하게 추진될 것이다. 단일민족이라는 민족적 · 정치사회적 · 문화적 당위에 의해 강제적으로 통합될 것이다. 당연히 통일에 따른 모든 비용은 한국이 부담

---

2) 이석, 「통일의 경제적 문제: 개념과 시각」, 『북한경제리뷰』, 2010년 8월호.

하게 된다.

통일비용이란 남북한 사회경제적 격차와 소득격차를 해소하기 위하여 투자하는 비용을 포함하여 경제적 통합에 의해서 발생하는 모든 비용을 포괄한다. 남북한 사이의 1인당 소득 격차(한국이 북한의 약 40배)로 인한 인구이동과 국토의 효율적 활용을 위한 투자 비용, 경제발전단계와 산업구조의 비대칭성, 사회경제시스템의 이질성 등으로 통일비용은 막대한 규모에 달할 것이다.

그러나 경제통합은 비용만 발생하는 것이 아니다. 통일이 가져올 경제적 편익도 천문학적으로 클 것이다. 통일에 따른 북한지역의 인적, 물적 자원의 활용과 시장 확대, 국방비 등 분단비용의 절약, 동북아로 연결되는 새로운 시장기회의 창출, 국제사회에서 위상 제고 등 경제통합으로 기대되는 편익도 헤아릴 수 없을 정도로 크다. 전체적으로 보면, 통일이 가져올 경제적 편익이 통일비용보다 훨씬 클 것이다.

여기서 중요한 문제는 통일비용과 통일로부터 얻는 편익의 발생이 시간적으로 분산되어 시기에 따라 다르다는 점이다. 단순히 총 비용과 편익이 많고 작고의 문제가 아니다. 통일비용의 부담은 통일 시점부터 일정 기간에 집중적으로 발생하고 언젠가는 끝이 난다. 반면 통일편익은 통일 후 서서히 발생하기 시작하고 통일이 유지되는 한 지속될 것이다(〈그림 1〉 참조).

따라서 통일비용의 부담과 통일편익의 향수가 세대에 따라 다르게 된다. 이 경우에 통일세대는 통일비용을 부담만 하고 편익의 혜택을 그렇게 얻지 못하여 경제적으로 피해를 입을 가능성이 크다. 요컨대 통일에 따른 비용만 집중적으로 부담하고 편익을 얻지 못할 통일세대가 통

〈그림 1〉 통일비용 · 편익 스케줄

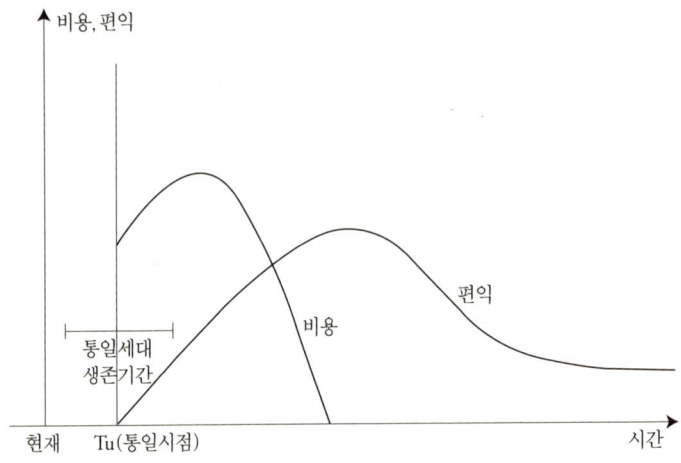

일에 부정적인 태도를 갖게 될 개연성이다. 한국사회 일부의 통일에 소극적인 자세는 바로 이 때문일 것이다.

통일비용 부담은 통일 이후 남북한의 경제적 통합을 조급하게 서둘면 서둘수록 가중되고 후유증도 클 것이다. 그러나 통일 이후에 노동과 자본의 이동 등 경제통합을 통제하여 점진적으로 추진한다면 부담을 장기간에 분산시킬 수 있을 것이다. 이는 경제개혁 · 개방 후 호구제(戶口制) 등을 실시하면서 점진적 체제이행을 한 중국경제의 성과와 급진적으로 이행한 러시아와 동유럽제국의 성과를 비교하면 짐작할 수 있다. 그러나 문제는 이러한 점진적 접근을 위한 통제는 일단 남북 간 정치적 통일이 이루어지면 현실적으로 거의 불가능에 가깝다는 사실이다.

〈그림 2〉 경제협력 및 통일비용 · 편익 스케줄

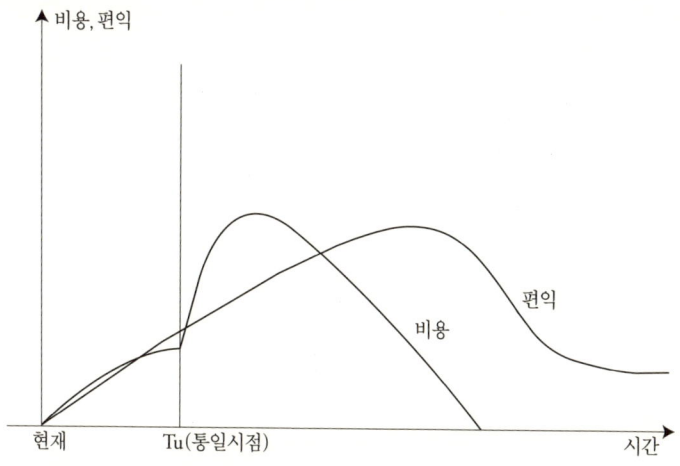

통일 전 경제협력의 중요성

바로 통일비용과 편익 발생을 세대별로 분산시켜 각 세대별로 통일
비용 부담과 편익을 일치시키면서, 동시에 경제통합과정을 통제하여
점진적인 접근을 가능하게 하는 길이 바로 통일 이전의 남북경제협력
이다. 남북한 체제가 실체로 존재하는 한 통합과정은 통제된다.

이런 맥락에서 현 상태에서 한국의 대북지원과 경제협력은 최선의
길이다. 즉 평화를 정착시키고 민족경제의 통합을 순조롭게 앞당길 뿐
만 아니라, 통일 시점에서 한국경제가 부담해야 할 비용을 줄이고, 통일
전부터 통합의 이익을 극대화할 수 있는 1석 3조의 효과를 갖는 것이다
(〈그림 2〉 참조). 이런 연유로 남한의 북한에 대한 적극적인 경제협력
을 주장하는 것이다.

한국의 대북경제협력은 북한경제의 성장에 곧바로 이바지할 것이다. 뿐만 아니라 지금 당장의 북한에 대한 인도적인 지원은 북한 노동자의 체격, 체력, 숙련도, 기술습득능력을 제고해 노동력의 질을 개선하여 북한 노동력과 결합할 남한의 자본생산력을 증가시킬 것이다.

요컨대 한국의 자본과 기술이 북한의 노동력과 자연자원과 결합하면 남북한 모두가 유리한(win-win) 협력체제가 구축될 것이다. 그 과정에서 남북 간 소득격차가 줄어들고, 경제구조의 보완성이 강화되고 사회경제체제의 친화성도 높아질 것이다. 궁극적으로 통일비용을 극소화하는 반면에 통일편익을 극대화한다.

그럼 한국의 대북경제협력이 남북격차를 줄일 것인가. 이는 제2차 세계대전 후 동아시아제국의 릴레이식 경제발전 패턴이 증명하고 있다. 동아시아제국은 공업화 초기에 양질의 저렴하고 풍부한 노동력을 바탕으로 순차적으로 세계시장에 진출하여 노동집약적 제조업분야에서 비교우위를 가지고 특화해서 경제발전에 성공했다.

〈표 3〉에서 보는 바와 같이 공업화의 1세대인 일본은 1950년대부터 1970년대 초까지 고도성장을 이룩했으며, 1970년대 초 노동력 부족 경제로 전환한 이후 성장률이 둔화하여 안정성장기에 접어들었다. 제2세대로서 한국·대만·홍콩·싱가포르 등 동아시아신흥공업국(ANIEs)은 1960년대 후반부터 1980년대까지 고도성장을 경험하여 일본의 뒤를 따랐다. 제3세대는 1970년대에 대외지향적 공업화전략을 채택한 태국·인도네시아·말레이시아·필리핀 등 동남아시아국가연합(ASEAN)과 1979년 경제개혁·개방을 실시한 중국의 고도성장이다.

현재 동아시아지역에서 경제성장의 제4세대로 부상하고 있는 나라

<표3> 동아시아경제의 연평균 성장률(%)

국가	1961~70	1971~80	1981~90	1991~00	Sep~01
일본	9.8	4.3	4.2	1.1	1
ANIEs	7.6	9.2	8.1	6.6	4
선발ASEAN 4	4.5	7.2	5.7	5.6	4.2
중국	4.8	5.2	9.4	8.8	9.9
후발ASEAN 4	n.a.	n.a.	n.a.	6.8	7.7

가 베트남을 중심으로 한 후발ASEAN 제국이다. 이러한 동아시아경제 성장의 역사적 경험은 남한의 경제협력이 북한경제에 미칠 밝은 전망을 시사한다. 북한이 적극적으로 경제개혁·개방을 시행하고 북한에 대한 국제적인 경제봉쇄가 해제된다면, 곧바로 동아시아 경제성장의 제4세대에 합류하여 고도성장궤도에 진입할 것으로 확신한다. 북한의 경제발전을 돕고 궁극적으로 민족경제통합을 주도적으로 대비하기 위해 한국이 대북경제협력에 적극적으로 나서야 할 당위가 여기에 있다.

먼저 북한의 실체를 인정해야

남북체제경쟁은 이미 끝났다. 이제 남북문제는 평화정착과 민족통일이라는 새로운 관점에서 접근해야 한다. 우선 당장에 평화를 정착시키는 일이야말로 절대적인 민족적 명제다. 민족적 우애와 선의를 바탕으로 남북 당국이 신뢰를 쌓고 평화로운 공존을 위해 모든 노력을 아끼지 않아야 할 것이다. 최저한의 의식주도 보장받지 못하고 궁지에 처해 있는 북한을 노골적으로 고립시키고 제재와 봉쇄정책으로 일관한다면 작년(2011) 11월의 연평도 사건과 같은 위기가 발생하고 실제 전쟁위험을 배제할 수 없을 것이다. 동시에 북한경제의 중국 의존을 심화시키고 궁극적으로는 북한을 중국에 떠밀어내서 민족에 천추의 한을 남기는 죄를 짓게 될 것이다. 물론 북한 핵문제는 국제적 공조를 통해 해결해야 할 것이다.

전쟁위기를 극복하고 평화를 정착시키기 위해서는 우선 북한의 실체를 인정해야 할 것이다. 이를 바탕으로 명실 공히 남북 평화·공존 단계를 유지하지 않는다면 통일은 말할 것도 없고 평화정착도 어려울 것이다. 북한체제를 인정하느냐 않느냐의 문제는 북한체제를 좋아하느냐 않느냐 하는 문제와 별개다. 바로 이러한 인식에서 남북한이 동시에 유엔에 가입하고 1991년에 「남북기본합의서」에 합의한 것이 아닌가. 북한을 굴복시키고 붕괴시켜 흡수통일을 기대한다는 것은 암묵적으로 북한을 인정하지 않는다는 것이나 다름없다.

국제환경을 보더라도 북한에 대한 제재·압박정책은 성공할 수 없다. 지난번 미중정상회담이 이를 입증했다. 세계적·지역적 차원에서 중국의 영향력이 급격하게 부상하고 미국은 상대적으로 쇠퇴하고 있다. 동북아 지역에 새로운 질서가 탄생하고 있는 것이다. 한반도에 전쟁 위험을 불식시키고 항구적인 평화체제를 정착시켜 궁극적으로는 평화통일을 이룩할 수 있는 환경을 우리가 주도적으로 조성해야 한다. 한반도의 평화 정착을 제도화하는 첫 단계가 이미 남북 간에 합의한 6·15정상회담, 10·4정상회담의 공동선언 정신을 존중하고 합의사항을 성실하게 이행하는 일이다.

남북경제협력의 긍정적 역할을 우리 사회에서 막강한 힘을 지닌 경제인들, 재벌 대기업에게도 인식시킬 필요가 있다. 그들이 반공주의라는 좁은 이념적 틀에 갇혀 북한을 적대시만 할 것이 아니라 경제적 합리성에 충실하여 진취적인 자세로 대북경제교류에 적극적으로 나설 것을 주장한다. 그들은 남북경제협력의 가장 큰 수혜자가 될 것이다. 반대로 남북관계가 긴장되고 전쟁위기가 고조되면 그들이 가장 큰 피해자가 될 것이다.

한국 대학의 기업화, 학문의 시장화*

박영일 인하대학교 경상대학 국제통상학부 교수

대학의 존재의의

일찍이 함석헌 선생은 "한 가문의 생명이 어린이에게 있듯이 한 나라한민족의 생명, 더구나 그 정신적인 생명은 대학에 있다"고 하면서 "대학의 사명이 그렇듯 중대하므로 거기는 독특한 지위 혹은 특권이 주어지지 않으면 아니 된다"고 갈파했다.[1] 그가 말한 특권이나 특별한 대접이란 두말할 필요도 없이 학문공동체로서 대학의 자주성과 자율성의보장을 의미한다. 왜 대학의 자주성과 자율성이 중요한가에 대해서 생각해보자.

---

* 이 글은 함석헌학회가 주최한 '함석헌사상의 비교사상적 조명'을 주제로 서강대 정하상관에서 열린 학회(2012.4.6)에서 「기업으로 추락하는 대학, 학문의 타락―함석헌의 대학관을 음미한다」는 주제로 발표한 글을 수정·보완한 것이다.
1) 함석헌은 「대학이란 무엇이냐」(1965)란 글에서 대학은 그 중대한 역할 때문에 대학은 독특한 지위 혹은 특권이 주어져야 하고 특별한 대접을 받아야 마땅하다고 주장했다. 『함석헌저작집 3 「새 나라 꿈틀거림」』, 한길사, 2009.

학문공동체로서 대학은 사회발전의 원동력이다. 근대 선진제국의 역사를 돌이켜보더라도, 국가의 흥망은 대학의 흥망과 운명을 같이했다. 대학은 인격을 도야하고 인간, 사회, 자연의 심오한 원리를 깨닫고 응용 방법을 연구하여 현실 문제를 극복하고 바람직한 미래상을 제시함으로써 국가발전과 인류사회에 이바지하기 위해 존재한다. 이러한 임무와 역할을 수행하기 위해서 학문적 성취는 인류 공동의 자산이어야 하고, 대학의 자율성과 자치는 꼭 필요한 조건이다. 대학은 정치권력, 자본권력을 포함하여 어떠한 통제로부터도 벗어나야 한다. 또한 모든 사회적 전통이나 관습, 문화적 굴레는 물론 '지금 당장의 필요'로부터도 자유로워야 한다. 그래서 교육을 백년대계(百年大計)라 하는 것이다.

불행하게도, 한국의 대학은 역사적으로 자율성을 갖고 본연의 임무를 한껏 수행하지 못해왔다. 군부독재 시대에는 정치권력에 의해 유린되었고 정치적 민주화가 어느 정도 달성된 후에는 신자유주의적 시장원리가 지배하기 시작했다. 대학의 자율화가 대학을 운영하는 재단의 자율화로 왜곡되었고, 대학과 학문의 세계에 시장과 상업적 가치가 군림하기 시작했다.

이런 현상은 1995년 문민정부 시절 '세계화 정보화 시대를 주도하는 신교육체제 수립을 위한 교육개혁 방안'(5.31 교육개혁안)을 계기로 본격화되었다. 교육개혁을 뒷받침하는 대학설립준칙주의, 대학정원 자율화, 국립대학 민영화, 교수 계약제, 등록금 자율화, 교육시장 개방, 대학평가제 도입 등 각종 신자유주의적 제도와 정책이 순차적으로 도입되었다. 또한 1995년에 '산업교육진흥법'을 제정하여 대학과 기업의 경계를 허물었다. 그리고 16년이 지난 오늘날 학문과 대학의 세계는 시장원리와 기업논리가 지배하기에 이르렀다.

대학사회에 시장용어가 어색하지 않게 일반화되었다. 대학을 대표하는 총장은 최고경영자(CEO), 교육과 연구의 학문적 성과를 '생산물' 혹은 '상품', 학생과 학생을 고용하고 연구를 지원하고 통제하는 기업을 '고객'이라 일컫는다. '인격도야'나 '진리탐구'란 말 대신에 '인적자원 개발'이란 말이 더 익숙하다. '브랜드화' '경영전략' '마케팅 전략'이란 말이 가장 빈번하게 사용된다.

또 대학경영진은 정부와 자본을 상대로 적극적으로 로비에 나선다. 돈을 많이 끌어들여 용도조차 불분명한 '기금'을 조성하는 것이 그들의 최대 업적이 되고 있다. 많은 대학들이 연구업적을 지적 재산권으로 전환하여 돈을 벌려고 노력하고, 연구실험결과와 학습 프로그램 판매에 나서고 있다. 또한 직접 기업을 설립하고, 산학협력이란 이름으로 민간기업과 제휴하여 공동으로 이윤을 추구한다. 심지어 교수들도 기업을 설립하고, 전공분야 제품이나 제휴기업의 제품을 추천하고 대가를 받는 실정이다.

그 귀결은 공공성과 독립성을 지닌 공적 교육기관으로서 대학의 존재이유와 정체성의 상실이다. 학문공동체로서 추구해야 할 이상을 저버리고 있다. 사적 이해관계로부터 독립하여 공동선을 지향하는 연구·교육활동을 기대할 수 없게 되었다. 교수는 올곧게 진리를 탐구하는 연구자, 그것을 바르게 전수하는 교육자, 대학과 사회의 문제를 성찰하고 대안을 제시하는 객관적인 지식인의 위치를 포기하고 있다. 많은 교수들이 자신들을 지식인이라고 말하는 대신에 전문가(specialist)라고 표현한다. 이는 자신이 속하는 조직이나 외부권력으로부터 독립하여 주체적으로 판단하는 자율적인 지식인이 아니라, 전문가로서 지식이나 기능을 팔아 먹고사는 사람이라는 자기비하인 것이다. 실로 부끄러운 일이다.

대학생도 스스로를 '고객' '인적 자원'으로 여기는 시류에 아무런 어색함이나 저항이 없다. 사람답게 사는 도리나 본원적 진리를 배우고 자유롭게 창의적으로 사색하고 현실세계를 예리하게 분석하고 비판하는 철학적 사유능력을 기르기보다는 취업을 위해 스펙(specification)²⁾을 쌓고 스스로를 상품화하는 데 눈코 뜰 사이가 없다. 당연히 학벌을 추구하고 졸업 후 출세만 하면 그만이다. 돈이 대학을 지배하면서 학생들이 부담해야 할 등록금은 천정부지로 치솟았다. 그들은 각종 스펙 쌓기에 드는 비용도 모두 손수 부담해야 한다.

이런 상황에서 학부모, 학생 들이 현실적으로 취업과 출세를 우선하고 학벌을 중요시하는 자세를 비난할 수 없다. 그들이야말로 신자유주의적 대학개혁의 가장 큰 피해자다.

현재 우리 사회가 모색하는 대학상은 어떤 것인가, 왜 대학에 진학하는가, 대학에서 배움의 목적은 무엇인가? 대학에는 개략적으로 두 가지 지식·문화가 존재한다. 하나는 교양주의지식이다. 다른 하나는 테크

---

2) 스펙이란 말은 상품설명서 또는 시방서에 해당하는 영어 specification의 준말로 오늘날 상품으로 팔려나가는 대학생들의 현실에 적확한 표현이다. 한편 취업을 준비하는 대학생에게 학점관리, 토익·토플점수, (해외)연수, 인턴십, 공모전 참가는 최소한의 필수과정이다. 취업을 위해 기업은 졸업장과 성적증명서 외에도 헤아릴 수 없이 많은 각종 자격증, 포트폴리오, 토익·토플점수, 어학연수, 유학, 인턴, 프로젝트, 소설보다 쓰기 어렵다는 자기소개서, 취업 준비를 위한 학점 관리, 얼굴 성형 등을 요구한다.

놀로지 지식이다. 함석헌의 표현을 빌리면, 지(知)와 능(能)·기(技)이고, 사상과 실천(행동)이다. 전자가 삶의 궁극적인 가치와 목적을 묻는 정신문화와 관련된다면, 후자는 궁극적인 가치를 실현하기 위한 수단과 방법을 묻는다.

따라서 테크놀로지 지식은 실용주의적 물질문화와 관련되며, 필연적으로 '전문화주의'를 수반한다. 오늘날 한국 대학이 최우선적으로 추구하는 경제적 부(돈)에 빗대어 말하면, 테크놀로지 지식은 경제적 부를 획득할 방법과 수단에 대해서 묻는 일이라면, 교양지식은 경제적 부가 무엇을 위해 필요하며, 어떻게 활용할 것인가에 대해서 묻는다.

여기서 유의할 점은 교양지식과 테크놀로지 지식은 서로 대립하는 관계가 아니라, 상호 보완적으로 균형 있게 추구해야 한다는 점이다. 굳이 순위를 정한다면, 교양지식이 먼저고 기본이다.[3] 함석헌의 표현을 빌리면, "사상 없이 행동이 있을 수 없고, 사상은 행동보다 넓다."

그런데 불행하게도 대학사회에 연구와 교육의 불균형과 학문 간 양극화 현상이 심화되고 있다. 돈을 연구하거나 당장에 돈을 벌거나 끌어들일 수 있는 분야, 즉 경제·경영·법학·행정·공학·의학 등 테크놀

---

3) 경제적 풍요란 결국 삶의 궁극적인 목표인 삶의 행복과 높은 문화수준을 위한 수단에 지나지 않는다. 궁극적 가치를 묻는 교양의 도움이 없이 테크놀로지만 발전한다면, 아무런 목적도 방향감각도 없는 능률지상주의 사회로 전락시켜 경우에 따라서는 인류사회에 커다란 재앙이 된다는 점을 명심해야 한다. 단순한 공학이나 과학(예: 무기)의 발달이 인간사회에 어떤 영향을 미칠 것인가를 생각해보라. 경제적으로 풍요로운 한국은 이제 경제력을 가지고 무엇을 위해 어떻게 사용할 것인가라는 문제가 상대적으로 중요하며, 대학교육이 바로 이러한 사회적 요청에 답할 수 있어야 한다.

로지 지식 분야는 번성하고, 윤리의 틀을 가르치고 인격을 형성하며 사회적 · 문화적 지식을 제공하고 비판적 사고를 강조하는 교양지식분야는 쇠퇴하고 있다.

그리하여 전통적으로 대학을 규정해왔던 종합적이고 보편적인 교양지식과 인류사회의 궁극적인 가치나 목적에 대한 물음이 사라지고, 기업과 자본의 필요에 답하는 수단적인 지식과 실용적인 가치가 주류를 이루고 있다. 당장의 실용성과 효율성을 묻지 않는 교양지식이란 부질없는 시간의 낭비로 여겨지고 있다. 이런 현상 때문에 대학은 물론, 사회 전체가 황폐하고 야만화되는 것이다. 대학이 한 민족의 생명력이며 사회발전에 원동력이 되기 위해서는 기업과 대학, 시장과 학문은 분리되어 서로 일정한 거리를 둬야 한다. 작동하는 원리가 다르고 추구하는 가치가 다르기 때문이다.

예를 들면 대학의 연구는 시장가치로부터 독립하여 실패할 가능성이 높은 연구, 현재는 소용이 없게 보이더라도 언젠가는 중요한 가치를 지니게 될 연구, 기업이 시장적 논리에 의해서 꺼릴 수밖에 없는 연구를 해야 한다. 전통적으로 대학이 기술혁신의 중심지가 되어 역사상 가장 중요한, 그리고 예상치 못한 과학기술을 발견할 수 있었던 것도 바로 이런 시장의 제약으로부터 자유로울 수 있었기 때문이다.

사회가 대학을 특별하게 대접하고 특권을 부여해야 할 이유가 바로 여기에 있다. 대학은 다른 목적을 달성하기 위한 수단이나 도구가 돼서는 안 된다. 그 자체로서 숭고한 가치가 있고, 그 가치를 인정받아야 한다. 대학에 고유한 가치는 균형 잡힌 시민을 양성하고 공적인 가치가 있는 연구를 수행하는 지적인 발견, 인간의 창의력과 아이디어에 내재한

가치를 평가할 수 있는 능력, 지식을 창조하고 계승하는 사회적 기능에 있다. 이러한 임무에 충실할 수 있을 때 비로소 대학은 개방적이고 다원적인 민주사회 건설에 기여하고 창의적인 기술혁신을 이끌어 경제성장에도 자연스럽게 이바지할 수 있게 된다.

이치가 이러함에도 한국의 대학들은 '세계 100대 연구중심대학' '글로벌 리더 양성' 등 당치도 않은 모순되고 허황된 구호만을 거창하게 외치면서 돈 모으기에 정신이 없다. 정부의 대학정책도 경쟁을 부추기면서 시장원리만을 강조하고 있다. 돈만 있으면 세계 명문대학으로 될 것처럼 법석이다. 그러나 대학이 지닌 사회적 가치를 인식하지 못하는 상황에서 물질적 풍요만 주워진다면 대학은 타락할 수밖에 없어 그 존재 이유로부터 더욱 멀어지고 사회발전을 가로막게 될 것이다.

함석헌은 정치권력의 대학지배와 탄압을 우려했다. 그러나 오늘날 한국의 대학은 회복하기 어려울 정도로 돈(자본)에 지배당하고 있다. 한국의 대학과 교수사회는 이미 양심적인 지식인과 비판적인 연구자들에게 조롱의 대상이 되었다.

이 글은 우리 사회에서 학문의 상업화, 대학의 기업화가 과연 어느 정도 심각한지, 또 이를 불러일으킨 외적 요인과 내적 요인은 무엇인지를 살펴보고자 한다.

다음 절에서는 한국의 대학이 규범으로 모방하는 미국에서 신자유주의에 편승하여 학문의 상업화가 어떻게 진행되었는지, 그 실태와 사회적 평가를 개관한다.

제3절에서는 한국 대학의 기업화의 실태와 신문사들이 주관하는 대학평가제도의 문제점을 살펴본다. 한국 대학은 신자유주의적 개혁으

로 밖으로는 사회경제적 불평등과 불의를 낳는 원천이 되고 있으며, 안으로는 모든 대학사회의 경쟁과 불신으로 연대가 불가능할 정도로 소통구조가 와해되었다.

마지막 절에서는 학내 민주주의의 회복만이 대학이 돈의 지배에서 벗어나 그 존재의 본질에 합당하게 사회에 이바지할 수 있을 것이라는 점을 주장한다.

미국의 학문시장화에 대한 평가

20세기 후반 이른바 지식사회가 도래하고 지식의 창조와 계승에 대한 기대가 높아지면서 세계적으로 대학이 커다란 변혁기에 들어섰다. 원래 대학은 소수정예를 대상으로 사회 엘리트를 양성하는 교육과 연구의 장이었다. 그러나 제2차 세계대전 이후 구미선진국을 중심으로 노동생산과 소득수준이 향상되면서 대학교육이 일반대중에게 보급·확대되기 시작했다. 이러한 대학교육의 대중화는 정치적 민주화와 사회적 불평등 완화에 크게 이바지했다. 그러나 다른 한편에서 학생 수의 급격한 증가로 인한 비용을 누가 부담하며 어떻게 조달할 것인가, 대학 졸업자에게 일자리를 어떻게 제공할 것인가 등 새로운 사회문제를 제기했다.

이러한 문제에 대처하는 방법은 대학제도의 전통에 따라 각국이 달랐다. 역사적으로 사립대학이 전혀 없거나 있더라도 예외적으로밖에 존재하지 않은 유럽 제국에서는 대학의 보급·확대에 대한 비용은 국가가 공적자금으로 충당했다. 또 대학을 다양화·차별화하여 각 대학이 각기 목적이나 목표에 따라 새로운 학습내용(curriculum)과 학습방법을 개발하여 교육의 질도 높은 수준으로 유지하고 일자리 제공에도 성공했다.[4] 한편 유럽 제국과 달리 사립대학으로 출범하여 기업적 성향이 강한 문화 속에서 성장해온 미국의 대학은 기업화, 시장화의 길을 선택했다.

한국 대학이 규범으로 모방하고 있는 미국에는 원래 통일된 대학제도가 없이 대학교육의 실험장을 방불케 할 정도로 다양한 대학이 존재했다. 우리가 대학이라 부르는 일반정규대학 이외에도 영리대학(profit institution)과 기업대학(corporate university)이 있다. 이익을 추구하는 영리대학은 미국에 200개가 넘는 것으로 알려져 있는데, 그 대표적인 사례가 피닉스 대학(University of Phoenix)[5]이다.

피닉스 대학의 교원은 모두 '대우강사'(facilitator)로 불리는 비정규직이며, 정규직 교수도 교수회도 없다. 설립자 스펄링(Sperling)은 피닉스 대학은 "공공기관이 아니라 기업이다. 일종의 삶의 통과의례로 여기에 들어온다고 생각하지 마라. ……우리는 학생들의 가치관을 형성하거나 정신세계를 넓혀주는 따위의 일을 하려는 것이 아니다"라고 기업임을 공언하고 있다.[6] 또한 미국에는 민간기업이 종업원의 사내연수

---

4) 유럽 제국 간에도 약간의 차이가 있는데 영국은 전통적인 고등교육체제의 유지, 프랑스는 대학 이외의 고등교육기관과의 조정, 독일은 평등한 국공립대학의 한계를 극복하려고 노력했다.

5) 아폴로그룹(Apollo Group)의 자회사인 이 대학은 NASDAQ에 상장되어 있으며 2010년 최고 60만 명의 학생이 등록하고 있다. 2009년 연간매출액은 약 $40억, 순이익 약 $6억에 달한 것으로 소개돼 있다. 참고 Wikipedia.

6) Rothfork, J.(2006), "Remaking the American University: Open for Business",

를 위해 설립한 기업대학이 있다. 맥도널드사가 운영하는 햄버거 대학
(Hamburger University)이 대표적이다.

우리의 관심은 두말할 필요도 없이 정규대학의 기업화 · 상업화다.
다만, 미국의 경우는 대학의 기업화라기보다는 학문의 시장화라고 표
현하는 것이 보다 적절하다. 원래 사립대학으로 시작한 미국의 대학은
기본적으로 경영안정을 위해 산업계와 긴밀한 관계를 유지하지 않을
수 없었다. 그런데도 오늘날 미국의 대학이 세계적으로 가장 우수한 교
육기관으로 평가되고 미국이 학문대국으로 성장할 수 있었던 근원에는
연구중심의 대학원 교육이 있다.[7]

연구중심대학은 설립 당시부터 일류급 연구자 · 교원을 초빙하고 우
수한 학생을 모아 민간기업과 협력하여 미국의 산업과 농업발전에 크
게 이바지했다. 20세기에 들어와서 학문연구의 최첨단에서 컴퓨터와
생명공학 등 과학기술혁명을 주도한 것도 바로 대학원 연구실에서 이
루어졌다.

제2차 세계대전 이후 미국인들은 대학교육이 경제적 · 전략적 · 문화
적으로 국가발전에 기여한 공로를 평가하고 공공자금으로 적극 지원하

Education Review, 9(3). March.27.

7) 미국의 최초의 대학원은 1876년에 설립된 존스홉킨스 대학이다. 재산가 존스홉
킨스로부터 대학설립을 위임받은 초대 총장 길맨(Gilman)은 당시 추가로 대학
을 신설할 경우 학생 모집이 불가능할 정도로 대학이 많은 점(통계에 따르면
1870년 563교, 1880년 811교)과 미국대학의 수준이 너무 낮은 점을 감안하여
독일 대학을 모델로 기존 대학과 마찰을 피하고 보완적인 관계를 유지할 수 있
도록 대학원 설립을 추진했다. 그 후 미국에서 연구중심의 대학원 대학이 속속
설립되었다.

는 데 국민적 합의를 얻었다. 또한 국가발전에 이바지하기 위해서는 대학이 자본과 정치권력으로부터 독립해야 한다는 인식도 있었다. 그리하여 공립·사립을 가리지 않고 (연방·주)정부가 대학에 자금지원을 확대하는 한편, 대학이 자율성을 갖고 독립적으로 실용적인 테크놀로지뿐만 아니라, 교양과 기초과학분야의 교육과 연구를 수행할 수 있도록 했다. 교수들에게는 연구보조금, 학생들에게는 막대한 규모의 학자금 대출과 학비 보조금을 지원하기 시작했다.

그러나 1970년대 말부터 산업계로부터 기술경쟁력에서 일본에 뒤처진다는 우려가 제기되었다. 1980년대에 들어와서 신자유주의 사조가 대세를 이루기 시작하면서 미국의 대학과 학문의 세계도 신자유주의에 휩쓸리게 되었다.[8] 1980년 미국의회는 이른바 '베이-돌 법'을 제정하여 대학에서 개발한 과학기술을 지적 재산권 형태의 배타적 소유권을 인정하여 로열티나 수수료를 챙길 수 있게 했다.[9]

그 후 각종 법과 제도를 추가로 정비하여 대학과 기업이 전통적인 협력관계에서 한 발 더 나아가 제휴하여 공동으로 연구하고 수익을 얻을 수 있게 했다. 이제 대학들이 경제학이나 경영학·공학·물리학·화학

---

8) 1970년대 후반부터 학문의 시장화와 대학교육의 사유화 움직임이 시작되었는데 그 근본에는 당시에 일본을 비롯한 후발선진국들이 과학기술 경쟁에서 미국을 앞지르기 시작하자 정계, 산업계로부터 대학들에게 민간기업과 더 밀접한 협력관계를 유지하면서 경제성장을 이끄는 기관차 역할을 요구하기 시작했다.

9) 발의자인 민주당 베이(Birch Bayh) 의원과 공화당 돌(Bob Dole) 의원의 이름을 딴 베이-돌(Bayh-Dole) 법으로 알려진 '대학 및 중소기업 특허절차법'(University and Small Business Patent Procedures Act)은 대학의 학술적 성과를 상품화하고 특허를 내는 데 걸림돌이 되었던 장애를 모두 제거했다.

·의학·약학 부문에서 실험결과나 데이터를 특허권이나 상표권 등 지적 재산권으로 소유할 수 있게 되었다. 특히 의학계 등 해당 학문분야에서는 교수들이 자신이나 후원기업과 직접적인 이해관계가 있는 의약품을 추천할 수 있게 하여 학문연구와 마케팅의 경계를 없앴다.

대학이 전통적인 교육기관에서 이윤을 추구하는 수익기관으로 타락했다는 비난 속에 미국 대학의 시장화·상업화에 대한 평가는 다양하고, 그 공과에 대한 논쟁이 지속돼왔다. 2005년에는 정부, 산업계, 교육계가 자리를 함께하여 그 효과를 평가하고 대학교육의 비용과 혜택에 관한 공개 토론회를 개최했다.[10] 긍정적으로 평가하는 자들은 일부 문제에도 불구하고, 대학과 관련업계가 연구 관련 정보를 교환하고 개발기술을 신속하게 이전하여 미국산업의 기술경쟁력을 향상시키고, 궁극적으로는 미국경제가 장기 정체로부터 탈피하는 데 크게 기여했다고 평가했다. 특히 국제시장에서 미국의 경쟁력이 높은 생명공학과 컴퓨터, 정보통신산업의 급격한 발전을 견인하여 에이즈 치료제, 항암제, 혁신적인 소프트웨어 등 신제품 출시를 가능케 했다고 평가했다.[11]

---

10) 구체적인 쟁점과 평가에 대해서는 Zemsky, Robert, Wegner, Gregory R., & Massy, William F.(*Remaking the American University: Market-Smart and Mission Centered*, New Brunseick, 2005) 및 Washbum, J.(*University, Inc.: The Corporate Corruption of Higher Education*, 2005) 참조.

11) 확실히 1980년대 이후에 기업의 학술연구비 협찬이 많아졌으며, 대학이 출원한 특허 건수도 10배 이상 증가했다. 2001년까지 대학연구에 대한 기업의 지원액은 5배 이상 증가했다. 그러나 기업의 지원 확대를 과대평가해서는 안 된다는 지적도 있다. 매칭 자금(matching grant)의 형식으로 연방정부 지원도 거의 동율로 증가했기 때문에 대학의 연구자금에서 차지하는 기업의 부담비율은 7% 대에서 변화가 없었음에도 불구하고 연구협력약정을 통한 대학연구에 대

그러나 전반적으로 그 대가가 너무나도 커서 대학과 학문의 공공성과 독립성이 크게 훼손되었으며 장기적인 관점에서 과학기술발전을 저해했다는 주장이 우세했다. 그 주장을 살펴보면, 첫째는 학문의 공공성 규범과 공적기관으로서 대학의 위상을 훼손하면서까지 각 대학이 쏟는 노력과 자금에 비하여 성과가 미미했고 장기적으로 미국의 과학기술개발능력만 약화시켰다는 지적이다.[12] 교수들이 기업가로 변신하여 연구프로젝트를 수주하기 위해 정부와 자본·기업을 상대로 로비에 나서고, 복잡한 특허·인가 업무를 일상적으로 수행하며, 연구결과를 상품화하여 마케팅 활동을 수행하느라 연구 자체에 전념할 수 없었다.

또한 대학에 기부된 자금을 교수가 설립한 벤처 회사에 투자하며, 대학차원에서 독자적으로 산업단지나 기업을 운영하는 경우도 있지만 경제적으로 성공하지 못했다.

반면 협력기업은 학문적 성과에 대한 소유권을 행사하여 연구결과 발표를 보류·지연시키고, 연구 자료나 데이터를 삭제·수정하거나 기업에 불리한 연구를 방해하는 사례가 빈번했다.[13] 심지어 연구의 대부

한 기업의 영향력은 크게 강화되었다는 지적이다.

12) 각 대학이 쏟는 엄청난 시간·노력·자금에도 불구하고 실제 고도의 기술혁신을 창출하여 연구실적을 사업과 연결시키는 데 성공한 대학은 극히 드물다. 지적 재산권 인가를 얻어 이윤을 내는 대학은 미국 전체에서 20여 개에 불과하고 수백 개에 이르는 대학들은 겨우 수지를 맞추거나 적자를 보고 있는 실정이라고 한다. Sobolski, Gregory K., Barton, John H. & Emanuel, Ezekiel J. "Technology Licensing: Lessons from the US Experience", *Journal of the American Medical Association*, No.294; *Association of University Technology Managers*, AUTM Licensing Surveys, 1996~2004, 2005) 참조.

13) 예를 들면 정부의 자금지원으로 수행한 유방암 유전자를 발견한 유타 대학의

분이 정부지원 등 공적 자금으로 이뤄진 경우에도 협력기업에 사유화
되는 경우가 많아 다른 연구자들에게 개방되지 않았다.

둘째는 사회가 중요한 사회적 쟁점이나 공중보건, 과학기술문제와
관련하여 공정하고 객관적인 정보를 얻을 수 없게 되었다. 이전에 대학
은 공정하고 객관적인 정보의 원천이었으며, 사회는 대학과 그 연구기
관이 발표한 내용을 그대로 신뢰했다.[14) 그러나 이제는 상업화로 믿을
수 없게 되었다. 2001년 세계를 경악케 했던 엔론사 회계부정사건으로
밝혀진 하버드 대 경영연구소와 엔론사의 유착관계가 대표적인 사례
다.[15) 경영학 외에도 앞으로 미국 경제발전의 원동력이 될 의학·약리

연구진은 연구결과를 다른 학자들에게 무료로 제공하지 않았다. 그들은 특허
를 얻어 자신들이 설립한 회사(Myriad Genetics Inc.)에 독점권을 넘겨 다른 학
자들이 유전자를 사용하는 것을 제한했다. 펜실베이니아 대학의 카자지앙
(Haig Kazazian) 교수가 그 유전자를 이용해서 독자적으로 연구를 진행하자 회
사는 법적 조치를 취하겠다고 위협했다. 카자지앙 교수는 "이것은 빙산의 일각
에 불과하다"면서 "이렇게 가다가는 유전질환 관련 연구의 대부분이 이런 독
점적인 조건에서 이루어지는 상황이 초래될 수도 있다. 이는 환자뿐만 아니라
이 나라 모두에게 이롭지 않다"고 『시카고 트리뷴』(*Chicago Tribune*)지(Sep.12,
1999) 인터뷰에서 비판했다.

14) 일반적으로 종전에는 기업의 보도 자료가 아닌 논문심사를 통과해서 학회지에
발표된 학자들의 연구논문을 그대로 믿었었다. 또한 시장에 출시된 약품의 안
전성을 확인하고자 하는 소비자들 역시 대학의 연구결과를 신뢰했다. 그러나
대학의 연구가 상업화한 오늘날에는 의심하지 않고 받아들일 수 없게 되었다.

15) 엔론사는 분식회계범죄가 폭로되기 전까지 미국에서 가장 혁신적인 기업으로
알려져 있었다. 그렇게 알려진 주된 이유는 엔론사가 하버드 대학 경영연구소
와 제휴(유착)관계였기 때문이다. 엔론사는 막대한 자금을 지원했으며, 하버
드 대학 경영연구소는 엔론사 이익에 기여하는 보고서를 발표했다. 즉 캘리포
니아 주정부의 에너지 시장 규제 완화를 주장하는 보고서를 31개나 쏟아냈으

학·생명공학 등 첨단 과학기술분야에서 기업의 통제와 영향력이 두드러지고 있다. 임상교수들이 연구 설계와 자료, 결과 발표까지 기업으로부터 통제를 받으며, 심지어 대학이나 교수가 의약품 임상실험을 후원하는 회사의 주식을 소유하는 경우도 드물지 않다고 한다.[16] 또한 저명한 교수들이 기업이 대필한 논평기사나 학술 논문에 이름을 빌려주고 사례금을 받는 경우도 있다고 한다.

세 번째 폐단은 대학의 연구기능과 교육기능 간 불균형이다. 즉 상업화가 가능한 기술과 상품 개발연구에는 막대한 지원을 하면서도, 교육을 소홀히 하여 교육비 지출에는 인색하다. 대학의 기본적인 사회적 기능이 지적 창의성과 재능을 육성하는 교육임에도 불구하고 학생을 가르치는 교육이 뒷전으로 밀려나 학생 지도는 부차적인 일이 되고 만 것이다.

오늘날 대학에서 가장 인정받는 교수는 교육에 시간과 정력을 쏟는 교수가 아니다. 연구비를 많이 따오고 연구결과를 상품으로 전환하거나 기업에 팔아 돈을 많이 벌어들이는 교수다. 대학은 첨단기술 장비를

며, 하버드 대학 경영연구소 호건(William Hogan) 교수는 캘리포니아 주에 전기규제완화 정책을 권고했다. 에너지 시장 규제완화는 주민의 이익에 반하고 엔론사에게 유리한 정책이었다. 분식회계사건이 폭로되지 않았다면, 이런 유착관계는 계속되었을 것이다. *New York Times*, May.12, 2002; *Los Angeles Times*, May.12, 2002.

16) 2006년 *New England Journal of Medicine*(*NEJM*) 학술지는 동지에 발표된 진통제 바이옥스에 대한 임상실험결과에서 3명의 환자가 사망한 사실을 누락한 채 논문을 발표하여 식품의약국의 승인을 받았다는 사실을 인정하고 약품회사(Merck Co.)와 논문 저자 3인을 비난한 바 있다. Curfman, G.D., Morrissey, S. & Drazen, J.M. (2005), "Expression of Concern: Bombardier et al", *New England Journal of Medicine*, Dec.29, 2005 참조.

갖춘 실험실과 산업단지를 조성하는 데 지원을 아끼지 않은 반면에 정규직 전임교수를 줄이고 비정규직 시간강사로 대체하고 있다. 경영학이나 컴퓨터공학, 생명공학을 전공하는 이른바 스타교수들에게 수십만 달러의 연봉을 주면서 강의 부담은 최소한으로 줄여주고 있다.

넷째, 학문 간 양극화를 야기하여 다양한 분야에서 재능 있는 인재양성을 가로막고 있다. 대학에서 돈을 벌거나, 돈을 끌어들이는 경제학·경영학·법학·공학·의학 등 실용학문분야는 번창하는 반면, 교양교육의 중심이 되는 인문학이나 사회과학 분야는 등한시되거나 쇠퇴하고 있다. 문학·철학·사학 등 인문학 분야는 살아남기 위해 수익성을 입증해야 할 처지에 이르렀다.[17] 또한 전통적으로 테크놀로지 교육과 교양교육 사이에 균형을 맞춰왔던 대학 교육이 시장화 추세 속에서 테크놀로지 교육에 치중하게 되었다. 오늘날 대학이 직업훈련, 자격증 부여 등 시장의 요구에 부응한 교육에 과도하게 치중돼, 대학교육의 중심인 교양과목은 주로 비정규직 교원이 한 번에 수백 명을 대상으로 대단위 강의를 한다.

마지막으로, 대학교육 자체가 공공재에서 사유재로 변질됐다. 대학경영진이나 정부가 대학교육에 공적 지원을 줄이는 대신 수혜자인 학생의 부담을 늘리고 개인 기부나 산업계에 의존하도록 압력을 가하고 있다. 당연히 대학등록금이 치솟고 학부모와 학생들은 비싼 등록금의 대가가 구체적으로 무엇인지를 진지하게 묻게 되었다. 전공을 선택하

---

17) Engell James & Anthony Dangerfield, "The Market-Model University: Humanities in the Age of Money", *Harvard Magazine*, May·June, 1998 참조.

는 데 좀더 현실적이고 시장지향적인 경향을 갖게 되어 학생들이 출세지상주의나 물신숭배에 빠지게 되었다.

정리하면 미국 대학의 신자유주의적 개혁은 대학교육을 공공재에서 사유재로, 공익기관에서 사익을 추구하는 기업으로 변질시켰다. 개방과 소통의 대학 문화가 폐쇄적이고 독점적인 이윤추구와 소유권 중심의 기업문화로 대체되었다. 그 결과 신자유주의적 시장화 개혁의 목표였던 과학기술개발능력을 오히려 약화시켜 경제가 정체를 지속하고 있다. 대학이 기업에 종속된 상황에서 종전과 같이, 대학이 세계적인 과학기술경쟁에서 미국의 우위를 유지할 수 있도록 혁신적인 기술혁명을 계속 주도할 것인지에 대한 의문이 제기되었다. 많은 전문가들은 미국의 과학과 기술혁신능력이 일본이나 유럽 제국에 이미 뒤처지고 있다고 경고하면서, 대학과 학문의 공공성과 개방성을 회복해야 한다고 주장하고 있다.

한국 대학의 기업화 실태

한국의 대학은 미국 학제를 모델로 삼아 사립대학으로 출범했고 사립대학 의존도는 미국보다 훨씬 더 심각하다. 학풍도 유럽의 철학중심의 비판적이고 인간과 사회에 대한 내면적 성찰 대신에 미국의 통계학적 접근방법과 실용주의 학풍의 영향을 받아 교양지식마저 탈가치적이고 가치중립적이다.

이렇게 볼 때 한국은 역사적 · 사회적으로 미국과 같이 대학의 기업화와 학문의 시장화 조건을 충분히 갖추고 있다. 거기에 재벌지배구조와 정경유착이라는 한국의 사회·경제적 조건과 경제지상주의, 경쟁 중심의 교육정책을 감안할 때 한국 대학은 미국을 뺨칠 정도로 기업화·상업화될 소지가 농후하다. 최근 재벌의 대학 '인수' 사례와 인수 후 이른바 '구조개혁'도 이런 맥락에서 이해해야 할 것이다.[18] 더구나 미국이 학문의 시장화라면, 한국은 대학의 기업화라고 표현하는 것이 훨씬 더 타당할 것이다.

우선 몇 가지 통계를 살펴보자. 사립대학 의존도는 미국보다 훨씬 높고, 최근에 더욱 높아지고 있다. 미국은 1960년대 이후 대학생 수 증가의 80%를 주립대학이 담당하여 사립대 비중이 감소하고 있다. 이와 대조적으로 한국은 80% 이상을 사립대학이 담당했다.[19] 한국의 사립대 비중은 학생을 기준으로 세계에서 가장 높은 75.2%에 이른다. 미국은 32%에 불과하다. 더구나 최근에 국공립 대학의 통·폐합과 정원 감축으로 사립대의 비중은 더욱 커지고 있다.[20] 같은 사립대라고 해도 한미

---

18) 사학재단의 이사장이 바뀐 사실을 재산이나 권리를 넘겨받는다는 의미의 '인수'란 말로 표현하는 것 자체가 사회적으로 대학을 재단이사장의 사유재산으로 인정한다는 뜻이 아닐까?

19) 대부분의 OECD 제국에서 국공립대 비중(학생 수 기준)이 90% 이상이다. 50%를 밑도는 국가는 일본(27%)과 한국(24%)뿐이며, 미국도 68%에 달한다. 대학교육의 시장화를 주도하는 미국의 영향력이 가장 크게 미치는 곳이 한국과 일본이며 대학문화와 학풍에서 미국과 비슷하다. 다만 일본은 인문사회과학분야에서 상대적으로 자주적인 데 비해, 한국은 식민지성을 벗어나지 못하고 있다. 1960년대까지는 일본의 대학, 1970년대 이후에는 미국의 대학 출신자들의 사회적·학문적 영향력이 크고 학문의 종속성이 심화되고 있다. 강수돌, 「인적자원 개발과 학문의 식민화」, 『역사비평』, 제92호, 2010 참조.

20) 통계수치는 한국교육개발원, 『교육통계연보』, 각 년도.

간에는 총장 선출을 포함한 대학의 최고의사결정기구인 이사회 구성
방식이나 운영방식에서 천양지차가 난다. 한국의 경우 재단이사장(설
립자 또는 그 가족)이 무소불위의 권력을 휘둘러 대학의 자치와 자율은
철저히 무시된다. 총장은 대학구성원인 교수, 학생, 교직원이 아니라 임
명권자인 이사장에게만 책임을 지면 그만이다.

　한편 대학재정은 대부분 학생등록금에 의존한다. 정부의 대학교육비
부담비율은 OECD 제국에서 가장 낮다. 정부가 거의 전액을 부담하는
스웨덴, 핀란드, 노르웨이, 덴마크는 물론, 독일(85%)과 프랑스(82%)
에서도 정부의 부담비율이 높다. 유럽 제국과는 비교할 수 없지만, 미국
의 경우도 37%, 일본도 33%에 달한다. 반면 한국은 정부의 부담비율은
겨우 22.3%이고 77.7%가 민간부담이다. 재단전입이나 기부행위가 미
미하기 때문에 민간부담의 거의 전부를 등록금에 의존한다고 하겠다.
학생이 부담하는 등록금은 사실상 그들이 받는 교육 서비스에 대한 대
가(가격)이기 때문에 한국의 대학은 철저하게 수익자 부담원칙이라는
시장원리에 입각하고 있다. 그런데 교육의 내실은 뒷전이다.[21]

　한국 대학의 기업화는 크게 세 가지 양상으로 나타나고 있다. 첫째는
재단의 기업식 대학운영이다. 사립대학의 경우 교육의 공공성, 대학의
자주성, 자율성은커녕 대학 운영과 재정의 투명성조차 확보되지 않고

---

21) 교육의 질을 나타내는 지표로 사용할 수 있는 학생 1인당 교육비는 한국이
　　$9081로 OECD 평균($13717)의 70%에 미치지 못한다. 이와 비교하여 미국
　　은 $29910, 일본은 $14890로 OECD 평균보다 높다. 박정원, 「반값등록금, 국
　　공립대 확대 및 권역별 대학네트워크 형성」, 민교협·학술단체협의회 등 7개
　　단체가 공동으로 주최한 대학개혁정책 심포지엄 발표 논문, 2012.2.27.

있다. 한국에는 최소한 앞에서 살펴본 미국식 영리대학은 없다.[22] 사립학교법에 따르면 학교법인은 영리사업을 할 수 없다.

그러나 이것은 오로지 법조문상 규정에 불과하고 재정의 투명성도 보장돼 있지 않다. 실제로는 모든 사립대학이 미국의 영리대학과 비슷하다. 중앙대재단의 이사장 박용성은 대한상공회의소 회장 자격으로 인수 이전인 2004년 서울대 초청강연회에서 "대학이 전인교육의 장, 학문의 전당이란 헛소리는 이미 옛이야기다. 이제는 '직업교육소' 라는 점을 인정해야 한다"고 말했다.[23] 앞에서 인용한 미국의 영리대학 피닉스 대학의 설립자의 말이나 다름없다. 국공립 대학의 경우에도 '재단'이 없다는 것 외에는 학생 등록금 의존도가 높다. 국립대의 법인화 문제도 기본적으로 시장원리에서 비롯되었다.

한국의 사학재단은 미국의 사립대처럼 경영건전화를 위해 시장원리를 도입한 것이 아니다. 법이 정하는 전입금을 내놓는 재단은 극히 소수에 불과하고 대부분이 학생들의 등록금에 의존하면서 각종 편법, 불법을 동원하여 학교재산을 유용하거나 횡령한다. 원래 그들은 학교재단이 공적 교육목표를 위한 공공재산이 아니라 '재단이사장'의 사유재산으로 여긴다. 재벌이나 기업관계자가 학교재단을 지배하는 경우에는 대학을 모 기업의 자회사 정도로 인식하고 효율화와 생산성이라는 기

---

22) 전국경제인연합회(전경련)는 2004년에 "대학설립을 한정함으로써 산업계의 인력 수요에 맞는 고등교육이 효율적으로 이루어지지 못하고 있다"고 주장하면서 영리대학 설립을 허용해달라고 촉구한 바 있어 한국에도 곧 영리대학이 생길지도 모른다. 한편 미국식 '기업대학'은 이미 한국에 사내대학이란 이름으로 정석대학(대한항공), 삼성전자대학(삼성전자) 등이 있다.

23) 『한겨레신문』, 2010.9.16일자.

업논리로 운영하고 있다.[24]

또한 사학재단은 정치권력과 유착하여 정부의 규제 감독으로부터도 해방되어 족벌경영 · 인사비리 · 교권탄압 등 각종 부정과 비리의 온상이 되고 있다.[25] 이들 불법 · 비리행위는 주로 대학 내부의 교직원이 신분의 위협을 무릅쓰고 진정하거나 고발하여 드러난다.[26] 미미하지만, 사립대에 대한 국고지원이 증가하기 시작한 최근에는 대정부 로비를 위해 전직 관료를 총 · 학장으로 임명하는 사립대가 많아지고 있다.

대학의 캠퍼스는 상가로 변하고 있다. 학생편의시설이 휘황찬란한 쇼핑몰로 변모되고 기숙사는 숙박사업으로 전환되고 있다. 기업으로부터 기금을 받았다는 이유로 대학건물과 강의실은 해당기업을 홍보하는 전시장이 되고 있다. 이른바 명문대학의 캠퍼스를 방문해보라. 기업의 자금으로 지어진 건물, 강의실, 연구소가 우후죽순처럼 솟아나고 고급 브랜드가 즐비한 호화판 상가가 조성되고 있다. 대학의 가장 소중한

---

24) 삼성이 운영하는 성균관대학, 최근에 두산그룹이 인수한 중앙대의 학제 개혁, 대학 학과의 통폐합, 교과과정 개정 등의 사례를 보면 알 수 있다. 고부응, 「한국대학의 기업화」, 『역사비평』, 제92호, 2010 참조.

25) 정치권력과 감독기관이 사학의 불법과 비리를 방조하거나 조장하는 사례조차 많다. 실제로 이명박 정부 아래서 사학비리문제를 해결한다고 출범한 사학분쟁조정위원회가 사학비리를 공공연하게 옹호하고 사학비리집단에 면죄부를 발급해 복귀시키는 사례가 늘고 있다고 한다. 임재홍, 「사립대학의 공공성 확대를 위한 사립학교 관련 법률의 재 · 개정 방향」, 민교협 · 학술단체협의회 등 7개 단체가 공동으로 주최한 대학개혁정책 심포지엄 발표 논문, 2012.2.27 참조.

26) 사학재단은 교직원에 대한 인사권을 지니고 있어 비리의 폭로 고발자는 전부 파면 혹은 해임 등 중징계를 받고 있다. 박정원, 「사학비리척결과 반값등록금으로 교육정의를 회복해야 한다」, 민주당 정책위원회 민주정책연구원, 『반값등록금 실현과 대학구조조정방안 모색을 위한 토론회 자료집』, 2011.8.10.

자산인 사회적 신뢰와 평판이 돈에 팔리고 있다. 대학의 학문적 업적을 출간하는 출판업무도 사업화하고 있다.

학문의 시장화의 두 번째 양상은 연구의 상업화다. 미국에서 대학과 기업의 관계에 혁명적인 변화를 일으켜 학문의 시장화를 야기한 '베이-돌 법을 모방해 한국도 1995년에 '산업교육진흥법'을 제정한 후 몇 차례의 개정을 거쳐 2003년에 '산업교육진흥및산학협력촉진에관한법률'로 변경했다. 동법을 근거로 각 대학은 산학협력단을 설치하고 그 산하에 학교기업을 설립할 수 있게 했다. 교수의 연구실은 사업장, 교수는 기업 임원, 교수가 지도하는 학생은 기업의 직원이 된다. 교수는 이 기업을 위해 연구하며 연구결과는 이 기업의 수익 자산이 된다.

폐단은 미국에서 나타나고 있는 것보다 더 심각하다. 미국과 비교하여 상업성을 지닌 연구개발능력이 떨어져 주로 이권추구행태(rent-seeking)로 나타나기 때문이다. 대학연구의 공공성과 독립성이 현저하게 훼손되었다. 교수들이 당장에 연구결과를 상품화하여 돈을 벌거나 돈을 끌어들일 수 있는 연구에만 관심을 갖게 되고 산학협력프로젝트를 따오기 위해 기업과 정부를 상대로 로비활동에 적극 나서게 되었다. 또한 학문연구와 수익사업 사이에 경계가 없어지게 되어 일반사회나 대중이 고도의 전문적인 지식이 필요한 분야에서 공정하고 객관적인 정보를 얻을 수 없게 되었다. 대학교수들이 기업의 신상품이나 신기술을 소개하는 논평기사나 학술논문에 이름을 올리는 사례도 많아졌다.

문제는 미국과 달리 한국의 대학에는 실용화를 위한 응용연구를 뒷받침할 기초연구분야가 탄탄하지 못하고, 상품화할 수 있는 고도의 과학기술을 창출할 수 있는 능력도 결여돼 있다는 점이다. 대학이 엄청난 시간 · 노력 · 자금을 쏟고는 있지만 실망스럽게도 기대에 부응하지 못하고 대학의 지출규모만 커졌다. 극히 예외적인 사례를 제외하고는 돈을 벌어들인 연구는 없었다. 대부분의 경우 정부지원을 얻거나 외부자금을 끌어들이기 위한 경쟁이 심화되고 학교자원(등록금)만 낭비하는 상황이다. 대학이 상품화와 시장화를 내세워 산학협력과 기술혁신을 자신의 존립근거로 정당화할수록 대학사회가 이권추구사회로 추락하고 성실한 교수들의 입지가 좁아지는 대신에 '정치교수'가 활개를 치게 되었다.

전통적으로 대학은 당장의 유용성보다는 특정한 목적이 정해져 있지 않은 '가상(blue sky)분야'[27], 또는 실패할 가능성이 높은 실험, 그리고 현재 성행하고 있지는 않지만 시간이 지나 먼 훗날에 중요한 가치를 지니게 될 기초연구를 수행해왔다. 역사적으로도 시장으로부터 해방되어 독립성과 자율성을 지닌 대학이 가장 중요한, 그리고 전혀 예상치 못했던 발견과 발명을 이끌어왔다. 대학은 산업기술진보의 바탕이 되는 기초학문을 연구하는 지식 · 정보의 풀(knowledge and information commons)이다. 기업가들은 확실한 사업 전망이 없거나 당장에 이익을 낼 수 없는 연구에는 관심이 없다.

그런데 학술과 상업의 경계를 허물어 교수들에게 기업가처럼 학문

---

27) 블루-스카이(Blue-sky) 분야란 곧 바로 실재 세계에 적용이 불명확한 영역에 관한 과학적 연구를 의미한다. 흔히 '명확한 목적이 없는 연구' '호기심에 이끌린 과학' 등으로 정의되며 때로는 '기초연구'라는 말로 표현되기도 한다. 이러한 분야는 당장 유용성과 시장성을 전제로 수행하는 기업이나 연구기관의 실용연구의 바탕이 된다.

적 성취를 배타적으로 소유하여 이익추구를 강요할 때, 대학이 전통적인 역할을 지속할 수 있겠는가. 대학은 시장원리, 수익성만을 추구하기에는 너무나도 중요한 공적 기관이다. 결국 과학기술발전을 위해서도 대학과 기업을 각각 사회적 역할을 할 수 있도록 분명한 경계를 정하고, 서로 긴밀하게 협력하는 분업구조를 만들어야 한다.[28]

　　마지막으로 대학교육의 사유재화 현상이다. 교수의 연구가 중요시됨으로써 또 하나의 중요한 임무인 학생 교육이나 지도는 부차적으로 인식되고 있다. 요즈음 교수 사회에 "교육은 잊어라. 교육에 시간을 들이지 마라. 시간 낭비다"라는 말이 회자되고 있다. 대학에서 인정받는 교수는 연구비를 많이 따오고 연구결과를 상품화하여 돈을 벌어들이는 교수다. 대학은 상업적 연구가 가능한 실용학문분야만을 집중적으로 지원하면서 그런 분야에 교수진도 늘리고 교수의 강의 부담을 줄여주면서 연구를 독려한다. 연구시설 확충이나 최신 장비 구입에 막대한 자금을 투입한다. 반면 대학교육의 중심이 되는 교양분야에는 교원은 줄이고 비정규직으로 대체하고 있다.[29] 교양과목의 경우 한 번에 수백 명

──

28) 한국 학계의 노벨상에 대한 염원은 애처로울 정도로 크다. 그러나 노벨상을 수상할 정도의 과학적 업적은 단순히 거액의 돈이 아니라 장기에 걸쳐 인문학적 상상력과 과학기술이 접합해야 한다. DNA를 접합시켜 합성 유전 물질을 개발하여 생명공학 혁명을 이끈 노벨상 수상자인 스탠포드 대학의 생물학자 버그 (Paul Berg) 박사는 만약 자신의 연구를 기업에 맡겼다면 생명공학 혁명은 없었을 것이라고 단언했다. 생명공학 혁명은 수천억 달러 규모의 산업을 일으켰으며, 산학협력관계의 모델로 칭송되고 있다. 수많은 노벨화학상 · 물리학상을 받은 위대한 과학자들이 과학연구를 하는 데 상상력과 단순한 호기심이 중요함을 피력하며, 그들이 청소년기에는 문학소년 · 소녀였다고 증언하고 있다.

29) 2009년 현재 대학의 비전임 · 비정규직 교원이 대학교육의 절반에 달하는

을 모아 대단위강의를 하거나 e-class로 대체하고 있다. 최근에는 각 대학이 성공한 기업인 초청 강의나 현장실습과정을 교과과정으로 인정하고 있다.

교육의 내용도 취업을 위한 테크놀로지 교육으로 변질되고 있다. 극단적인 상업화는 2010년 3월 학생이 대학거부를 선언하기에 이르렀다. 그는 "대학은 글로벌 자본과 대기업에 가장 효율적으로 '부품'을 공급하는 하청업체가 되어 내 이마에 바코드를 새긴다"고 지적하고는 "쓸모 있는 상품으로 간택되지 않고 쓸모없는 인간의 길을 선택"하겠다고 선언하고 대학을 거부했다.[30] 교수도 학생도 대학인 스스로가 대학이 학문의 전당이 아니라, 취업학원으로 전락했다고 한탄한다. 더구나 대학은 자격증을 따는 데 드는 기간은 가장 길고, 비용은 가장 비싼 취업학원이라고 빈정거린다. 전공을 가리지 않고 모든 학생이 외국어,

---

49.3%(전공과목 45.4%, 교양과목 64.1%)를 담당하고 있는데, 지난 10여 년 동안에 10% 포인트 이상 증가했다. 여기서 비전임 교원은 시간강사, 겸임교수, 초빙교수를 포함한다. 한국의 대학은 본래부터 비용을 절감하고 노동을 통제하기 위해 전임교원보다 시간강사 채용을 선호해왔다. 실제로 시간강사의 문제는 사립대학이 중추를 이루는 한국과 일본 대학의 고질적인 문제이며, 미국의 경우도 대학이 상업화되면서 커다란 사회문제로 등장하고 있다. 2011년 정부는 비정규직 교원 처우 개선대책을 발표하고 정기국회에서 '고등교육법' 개정안을 통과시켰으나 시간강사의 계약기간이 6개월에서 1년으로 연장되었을 뿐 소득과 교권을 보장하지도 않은 채 비전임교원을 교원충원률에 포함시키도록 해 대학의 전임교원 충당 유인은 없앴다. 이런 점에서 비정규교수노조는 이를 최악의 개악으로 규정하고 대학교육 공공성 쟁취 투쟁을 전개하기로 결의했다. 임순광, 「비정규교수 문제의 해법」, 민교협·학술단체협의회 등 7개 단체가 공동으로 주최한 대학개혁정책 심포지엄 발표 논문, 2012.2.27 참조.
30) 김예슬, 『오늘 나는 대학을 그만둔다, 아니 거부한다』, 느린걸음, 2010.

학점관리, 공모전 입상과 봉사활동, 자격증 등 시장의 요구에 부응하여 스펙 쌓는데 정신이 없다.

더구나 급격하게 증가한 재정부담은 등록금 인상으로 학생들의 부담이 되었다. 취업을 위한 스펙 쌓기 비용도 거의 모두 학생들이 부담하고 있다. 이런 상황에서 학부모와 학생들이 현실적으로 이해타산을 하고 취업 경쟁에 몰입하는 것은 당연한 일이다. 결국 학생들의 영감과 꿈을 빼앗고 출세지상주의를 부추기는 결과만을 낳고 있다.

그렇다고 편협한 직업교육이 학생들의 취업을 돕는 것도 아니다. 오늘날 사회의 인력수요는 끊임없이 변화하고 있다. 과학기술과 생활 패턴, 산업 사이클과 특정 기술의 유용성이 빠르게 변화하는 오늘날 학생들을 위한 진정한 직업교육은 단순한 직능교육만을 제공하는 것보다는 사회현상과 자연현상 전반의 기본원리를 이해하고 비판적으로 사고할 수 있는 인성과 지성을 연마하고 그것을 실생활에 활용할 수 있는 지적 능력을 제공하는 일일 것이다.

더구나 우리 삶에 중대한 영향을 미치는 수많은 사건들은 '어느 날 갑자기' 찾아온다. 어느 날 갑자기 닥치는 일에 당황하지 않고 슬기롭게 대처하기 위해서는 역시 철학적이고 반성적인 사유를 바탕으로 하는 교양지식이 요구된다. 지금 당장 이 자리를 모면하기 위해서만이 아닌, 언제 어디서 소용될지 모르는 지식이 필요하다는 점에서 당장 취업만을 중시하는 현재의 대학교육은 문제가 많다.

그런데도 한국의 대학이 돈의 힘에 저항하지 못하고 있는 내외적 요인은 무엇인가? 결론부터 말하면, 대학사회에 신자유주의 경쟁논리를

320

주입하여 대학 문화를 옥죄고 있는 평가제도(이명박 정부가 시행하는 대학정보공시제도 포함)에 있다. 대학평가제도는 건전한 동기와 목표, 기준에 의해 공정하게 운영된다면 대학의 사회적 소임을 다 하는 데 크게 이바지할 것이다. 문제는 누가, 어떤 목적으로, 어떤 기준에 의해 평가하는가에 있다.

한국의 경우, 대학평가의 주체가 확고한 자기 논리와 막강한 대중동원력을 지닌 중앙일보와 조선일보라는 언론기관이다. 그러나 한국사회에서 '조중동'이란 상징어가 암시하는 바와 같이, 양 신문은 한국사회에 건전한 여론형성에 기여하기보다는 대표적인 족벌언론과 재벌언론으로서 신자유주의 담론을 유포시키고 기득권세력에 봉사하는 주식회사 기업이다. 그들은 무한경쟁을 강조하면서 경제·사회적 불평등과 사회분열을 조장하면서 평가를 통해 신자유주의적 대학체제와 획일적인 서열화를 고착시키고 있다. 또한 학부모와 학생의 학벌 추구행위를 '합리적 선택'으로 포장하여 학벌주의의 폐해를 호도하고 학벌주의 타파 노력에 찬물을 끼얹어왔다.

그들의 평가기준은 오로지 무한경쟁을 통한 생산성과 효율성을 중심으로 한 기업용 잣대다. 그것도 1년 단위의 정량적 평가에 의한 서열 매김이다. 평가기준에서 대학의 자율과 학문의 공공성 확보나 장기적인 안목에서 학문 발전을 뒷받침할 요소는 찾아볼 수 없다.

예를 들면 평가기준에 학문이 지향해야 할 인간성 도야, 사회정의의 기여, 창의성 신장 등 대학이 구현해야 할 중요한 가치와 이념, 대학의 공공성과 자율성, 재정의 투명성 등을 확보하기 위한 대학의 민주적 운영과 책임에 대한 평가항목은 없다. 대학정상화를 위해 가장 중요한 대학의 비리와 부정을 예방할 재정·행정 운영의 책임성, 대학의 의사결정과 운영에 관한 교직원, 학생 등 구성원의 참여 확대와 내부 고발자를 보호하기 위한 제도 확립 등을 외면하고 있다.

대학의 경쟁체제는 대학 간 경쟁, 교수 간 경쟁, 학생 간 경쟁체제로 구조화되어 있다. 최상위에 대학서열화 경쟁이 있다. 서열경쟁에는 모든 대학구성원이 동원되고 있다.[31] 교수 간 경쟁에서는 강의보다는 연구실적의 비중이 압도적으로 크다. 학생 간 경쟁은 성적과 스펙을 바탕으로 한 취업 경쟁이다. 교수와 학생은 대학 간 경쟁체제에 종속되어 있다. 서열이 우위에 있어야 연구 프로젝트를 따오고 연구비를 끌어오기가 쉽고 자금을 모을 수 있으며 학생들의 취업도 보장되기 때문이다. 평가는 크게 연구, 교육, 국제화로 나뉜다.

연구업적 평가는 기본적으로 이공계기준이고 미국 규범(American standard)이며, 논문 편수와 연구비 수주액이 가장 큰 비중을 차지한다. 질적인 배려는 학문의 특수성이나 사회적 특성을 무시하고 A&HCI, SSCI, SCI 등 국제학술지, 한국연구재단 등재지 등등으로 계층화돼 있다. 국제학술지에 발표된 논문이 월등하게 높은 비중을 차지하기 때문에 한국의 문학, 역사, 문화 법제 등 전적으로 한국적인 경우에도 영어

31) 한국의 대학서열체제는 서울대를 정점으로 연·고대, 수도권 사립대, 지방 국립대, 지방사립대 순으로 되어 지역불균형에 의한 수도권대-지방대 축과 설립 유형에 따른 국립대-사립대 축으로 형성되어 있으며 전자 축이 후자 축을 압도하는 형식이다. 한편 수도권대학에서도 이른바 '서/연고/서성한/중경외시/동건홍…… 잡대'(인터넷 용어)의 일렬 순서가 있어 취업과 연애뿐만 아니라 학생들의 의식 자체에 대학서열 문제가 뿌리 깊게 자리 잡고 있다고 한다. 정진상, 「대학서열체제와 그 해소방안」, 『역사비평』, 제92호, 2010 참조.

논문을 써야 할 형편이다.

이리하여 대학에서 연구다운 연구는 사라졌고, 논문 편수만 늘어났다는 자조와 탄식을 자아내고 있다. 더구나 대학 당국은 각종 평가에 대비하고 학교 서열을 끌어올리기 위해 더 많은 논문을 쓰라고 강요한다. 논문을 많이 쓰면 승진, 포상이 주어진다.[32] 논문 편수를 늘리려고 누구도 참조하지도, 보지도 않은 논문이 학술지를 도배하고, 석사학위 수준 논문에 3~4명의 교수 이름이 오른다. 이러한 분위기에서 교수들은 깊이 사색하고 긴 호흡을 가지고 연구나 저술활동을 할 엄두를 내지 못한 채 논문을 양산하는 기계로 전락하고 만다.

교육과 관련해서는 비중이 가장 높은 항목이 취업률이다. 취업률을 대학평가의 핵심지표로 삼는 것은 나름대로 타당성이 있어 보인다. 최소 4년이란 시간과 수천 만 원의 돈을 들여 대학을 나왔는데 취업이 안 된다면 본인과 가족에게는 큰 고통이고 사회적으로도 큰 낭비이기 때문이다.

그러나 취업률을 핵심지표로 삼는 것에는 근본적인 문제가 있다. 대졸자 취업난은 기본적으로 학생 측 요인보다는 사회 전체의 일자리가 절대적으로 부족한 수요 측면에 있기 때문이다. 대기업이 과도하게 자동화하고 해외로 진출하여 고용규모가 줄어들고 있다. 그것도 하청과 출장근무로 비정규직을 늘려 일자리의 양극화를 꾀한다. 따라서 취업난 해결은 경제력 집중과 재벌지배체제와 같은 경제구조개혁과 함께

---

32) 일부 대학에서는 『네이처』(Nature), 『사이언스』(Science) 등 외국 학술지에 발표하면 최고 1억 원을 장려금으로 지급한다고 한다. 과연 이러한 포상의 정당성과 효과, 그 파장에 대해서 진지하게 생각해볼 필요가 있지 않을까.

정부의 거시경제정책, 산업정책, 노동시장정책, 교육정책, 사회복지정책, 과학기술정책 등 다양하고 복합적인 정책이 필요하다. 개별 대학이나 학생이 해결하기에는 커다란 한계가 있다.

더구나 취업률의 대학별 격차는 대학서열화와 학벌주의에서 비롯되고 있다. 그리고 대학서열화와 학벌사회는 기업(자본)의 필요와 이들을 만족시키는 제도와 정책을 국가경쟁력으로 포장하여 국민 모두에게 이로운 것처럼 선전하는 기득권층과 평가를 하는 바로 그 언론기관이다.[33] 기업은 학벌 인맥을 업무에 활용할 수 있고, 학벌 외엔 적절한 선발기준이 없다는 논리로 대학 서열에 의한 채용관행을 강화하면서 학벌주의를 더욱 견고하게 고착시킨다. 그들은 채용을 심사하기 위해 학교서열 이외의 방법을 개발하는 데에 비용과 시간을 투자할 의사가 없으며, 신규 직원의 업무능력 향상을 위한 훈련에도 전혀 투자하지 않는다. 취업 준비생들에게 실무수행에 필요한 훈련비용을 부담시켜 그 성과를 가로챌 뿐만 아니라, 대학의 정상적인 교육기능마저 왜곡시키고 있다. 한국과 같은 학벌사회에서는 대학과정의 내용이나 교육의 질과는 상관없이 상위서열 대학의 취업률이 높게 마련이다.

---

33) 한국의 대학서열화는 교육여건이나 교육수준과 같은 대학의 질 또는 교육열이나 교육내용과 무관하게 입학생들의 수능점수로 결정된다. 따라서 각 대학은 교육의 질이나 내용을 높이는 일보다는 성적우수학생을 유치하는 일에 골몰한다. 또 하나는 대학의 서열이 일단 형성된 후에는 고착화되어 가변성이 없기 때문에 교육의 질과 내용을 높이기 위한 경쟁을 기대할 수가 없다. 대학서열체제에는 서울대를 정점으로 하는 '대학간판 서열'이고 다른 하나는 전문직 일자리가 보장되는 '전공서열'이며, 간판서열이 전공서열을 압도한다. 정진상, 앞의 논문 참조.

무엇을 할 것인가, 대학민주화

한국 대학은 사회 민주화운동을 주도해왔다. 정치적 민주화가 이룩된 이후에는 정치권력으로부터 일정한 자율성과 자주성을 회복한 것처럼 보였다. 그러나 그것은 그리 오래가지 못하고 신자유주의적 경쟁논리로 무장한 자본과 기업이 대학을 지배하게 되었다. 대학이 자율적 학문공동체로서 존재의의를 상실하고 이윤극대화를 추구하는 기업으로 변하고 공동선에 이바지해야 할 학문이 시장에서 거래되는 상황에 이르렀다. 교수들과 학생들이 기업화된 대학의 관리체제 아래서 업적이나 성과 경쟁에 여념이 없다. 교수들은 논문 쓰기와 연구비 수주에 얽매어 있고, 학생들은 스스로를 상품화하면서 스펙 쌓기 경쟁에 몰입하고 있다.

민주화 이전에 군사정권의 대학지배는 야만적인 폭력에 따른 것으로 대학인의 공분을 자아내 저항을 불러일으켰다. 그러나 돈을 앞세운 신자유주의 지배는 부지불식간에 대학인의 의식을 마비시켜 대학사회를 경쟁과 불신의 사회로 만들어 저항할 의지조차 꺾어버렸다.

공적 가치를 추구해야 할 대학이 사적 이익집단의 지배 아래 놓임으로써 폐해는 단순히 대학에 머물지 않고 온 사회를 황폐화시킨다. 대학마저 완전히 자본의 논리, 시장의 논리에 포섭된 사회는 공동체적 믿음과 희망을 지닐 수 없고, 모든 사람이 이기적 탐욕에 빠져 인간에 대한 예의와 미덕을 잃어버리기 때문이다. 전통적으로 대학은 우리 문화에서 유일하게 자본주의적인 동기에서 해방되어 사적 이해관계에 얽매이지 않고 상대적으로 객관적이고 보편적인 공익을 위한 공간을 제공해왔다.

그런데 바로 그 공간이 붕괴되고 있다. 현재 우리는 지속가능한 경제발전, 인간 존엄을 위협하는 사회경제구조, 구조화된 부정과 비리 철폐, 지구온난화, 유전자조작식품의 안전성, 인간복제의 규제 등 수많은 중대 공공정책문제와 씨름하면서 복잡한 윤리적·사회적·과학적 문제를 풀어나가야 할 처지에 있다. 하지만 불행하게도 사적 이해관계에서 자유로운 지성과 전문지식을 겸비한 권위자를 찾기 힘든 상황이다.

대학을 제자리로 돌려놓고 우리 사회에 믿음과 희망을 되찾기 위해서는 하루빨리 대학이 신자유주의적 시장논리에서 해방되어 공공성을 되찾고 창의력과 인간성을 겸비한 인재를 길러내고 보편성을 지닌 연구를 수행해야 한다. 이것은 학내·외적 노력을 요청하지만, 먼저 대학인 스스로가 각성하고 연대하여 학내 민주주의를 복원해야 한다. 시장화와 기업화는 개방적이고 소통해야 할 대학을 갈기고 찢어 소통구조를 마비시켰다. 중층화한 경쟁구조로 자치와 자율의 이념이 사라졌다.

경쟁구조의 최상위에 대학 간 서열경쟁이 존재한다. 교수·학생을 가리지 않고 모든 대학구성원을 경쟁과 불신으로 몰아넣어 대학 울타리를 넘는 교수의 연대, 학생의 연대를 방해하고 있다. 그 하부에 교수 간 경쟁과 불신, 교수 학생 간 불신, 학생 간 경쟁과 불신이 자리 잡고 있다. 교수사회를 예로 들면, 비정규직 교원은 고용 자체가 불안하여 저항할 수 없다. 정규직 교수라 하더라도 조교수, 부교수는 정년을 보장받지 못해서 저항하지 못한다. 정년이 보장된 교수도 성과급제와 연봉제 도입으로 경쟁에서 자유롭지 못하다. 그 과정에서 교수회의는 무력화되었다.

외적으로는 신자유주의의 거대한 구조에 저항해야 한다. 대학구성원이 연대하여 대학서열체제와 학벌주의에 저항하고, 사립학교법을 개정하여 사립대 운영과 재정의 투명성과 책임성을 확보하며, 신자유주의적 대학개혁을 강요하는 주식회사 언론사의 대학평가를 거부해야 한다. 물론 대학은 그 존재의 본질에 합당한 사회적 역할을 수행하도록 끊임없이 창조적으로 변해야 한다. 그러나 그 주체는 어디까지나 대학인이어야 하고, 지향점은 학문의 공공성을 담보하는 대학의 자율과 자치를 수호하는 일이다.

사실 학문의 공공성과 대학의 자율은 경제계와 산업계에도 이익이 된다. 학문적 연구에 대한 기업의 이해가 가장 두드러진 분야는 앞으로 한국경제를 이끌어갈 지식집약적인 첨단기술산업분야다. 이 분야는 장기적인 안목에서 지속적인 투자가 필요한 부분이며, 당장의 수익성이나 기업논리를 적용하면 오히려 기술혁신을 저해할 소지가 크다. 대학이 전통적인 이상을 고수하고 시장으로부터 독립성과 자율성을 유지할 때에만 사회의 공공자산으로서 지식·정보의 풀로서 기능할 수 있다. 당장의 편익이나 유용성은 불확실하지만 과학적 의미로 가득한 연구개발이 장래에 상업적으로도 대박을 터뜨릴 확률이 높은 것이다.

물론 연구개발에 필요한 자금은 공적으로 충당해야 한다. 기업의 지원이 있을 때에는 혹시 대학의 명성이나 평판을 이용하기 위한 것이 아닌지 각별히 따져보고 유의해야 한다.

이렇게 되면 대학이 수익을 추구하기 위해 학생과 갈등을 빚거나 학생의 신뢰를 잃지 않을 것이며, 전통적으로 취해온 연구와 교육 사이에 균형을 되찾게 될 것이다. 교수는 많은 논문을 쓰기보다 의미로 가득한 논문 한 편, 좋은 책 한 권을 쓰게 될 것이다. 학생들에게 공동체적 삶을 살아가는 데 필요한 인격형성과 타자를 이해하고 배려할 수 있도록 교양교육과 테크놀로지 교육을 병행하여 학생이 지닌 지적 · 창조적 · 기업가적 재능을 길러내도록 교육할 수 있게 될 것이다. 바로 이렇게 배출된 학생들이야말로 자기를 실현하고 사회에도 가장 값진 인재가 될 것이다.

이 글을 끝내면서 다시 함석헌의 말을 인용해보자.

"대학을 상아탑이라고 하는 말이 있다. 그것을 만일 현실에서 완전히 떠나 제 스스로의 지경에 도취하는 의미에서 본다면 그 말은 마땅히 물리쳐야 할 것이다. 그러나 그와는 달리 대학에는 확실히 상아탑적인 점이 있다. 그것은 순결해야 하고 높아야 하고 정교해야 한다. 그것은 순전히 진리탐구의 동산이어야 한다. 속된 명리의 티끌이 들어가서는 못쓴다."

대학이 이윤을 추구해서는 안 되며 돈에 놀아나서도 안 되는 이유다.

자료

"일제시기 오산학교는 공부 많이 시켜서
돈벌이나 하자고 만든 일개 학교가 아니었다.
이 학교는 민족의 아픔을 일깨우고 조국의
독립을 위해 헌신할 일꾼을 기르는 곳이었다.
함석헌은 이처럼 자랑스러운 오산학교의
역사교사로서 젊은이들의 가슴을 뜨겁게 만들었다.
훗날 그의 역저로 평가받은 『성서적 입장에서 본 조선역사』는
이 청년교사가 오산의 학생들과 함께 울고 웃으며
함께 쓴 5천 년 민족사의 웅장한 서사시였다."

— 백승종

대중매체 속의 함석헌
일제시기 1910~45를 중심으로

백승종 전 서강대 사학과 교수, 마을공동체문화연구소 대표

시대의 아픔을 고민했던 함석헌

바보새 함석헌(1901~89)은 위대한 종교가요, 사상가이자 교육자였으며, 민주주의의 투사인 동시에 생태주의자이고 평화운동가였다.[1] 그의 삶과 사상을 제대로 이해하고 평가하기란 쉬운 일이 아니다. 이미 몇 권의 평전을 비롯하여 40여 편의 학술 논문이 발표되었지만,[2] 이것은 함석헌 연구의 시작일 뿐이다. 역량이 부족한 필자로서는 곧바로 본질

---

1) 『두산백과사전』에는 함석헌을 "사상가, 민권운동가 겸 문필가"로 소개되어 있다. 『한민족문화대백과사전』에서는 "기독교 문필가 · 민중운동가"라 했으며, 서울시 『향토문화대전』에서는 "종교인이자 사회운동가"라고 했다. 여기서 보듯, 일반적으로는 함석헌을 종교사상가, 민중/사회운동가, 문필가로 인식하고 있다. 그러나 필자가 보기에 그는 위대한 교육자였고, 또한 생태 · 평화운동가이기도 했다.

2) 2011년 10월 현재, 국사편찬위원회에서 정기적으로 간행하는 『한국사연구휘보』에 '함석헌'이란 검색어를 기입하면 총 41건의 논저가 발견된다.

적인 연구주제로 뛰어들 엄두를 내지 못하겠다. 우선은 신문과 잡지 등 대중매체와 경찰의 취조문서 등 공적문서에 나타난 함석헌의 편린을 차례로 수집해, 그 삶의 궤적을 대강이나마 재구성해볼 계획이다. 이것이 그를 이해하는 데 무슨 큰 도움이 될 것이라는 기대는 하지 않겠다. 다만 이런 소박한 방식으로나마 평생을 백척간두에 서서 시대의 아픔을 고민한 한 위인의 발자취를 뒤돌아보려는 것이다.

오산학교 시절

그는 청년시절부터 탁월한 수재였다. 1923년 3월 함석헌은 동기생 19명과 함께 평북 정주의 오산학교를 졸업했다.[3] 그해 3월 28일자 『동아일보』(3면 사회)를 보면, 함석헌은 이 학교를 우등으로 졸업했다. 3월 24일에 거행된 졸업식에서 교장 이구하 선생은 축사를 했고, 교주인 남강 이승훈(1864~1930) 선생과 교감 김기홍 선생이 권유의 말씀을 했다.

한편 관청에서 파견된 감독관은 고사를 읽었고, 졸업생 대표는 답사를 했다. 졸업생 가운데 우등생은 함석헌과 강대형 두 사람뿐이었다. 이들 두 사람은 졸업 직후 모두 일본유학을 떠났다. 함석헌은 동경고등사범학교에 진학하여 역사를 전공하게 되었다.

---

3) 본래 함석헌은 평양고등보통학교를 다녔다. 그러다 1919년 3·1운동에 가담했다는 이유로 학교를 그만두게 되었다. 얼마 후 그는 주위의 권고로 오산학교에 편입했던 것이다.

일본유학 시절

1923년 9월 당시 함석헌은 동경에서 무사히 학교를 다니고 있었다. 1923년 9월 30일자 『동아일보』(3면 사회)에서 동경특파원은 "第三回 安否調査到着"(제3회 안부조사 도착)을 알렸다. 특파원은 함석헌을 평북 용천 출신으로 소개했는데, 당시에 함덕일 및 함순일과 더불어 도쿄 시내(東京市 本鄕 駒込 東片町 93 高林方)에 거주한 것으로 보도했다.

그로부터 5년이 지난 1928년 2월 말, 함석헌은 동경고사를 졸업했다. 관련기사가 그해 2월 28일자 『동아일보』(5면 사회)에 나와 있다. 이 기사는 그해 동경시내 각 학교를 졸업한 유학생들을 하나씩 차례로 언급했는데, 함석헌은 "고등사범"을 함께 졸업한 홍희전(박물)과 김영근(영문)에 이어 세 번째로 언급되었다. 함석헌의 전공은 역사였다. 문석준 역시 역사를 전공한 것으로 되어 있다. 이밖에 수리를 전공한 강정용의 이름도 보인다.

함석헌과 동문수학한 문석준은 사회주의에 경도된 청년 역사가로서 명성을 떨쳤다. 그는 1933년경 『조선역사』(朝鮮歷史)라는 53쪽짜리 한국사 개설서를 집필했다. 이 원고는 수정을 거쳐 1946년경 함경남도 인민위원회 교육문화부에 의해 간행되었다.[4] 문석준은 김석형·박시형·전석담과 함께 해방 후 북한의 역사학계를 이끌었다. 기독교 신앙인으로서 함석헌이 『성서조선』이란 신앙잡지에 「성서적 입장에서 본

---

4) 이러한 사실은 『한민족문화대백과사전』에서 "조선역사"를 검색하면 확인할 수 있다.

조선역사』를 연재하여 인기를 끈 것과는 대조적이었다.[5]

　문석준과 함석헌의 사상적 지향은 완전히 달랐지만, 그들은 동경의 고등사범학교에서 동문수학한 막역지우였다. 그들이 수학한 고등사범학교는 수재들의 집합소였다. 그들은 거기서 당대 최고수준의 학문을 연마했다. 이를 바탕으로 함석헌과 문석준은 훗날 각자의 사상적 지향에 따라 식민지 조선에서 근대적 역사연구의 기틀을 마련했다.

　그런데 함석헌과 문석준이 고등사범에서 역사만 전공한 것은 아니었다. 1928년 3월 4일자『동아일보』(2면 사회)에는 "교육계 새 일군"이라는 기사가 보인다. 그에 따르면, 그들은 윤리와 법경(法經)을 함께 전공한 것으로 나타난다.

　또한『동아일보』는 함석헌 등이 4년 전부터 즉, 1924년부터 "재일본교육연구원"을 조직하여 식민지 조선의 교육 문제를 함께 고민한 사실을 밝혔다. 이 보도에 따르면, 함석헌과 문석준 등 고등사범의 동기생 5명은 와세다 고등사범의 하윤실(영문), 일본대 전문과정의 김준성(문예), 동경제대 법학부의 정광현, 동양대학에서 문화학을 전공한 전영섭과 함께 힘을 모아 "재일본교육연구원"을 조직하고 교육에 관한 연구활동을 전개했다.

　위에 언급한 정광현(1902~80)은 법학자로 유명하다. 그는 가족법 연구 및 그 이론 정립에 많은 공헌을 한 것으로 정평이 있다. 민법이 제정될 당시 정광현은 남녀평등권의 확립을 위해 노력했다. 또 하윤실은

5) 함석헌의 이 글은『성서조선』에 1934년 2월호부터 1935년 12월호까지 연재되었다.

1929년 김일엽과 결혼해 세상의 주목을 받기도 했고, 독립을 위해 비밀 결사운동을 한 사실이 탄로되어 일제의 탄압을 받기도 했다.

여기서 "재일본교육연구원" 출신 인사들의 활동을 일일이 다 밝힐 겨를은 없다. 그러나 분명한 사실은 함석헌이 동경유학시절에 사귄 친구들이 식민지 조선사회의 소중한 일꾼으로 다방면에 걸쳐 활약을 벌였다는 점이다.

오산학교 교사 함석헌

일본유학에서 돌아온 함석헌은 1928년 3월부터 모교인 오산학교에서 역사를 가르치게 되었다. 그는 1938년 3월, 학교교육에 대한 일제의 간섭이 도를 넘자 스스로 교직에서 물러났다. 청년 함석헌은 전후 10년 동안 교육에 헌신한 셈이다. 교사 함석헌의 활동은 눈부셨다.

그는 학생들에게 웅변을 지도했다. 1930년 10월 28일자 『동아일보』(3면 사회)에 따르면, 정주 일대의 어린 학생들이 웅변대회에 참가했다. 이 대회는 오산고보 기독청년회가 주최하고, 그 지역 조선 및 동아일보 지사가 후원했다. 이 웅변대회에서 교사 함석헌은 "심판장" 역할을 담당했다. 또한 이 기사를 통하여 우리는 함석헌이 오산의 기독교 학생모임을 지도했던 사실도 유추할 수 있다. 실제로 그는 무교회주의를 주지로 오산의 성서모임을 지도했다.[6]

---

6) 함석헌은 김교신과 더불어 시종일관 『성서조선』의 주요 필자로 활약했다. 이 신앙 잡지는 1927년 7월부터 간행되었다. 김교신은 함석헌과 나이는 동갑이지만 동경고등사범학교는 1년 선배였다. 함석헌보다 1년 앞서 귀국한 김교신은 『성

역사교사 함석헌은 충무공 이순신 장군의 묘소 관리 문제가 사회적 문제로 떠오르자, 팔을 걷었다. 그는 전국의 유지들과 더불어 추모 사업에 찬동했다. 1931년 6월 5일자 『동아일보』(6면 사회)는 함석헌을 포함하여 오산의 교사들이 저마다 1엔씩을 신문사에 맡겼다고 전했다. 그무렵 함석헌은 오산학교의 교무주임으로 학교의 중책을 맡고 있었다.

총독부의 입장에서 보면, 함석헌은 말썽꾸러기였다. 일제는 함석헌의 일거수일투족을 달갑지 않은 시선으로 바라보았다. 그러던 중, 1931년 9월 6일 함석헌의 자택을 수색하고 검거했다.[7] 대중매체에서 확인된 함석헌의 첫 번째 검거사건이었다. 그해 9월 2일 오후 2시, 정주경찰서 김 형사 외에 두 사람이 돌연 정주군 갈산면 오산에 나타났던 것이다. 이 사건은 1931년 8월 11일, 오산학교 학생 하문덕이 일본유학생 신동환과 함께 검거된 사건과 관련이 있다.

일제는 하문덕 등이 전국의 학생조직과 결탁하여 사회주의 운동을 추진한 것으로 간주했다. 그래서 그들은 전조선 학생층을 망라한 "적색문화운동"이 발각되었다며 호들갑을 떨었다. 1931년 9월 13일자 『동아일보』(2면 사회)는 오산고보 교무주임 함석헌과 그 제자 수 명이 목하 경찰에 연행되어 조사 중임을 보도했다. 당시 일경은 무슨 굉장한 호재라도 발견한 듯 이리저리 날뛰었다. 그해 9월 8일, 평안북도 경찰부 고등과 김덕기 과장과 형사부장 배 아무개는 정주까지 직접 내려가서 함석헌 등을 직접 취조했다.

서조선』의 간행을 통하여 무교회 운동에 앞장섰다. 그들은 이미 동경 유학시절서부터 우치무라 간조의 지도 아래 무교회 신앙을 키웠다.

7) 이런 돌발 사태는 1931년 9월 6일자 『동아일보』(7면 사회)에 보도되었다.

며칠 뒤 평북 경찰부는 고등과와 신의주 경찰서에서 형사 2명을 차출하고, 여기에 정주경찰서 형사 3명을 묶어서 동경과 오사카·평양·경성·인천·충남 및 경북으로 수사대를 밀파했다. 사건은 전국적인 규모로 확대되고 있었다. 그런 와중이었지만 같은해 9월 10일, 함석헌은 체포된 지 나흘 만에 슬며시 풀려났다.[8]

함석헌은 오산학교의 인기 있는 역사교사이자 교무주임이었다. 그는 학교에 큰 행사가 있을 때마다 주요 역할을 맡았다. 1932년 5월 15일에 열린 오산학교 창립 25주년 행사 때만 해도 그는 교장대리 박희병 선생의 개회사에 이어서 학교의 연혁을 보고했다.[9] 이보다 3년 뒤인 1935년 5월 9일에는 오산학교 설립자 이승훈 선생 5주기를 맞아 대규모 추모행사가 열렸다.[10] 함석헌은 오산고보 및 부속보통학교 학생들을 데리고 이승훈 선생의 묘소를 참배하고 기념강연을 했다. 두말할 나위 없이 그는 이승훈의 사람됨을 역설하고, 그를 본받아 오산의 청소년들이 조국과 민족을 위해 헌신할 것을 적극 당부했을 것이다.

과연 이승훈은 갔지만 그가 애써 기른 많은 인재들이 식민지 조선사회의 각 방면에서 맹활약 중이었다. 1938년 11월 11일 『동아일보』(6면 사회)는 "多岐多彩(다기다채)의 活躍(활약)"이라는 제목 아래 각계각층에서 활동 중이던 오산 출신 인사들을 두루 소개했다. 우선 교육계에

---

8) 그의 제자 하문덕은 훗날 연희전문학교 상과를 다니다가 미국으로 유학을 떠난다. 미국에 눌러앉은 그는 1960년대 후반 미국 시키고 한인회 회장이 되어 활약한다. 필자는 『동아일보』에서 그에 관한 기사를 일일이 확인했다.
9) 『동아일보』, 1932년 5월 17일(3면 사회)을 볼 것.
10) 「南崗先生五週忌」(남강선생오주기), 『동아일보』, 1935년 5월 14일(2면 사회).

는 재단법인 오산학교 간사 이연수를 비롯해, 휘문중학의 김도태 등 10여 명의 이름과 직책이 소개되었다.

이어서 실업계 또는 의약업에 종사하는 인사들과 언론계 인사들도 거명되었다. 비록 소수였지만 조선총독부와 만주국에서 관리로 종사하는 이들도 있었다. 어학, 음악, 문학, 체육계 인사들도 상당수였다. 끝으로 종교계 인사들도 거론되었다. 주기철 목사와 한경직 목사 등이 오산 출신이었다. 이 기사는 함석헌을 "성서연구가"라고 기록했다. 오산학교 교무주임 함석헌은 그해 3월 양심상의 이유로 학교를 사직하고 완전히 사적인 생활로 돌아갔기 때문이다. 오산에 대한 미련 때문에, 함석헌은 학교 근처에 있던 자택에 머물며 농사와 성서연구에 전념했다.

그러나 함석헌에게는 안식과 평화를 누릴 수 있는 나날이 오래가지 않았다. 1942년 3월, 『성서조선』 제158호에 김교신이 권두언으로 실은 「조와」(弔蛙)를 구실로 일제의 탄압이 극에 달했다. 일제는 『성서조선』을 폐간조치하고 김교신과 함석헌을 비롯한 이 잡지의 유명 필자들과 열성 독자들까지 투옥했다. 이것이 악명 높은 이른바 『성서조선』 사건이었다.

『성서조선』의 발행부수는 고작 300부 미만이었다. 그러나 이 잡지는 민족혼을 일깨우는 귀중한 역할을 담당한 것으로 정평이 있었다. 일제는 아무런 법적 조치 없이 김교신과 함석헌 등 16명을 적어도 수개월에서 최장 1년 동안이나 서대문 형무소에 감금했다.

민족의 교사 함석헌, 민족교육의 산실 오산학교

함석헌이 형무소에 감금되어 있던 1942년 9월, 그 이름은 민족의 참된 교사로서 다시 한 번 일제의 간담을 서늘하게 했다. 그때 오산학교 출신으로 수원고등농림학교 학생이던 박도병(1917~2002)이란 청년이 비밀결사 한글연구회를 운영하다가 일제에 적발되었다.[11] 이에 앞서 바로 그 한글연구회 출신 김중면이 함경북도 갑산농업학교 교사로 재직하며 학생들에게 민족의식을 고취시키다 일경에 체포되었다. 그 바람에 한글연구회의 실체가 드러나 1941년 9월 박도병을 비롯한 한글연구회원들이 대거 체포되었던 것이다. 세상에서는 이 사건을 가리켜 "수원고농 한글연구회사건" 또는 "제3차 고농사건"이라 불렀다.[12]

박도병 등은 무려 18개월 간 지독한 고문을 당했다. 그들은 1943년 3월 치안유지법 위반 혐의로 1년 6월의 징역형을 선고받고 옥고를 치렀다. 이 사건에 관한 취조기록은 『한민족독립운동사자료집』 69(전시기 반일언동사건 Ⅳ)에 실려 있다. 그 가운데 『박도병 신문조서』(제5회)에 함석헌에 관한 진술이 있다. 관련부분을 아래와 같이 임의로 요약 발췌해 소개한다.

---

11) 박도병은 뒷날 경상대학교 농과대학 교수 등을 지냈으며, 1991년 건국훈장 애족장을 받았다.

12) '한글연구회'는 1939년 4월 수원고등농림학교 학생들이 조직한 항일 비밀결사였다. 항일의식을 함양하고 한글을 연구하며 농민계몽에 뜻을 두고 만든 조직이었다. 그 창립회원은 20여 명이나 되었다. 중심인물은 오산학교 출신 박도병을 비롯해 정주영과 임봉호 등이었다.

일경은 박도병이 오산학교 시절 평북 정주군 갈산면 익성동 1044번지 하숙집(주인 김화식)에서 쓴 감상문을 문제로 삼는다. 함석헌을 비롯한 오산학교의 애국적 교사들의 가르침이 젊은 학생의 마음에 어떻게 수용되고 있었는지를 여실히 보여주는 기록이다. 그 감상문에 관하여 박도병은 아래와 같이 당당하게 말했다.

"『조선인의 교육 관념』이라는 제목으로, 당시 조선인이 교육을 어떻게 보고 있었는지 글로 표현한 것이다. 구체적으로 말하면, 고향 사람들은 교육을 하는 것은 돈벌이 때문이고, 학교를 졸업하면 어디 어디에 취직시켜 어느 정도 급료를 받겠는가 말하고 있는데, 단지 돈을 벌기 위해 교육하는 것처럼 생각했기 때문에 당시 내가 느낀 바를 표현한 것이다."[13)

청년 박도병은 참된 교육의 목적을 어디서 발견하고자 했을까. "교육이란 인격도야이며 돈벌이 때문에 교육하는 것은 아니라고 그렇게 생

---

13) 박도병의 신문조서는 위에 말한 자료집은 물론 인터넷에서도 쉽게 열람할 수 있다. 다음의 인터넷 주소를 일러둔다. 이하 본문에서 인용되는 박도병의 진술은 모두 다음 주소에서 확인이 가능하다.
http://db.history.go.kr/front2010/srchservice/srcFrameSet.jsp?pSearchWord=%ED%95%A8%EC%84%9D%ED%97%8C&pSearchWordList=%ED%95%A8%EC%84%9D%ED%97%8C&pSetID=-1&pTotalCount=0&pSearchType=1&pMainSearchType=2&pQuery=%28BI+%3A+%ED%95%A8%EC%84%9D%ED%97%8C%29&pSearchClassName=&oid=&url=&method=&dang=&code=&searchword=&return=.

각했다." 그는 이처럼 대견스런 답을 제시했다. 그의 이러한 믿음은 함석헌의 교육관과도 일치했다.

또 일경은 1935년 겨울, 박도병이 하숙집에서 노동에 관해 쓴 노래 가사를 들이대며 불온사상가로 취급했다. 그러자 문제의 청년은 당당하게 맞섰다. "나는 조선민족의식이 농후했으므로 조선동포애가 있었기 때문에, 백의(白衣) 동포라든가 2천만 동포라고 쓴 것이다." 박도병은 오산학교 재학시절부터 "민족의식이 농후하여 조선동포애에 불타고 있었던 것이 사실이다"라고 자신의 심중을 숨김없이 드러냈다. 그는 "민족해방운동", 즉 자신의 표현에 따르면 "조선민족의 해방운동이며, 즉 조선을 독립시키려는 운동"에 관심을 두고 있었다.

일경은 박도병에게 언제부터 그런 운동을 하려고 결심했는가를 물었다. 박도병은 이렇게 대꾸했다. "오산중학교 재학 중부터 점차 조선민족의식이 농후해지고, 수원고등농림학교에 입학하여 학교 도서관에서 『조선의 현재와 장래』(이광수 저)라는 간행물을 읽고 「민족개조론」에 감격하여 단체를 조직하거나 또는 가입할 때 참고하기 위하여 발췌한 것이므로" 그가 독립운동을 생각한 것은 "소화 12년(1937) 10월 중순"부터라고 했다.

애국청년 박도병은 그의 스승 함석헌과 어떤 관계였을까. 일제는 박도병이 『성서조선』에 실린 함석헌의 글 「성서적 입장에서 본 조선역사」를 베껴 소지하고 있던 사실을 문제 삼았다. 그러자 박도병은 자신의 소회를 다음과 같이 설명했다.

"저자 함석헌은 나의 오산중학교 시대의 은사이므로 베껴 쓴 것이

고, 「성서적 입장에서 본 조선역사」가 씌어 있어서 나는 그 글에 담긴
뜻에 감동하여 학교에서 베껴 썼다."

일경은 "『성서조선』은 민족의식을 앙양하여 치안을 방해하기 때문
에 발매 금지되어 있는 것을 알고 있었는가"라며 박도병을 추궁하기도
했다. 이어서 저들은 박도병이 오산중학교 5학년 때 조선어 시간에 교
사로부터 받은 한 가지 문안을 여태껏 간수하고 있는 사실을 지적하며,
오산학교에서 "민족의식을 앙양하는 교육을 시행받아온 것"을 인정하
라고 요구했다. 박도병은 그 사실을 굳이 부정하지 않았다. 오산학교는
"조선인 학생만의 사립중학교이므로 그 점(민족의식 앙양)은 다소 있
을 것으로 생각된다"고 그는 당당히 진술했다.

박도병의 말에서 명확히 드러난 것과 같이, 일제시기 오산학교는 공
부 많이 시켜서 돈벌이나 하자고 만든 일개 학교가 아니었다. 이 학교는
민족의 아픔을 일깨우고 조국의 독립을 위해 헌신할 일꾼을 기르는 곳
이었다. 함석헌은 이처럼 자랑스러운 오산학교의 역사교사로서 젊은
이들의 가슴을 뜨겁게 만들었다.

훗날 그의 역저로 평가받은 『성서적 입장에서 본 조선역사』는 이 청
년교사가 오산의 학생들과 함께 울고 웃으며 함께 쓴 5천 년 민족사의
웅장한 서사시였다. 우리는 감히 바보새 함석헌에게 민족주의자라는
협애한 탈을 들씌울 수 없다. 하지만 일제식민지의 암울은 그에게 민족
해방 말고 다른 것에 몰두할 여가를 빼앗아간 것도 엄연한 사실이었다.

찾아보기

저자소개

「신채호와 함석헌」
이만열(李萬烈)은 서울대학교 국사학과를 졸업한 뒤, 같은 학교 대학원에서 국사학으로 석·박사학위를 받았다. 숙명여자대학교 문과대학 인문학부 한국사학과 교수를 지냈다. 그밖에 한국국가기록연구재단 이사, 한국기독학생회총연맹 이사장, 한국사학회 회장, 제8대 국사편찬위원회 위원장, 근대문화재분과 문화재위원, 한국독립운동사 편찬위원회 위원장 등을 지냈다. 단재상, 황조근정훈장, 제15회 상허대상, 용재 석좌교수상, 독립기념관 학술상 등을 받았다. 지금은 숙명여대 명예교수로 있으면서 함석헌학회 회장을 맡고 있다. 저서로는 『단재 신채호의 역사학 연구』『이만열 교수의 민족 통일 여행일기』『이만열 교수의 기독교유적 여행일기』『역사에 살아있는 그리스도인』『한국 근현대 역사학의 흐름』『우리 역사 5천년을 어떻게 볼 것인가』『한국기독교와 민족통일운동』『감히 말하는 자가 없었다』『한국 기독교 수용사 연구』『역사의 중심은 나다: 우리 역사를 말하는 푸른 화법』『한국사연표』『박은식』『대한민국의 정통성을 묻다: 5인5색 한국 현대사 특강』(공저) 등이 있다. mahnyol@daum.net

「함석헌과 양명학—「한 사람: 王陽明, 大學問」을 중심으로」
최재목(崔在穆)은 영남대학교 철학과를 졸업하고 같은 학교 대학원에 진학한 뒤, 일본 츠쿠바(筑波) 대학교 철학사상연구과에서 동양철학·문학으로 석사학위를 받고 「東アジアにおける陽明学の展開」로 박사학위를 받았다. 지금은 영남대학교 철학과에서 교수로 있다. 하버드 대학교, 도쿄 대학교, 라이덴 대학교, 베이징 대학교에서 연구했다. 학회활동으로는 한국양명학회 부회장·회장, 한국일본사상사학회 및 한국동아시아일본학회 부회장을 맡고 있다. 저서로는 『동아시아의 양명학』

『늪』,『왕양명의 삶과 사상: 내 마음이 등불이다』,『노자』,『퇴계심학과 왕양명』,『東アジア陽明学の展開』(동아시아 양명학의 전개),『東亞陽明學』(동아양명학:『동아시아의 양명학』을 중국에서 번역 출판),『東亞陽明學的展開』(『東アジア陽明学の展開』를 대만에서 번역 출판) 등을 비롯하여, 다수 저·역서, 150여 편의 논문이 있다. choijm@ynu.ac.kr

「대안적 세계화의 시각에서 본 민족/탈민족 논쟁─동학의 '시천주'와 함석헌의 '씨올'을 중심으로」

이정배(李正培)는 감리교신학대학교와 같은 학교 대학원에서 신학 석사학위를 거쳐 스위스 바젤 대학교 신학부에서 조직신학 전공으로 신학박사(Dr. Theol) 학위를 받았다. 1986년 가을 학기부터 감리교신학대학교에서 조직신학과 종교철학 담당 교수로 가르쳤고 토착화 신학의 전통을 후학들에게 전하고 있다. 최근에는 생태학과 토착화론, 종교와 과학 간의 대화를 통섭하여 한국적 생명신학이란 주제를 심화·발전시키고 있다. 한국 조직신학회 회장, 기독자 교수협의회 회장을 지냈고, 지금은 한국 문화 신학회 회장으로서 한류와 K-Christianity를 주제로 공동연구를 이끌고 있다. 저서로는 『토착화와 생명문화』,『한국 개신교 저위 토착신학 연구』,『없이 계신 하느님, 덜 없는 인간』,『켄윌버와 신학』,『빈탕한데 맞혀놀이─다석으로 세상을 읽다』,『기독교 자연신학 연구』,『생태영성과 기독교의 재주체화』, 역서로는 J. 폴킹혼의 『과학시대의 신론』, 유아사 야스오의 『몸과 우주』 등이 있다. ljbae@mtu.ac.kr

「함석헌의 변혁(탈바꿈)론」

김영호(金榮鎬)는 서울대학교, 중앙신학대학교(강남대학교), 펜실베이니아 대학교, 맥마스터 대학교에서 인문학 분야(영/독문학·신학·인도학·종교학)를 공부하고 스톡홀름 대학교, 하버드 대학교 세계종교연구소연구소에서 연구활동을 했다. 주로 인하대학교 철학과에서, 잠시 캐나다에서 불교철학·인도철학·종교철학·세계종교 등을 가르쳤다. 함석헌기념사업회 산하 함석헌·씨올사상연구원장과 『씨올의 소리』 편집위원장을 지냈으며, 지금은 함석헌평화포럼 공동대표와 함석헌학회 부회장과 학술위원장을 맡고 있다. 저서로는 『*Tao-sheng's Commentary on the Saddharmapundarikasutra*』(도생道生의 법화경소疏法華經),『씨올 생명 평화』(공저),『생각과 실천』(공저), 엮은 책으로는『사랑에는 방법이 없습니다─가려 뽑은 함석헌 선생님 말씀』, 역서로는 크리슈나 무르티의 『완전한 자유』,『명상』 등 불교사상(인도·중국·한국), 비교종교 및 다원주의, 한국사상에 관한 (영문·국문) 글이 다수 있다. yohokim@hotmail.com

「마르크스와 함석헌의 의식변혁과 행동철학」
「함석헌을 유혹한 인문학적 사회─그 이상理想의 트라우마」
김대식(金大植)은 서울신학대학교 신학과를 졸업(B.A.)했다. 서강대학교 대학원 종교학과에서 석사학위(M.A.)를 받은 뒤, 대구가톨릭대학교 대학원 종교학과에서 「신, 인간, 그리고 자연에 대한 생태학적 연구」로 박사학위(Ph.D.)를 받았다. 지금은 대구가톨릭대학교 가톨릭사상연구소 연구원이자 종교문화연구원 연구위원으로 있으면서 가톨릭대학교 문화영성대학원, 대구가톨릭대학교 대학원 종교학과 등 여러 대학에 출강하고 있다. 주된 학문적인 관심사는 '환경과 영성' '철학적 인간학과 종교' '종교 간 대화'로서, 이를 풀어가기 위해 종교학을 비롯하여 철학·신학·정신분석학 등의 학제 간 연구를 통한 비판적 사유와 실천을 펼치려고 노력한다. 저서로는 『환경문제와 그리스도교 영성』 『함석헌의 종교인식과 생태철학』 『영성, 우매한 세계에 대한 저항』 『함석헌의 철학과 종교 세계』 『환경철학의 이념』(공저), 『길을 묻다, 간디와 함석헌』(공저), 『지중해학 성서해석 방법이란 무엇인가』(공저), 『종교근본주의: 비판과 대안』(공저), 『생각과 실천』(공저) 등이 있다. deiseek@daum.net

「함석헌의 비폭력사상과 한반도의 비폭력통일」
이재봉(李在峰)은 동국대학교 정치외교학과를 졸업했다. 텍사스 대학교 대학원에서 정치학으로 석사학위를 받은 뒤, 하와이 대학교 대학원에서 「문학예술에 나타난 반미주의」로 박사학위를 받았다. 지금은 원광대학교 사회과학대학 정치행정언론학부 정치외교학전공 평화학 교수로 있으면서 미국정치, 북한정치, 평화연구 등을 강의하고 있다. 또 같은 대학 평화연구소장을 맡고 있다. 학교 밖에서도 활동이 활발하여 1999년부터 '남이랑북이랑 더불어살기위한 통일운동' 공동대표를 맡고 있으면서, '남북평화재단'에 관련하는 등 평화통일운동에 힘쓰고 있다. 저서로는 『두 눈으로 보는 북한』(Korea: The Twisting Roads to Unification), 『한반도의 중립화 통일은 가능한가』(공저), 역서로는 『평화적 수단에 의한 평화』, 스코트 스나이더의 『벼랑끝 협상: 북한의 외교전쟁』(공역) 등이 있다. 논문으로는 「북핵과 한반도평화」 「함석헌의 비폭력사상과 한반도의 비폭력통일」 등이 있다. pbpm@hanmail.net

「함석헌의 세계평화운동에 대한 역사인식론적 검토―『함석헌저작집 12 「평화운동을 일으키자」를 중심으로」

황보윤식(皇甫允植)은 여러 대학에서 역사(한국사, 외국사)를 전공했다. 최종적으로 인하대학교에서 중국사(송대 사회경제사-박사)를 전공하고 「北宋代 人口增加와 社會變化」로 학위를 받았다. 박정희 정권과 전두환 정권 때 두 차례 옥고를 치르고 난 뒤에 시민사회운동(생명·농촌운동), 정의평화운동(천주교 정의평화위원회, 인천)을 주로 했다. 인하대학교에서 역사를 가르치다가 지금은 귀농하여 소백산 자락 작은 과수원(취래원醉來苑)에서 농부로 일하면서 인문주의 문화전파에 노력하고 있다. 이밖에 함석헌학회, 함석헌평화포럼, 국가보안법 폐지를 위한 시민모임에도 관여하고 있다. 저서로는『역사의 심판은 끝나지 않았다』(공저),『길을 묻는다, 간디와 함석헌』(공저),『생각과 실천』(공저) 등이 있다. 논문으로는 「농업운동에 있어서 남북동질성 추구방안」「北宋代女口不統計原因考察」「6·15남북공동선언의 의미와 국가보안법 철폐의 필요성」「3·1民衆起義 動因論과 그리스도교와 關係를 考察함」 등이 있다. hbywsik@daum.net

「왜 남북경제협력이 필요한가」
「한국대학의 기업화, 학문의 시장화」

박영일(朴永一)은 1948년생으로 조선대학교 경제학과를 졸업한 뒤, 일본 히도츠바시(一橋) 대학교에서 경제학으로 석사학위, 호주 애들레이드 대학교에서 「Australia-Korea Trade, 1962-81」로 박사학위를 받았다. 1979년부터 인하대학교 경상대학 교수로 있으면서, 국제통상물류대학원 원장, 경상대학 학장을 지냈다. 저서로는『일본시장경제시스템: 강점과 약점』『21세기 동북아협력』『*Economic Integration and Multinational Investment behavior*』『*New Silk Road*』, 역서로는『경제성장의 사회적 한계』『경제와 윤리』 등이 있다. 논문으로는 「무역마찰의 본질과 대응책」「아시아태평양경제권 형성: 역사적 전개와 전망」「동북아시아 경제협력 가능성과 과제」「China and the International Relocation of World Textile and Clothing Activity」「The Rise and Demise of Textiles and Clothing in Economic Development」 등이 있다. parkyoil@inha.ac.kr

「대중매체 속의 함석헌―일제시기 1910~45를 중심으로」

백승종(白承鍾)은 전북대학교 사학과를 졸업했다. 서강대학교에서 석사학위(사학, M.A.)를 받고, 독일 튀빙겐 대학교 중국 및 한국학과에서 「Dorfkreis Kohyonnae im historischen Wandel: Eine Sozialgeschichte Koreas vom 15. bis zum 19. Jahrhundert」(『한국사회사연구. 15~19세기 전라도 태인현 고현내면을 중심으로』라는 제목으로 한국에서 번역 출판)로 박사학위(철학, Ph.D.)를 받았다. 독일 튀빙겐 대학교 한국학과 교수, 서강대학교 사학과 교수로 재직했으며, 이밖에 독일 베를린자유대학교 한국학과 임시학과장, 보훔 대학교 한국학과장 대리, 막스플랑크 역사연구소 초빙교수, 프랑스 국립고등사회과학원 초빙교수, 경희대학교 초빙교수 등을 지냈다. 학회활동으로는 진단학회 총무이사를 지냈다. 저서로는 『한국의 예언문화사』(『鄭鑑錄』[정감록]이라는 제목으로 일본에서 번역 출판)을 비롯해 『정조와 불량선비 강이천』(제52회 한국출판문화상 학술저작상), 『그 나라의 역사와 말』『정감록 역모사건의 진실 게임』『예언가 우리역사를 말하다』『대숲에 앉아 천명도를 그리네』『조선의 통치철학』(공저), 『아버지 난 누구예요』(편저) 등이 있다. 역서로는 『미시사와 거시사』(공역), 『미시사의 즐거움』(공역) 등 10여 권의 저·역서가 있다. chonmyongdo@naver.com